onomato verlag

deíxis – Mystik in Sprache und Schrift, 1
Herausgegeben von Marco A. Sorace

Gefördert durch:

Die Ringvorlesung wurde veranstaltet durch:

Bibliografische Information der Deutschen Nationalbibliothek
Die Deutsche Nationalbibliothek verzeichnet diese Publikation in der Deutschen Nationalbibliografie; detaillierte bibliografische Daten sind im Internet über http://dnb.d-nb.de abrufbar.

ISBN 978-3-949899-23-2

Gedruckt auf chlorfrei gebleichtem, säurefreiem
und alterungsbeständigem Papier
Druck und Bindung: CPI

1. Auflage 2024

onomato.de

Raid Al-Daghistani (Hg.)

Mystik und Unruhe

Inquietät als Grundbegriff einer mystikbezogenen Spiritualität der Gegenwart

onomato verlag

„Das Wort ‚Mystik‘ wird unterschiedlich verwendet. Manche denken an besondere, intuitive Illuminationen, aber diese Bedeutung ist eher marginal. Relevanter ist die verbreitete Auffassung, Mystik bestehe in einem Gefühl der Subjekt-Objekt-Einheit: der Mystiker sehe sich irgendwie ‚in eins‘ – mit Gott, mit dem Sein, mit allen Dingen. Damit ist ein wesentlicher Aspekt der meisten mystischen Konzepte in Ost und West bezeichnet, aber er ist meiner Meinung nach nicht der zentrale. Ich glaube, dass alle Mystik von einem bestimmten Motiv her zu verstehen ist: das mystische Gefühl der All-Einheit überkommt einen nicht einfach, sondern es wird gesucht. Warum? Eine Antwort auf diese Frage ist: Menschen haben ein Bedürfnis nach Seelenfrieden. Diese Antwort führt natürlich zu weiteren Fragen. Wieso kann beim Menschen, im deutlichen Unterschied zu anderen Tieren, das Bedürfnis nach Seelenfrieden aufkommen? Nicht weil sie, wie Buddha sagte, leiden, denn das tun auch die anderen Tiere, sondern weil sich ihre Seele in einer Unruhe befindet, die andere Tiere nicht kennen. Diese Unruhe hängt mit dem spezifischen menschlichen Selbstbezug zusammen. Vielleicht läßt sich sagen: alle Mystik hat zu ihrem Motiv, von der Sorge um sich loszukommen oder diese Sorge zu dämpfen.“

Ernst Tugendhat

Inhalt

Vorwort

Mystik zwischen Unruhe und Ruhe

Raid Al-Daghistani (Münster)

Alles, was wir bisher sahen, zeigt uns aber auch, daß [...]
die Unruhe nicht umgegangen, sondern nur überwunden werden kann.
(Gabriel Marcel)

... im Gedenken Gottes ruhen die Herzen
(Koran 13:28)

Wir leben in unruhigen Zeiten. Die gegenwärtigen Weltereignisse sind in vielfacher Hinsicht beunruhigend und verunsichern unsere schon an sich fragile Existenz. Dazu hat jeder von uns auf persönlich-individueller Ebene mit ganz eigenen Herausforderungen und Krisen zu kämpfen. Vor diesem Hintergrund erscheint die *Unruhe* als der wesentliche Bestandteil des menschlichen Daseins, ja als ein *Existenzial* bzw. als eine Art *conditio humana* des Menschen selbst: Der Mensch ist ein wesentlich unruhiges Lebewesen.[1] Doch gerade diese innere, existenzielle Unruhe fungiert oft als Grund und Ursache für die Suche nach radikal neuen Wegen für die Gestaltung oder Umgestaltung des eigenen Lebens. Einer dieser Inspirationswege stellt für die Menschen eben die *Spiritualität* bzw. die *Mystik*[2]

[1] Im religiösen Kontext lässt sich nach Gabriel Marcel der Grund dieser *ursprünglichen*, ja *primordialen* Unruhe im radikalen Ungenügen, „in dem wesentlichen Mangel, unter dem der Mensch als aus dem Nichts gezogenes Geschöpf leidet," erklären. (Marcel, G., *Der Mensch als Problem*. Knecht, Frankfurt a.M. 1957, 2. Aufl., S. 118).

[2] Der Begriff „Mystik" wird hier in einem allgemeinen und doppelten Sinne sowohl als ein praktischer, *purgativ-kontemplativer Weg* und als das innigste Streben des Menschen nach metaphysischer Vereinigung mit der letzten Wirklichkeit (Gott, das Absolute, dem Urgrund, etc.) als auch als *Lehre* und *Rede* von einem solchen Läuterungs- und Kontemplationsweg verstanden. Die „Mystik" selbst ist ein Sammelbegriff und lässt sich systematisch und historisch wenigstens auf die folgenden Kategorien beziehen: (1) Erfahrung der Auflösung der Grenze der eigenen Individualität (Mystik als Ich-Entgrenzung und All-Einheit); (2) Erfahrung der absoluten Gedankenleere, der Ekstase oder der überwältigenden Präsenz des absolut „Anderen" (Mystik als Erfahrung der Überwältigung und/oder Versenkung); (3) Erfahrung der Aufhebung jeglicher Dualität, Gegensätzlichkeit und Vielheit (Mystik als unmittelbare Einheitserfahrung); (4) Erfassung des Übersinnlichen, Göttlichen, Transzendenten (Mystik als Gnosis); (5) existenziell-purgativ-initiatorischer Weg zur Einheitserfahrung (Mystik als spirituelle Läu-

dar. Sie können den Menschen in Zeiten der Krisen, Notlagen und Unruhen die benötigte Lebenskraft, Mut, Stütze und Sinn verleihen, indem sie – weit weg von zynischer Gleichgültigkeit oder bloßer Esoterik – unserem Sein und Handeln eine grundlegende Umwertung und Reorientierung geben.

Doch wie genau verhält sich *Mystik* zum Problem der Unruhe des Menschen? Kann Mystik im Sinne einer gelebten Spiritualität und einer persönlichen Tiefenerfahrung der Transzendenz als ein nachhaltiges Mittel für die Bewältigung und Überwindung der als negativ empfundenen Unruhe dienen? Inwiefern können traditionelle mystisch-spirituelle Lehren, Praktiken und Läuterungsmethoden der Kultivierung der Seelenruhe, der Ataraxie und der Harmonie nützlich sein? Oder ist ein mystisch-spiritueller Weg mit dem Anspruch auf die geistige Vervollkommnung des Menschen, die grundsätzlich mit der strengen Selbstdisziplin und dem Aufgeben der eigenen Komfortzone verbunden ist, vielmehr ein Weg der permanenten Herausforderungen, Konfrontationen, Anstrengungen und existenziellen Beunruhigungen?

Im Sufismus, der purgativ-mystischen Tradition des Islams, finden sich zahlreiche Positionen zugunsten beider Tendenzen bzw. Auffassungen. So lehrte beispielsweise einer der größten muslimischen Mystiker und Dichter, Ǧalāl ad-Dīn Rūmī (gest. 1273), dass das Ziel des Sufismus letztlich darin besteht, im Herzen Freude – und man könnte auch hinzufügen: Ruhe – zu finden, wenn die Zeit des Kummers kommt.[3] Andererseits hebt der große Sufi-Meister aus Bagdad, Abū l-Qāsim al-Ǧuneid (gest. 910), hervor, dass der Sufismus eine „Gewaltsamkeit" ist, in der es keine Ruhe bzw.

terung); (6) Lehre und Literaturgattung, die derartige „immanente Transzendenz" oder „transzendente Immanenz" besingen (Mystik als *Theorie* und Literaturgenre); und (7) Berichte und Aussagen über die Erfahrung einer göttlichen oder absoluten Wirklichkeit (Mystik als theopathische Rede). Näheres zu Konzeptionen und erkenntnistheoretischen Grundlegungen mystischer Erfahrungen siehe z. B. Almond, P. C., *Mystical Experience and Religious Doctrine. An Investigation of Mysticism in World Religions*. De Gruyter, Berlin u. a. 1982, S. 174; Forman, R. K. C., *The Problem of Pure Consciousness. Mysticism and Philosophy*. Oxford University Press, New York – Oxford 1990, S. 3–49; Jones, R. H., *Philosophy of Mysticism. Raids on the Ineffable*. State University of New York Press, Albany, NY 2016, S. 46; Merrell-Wolff, F., *Franklin Merrell-Wolff's Experience and Philosophy. A Personal Record of Transformation and a Discussion of Transcendental Consciousness*. State University of New York Press, Albany, NY 1994, S. 309–314; Smart, N., „The Purification of Consciousness and the Negative Path"; in: *Mysticism and Religious Traditions*. Hrsg. v. S. T. Katz. University Press, Oxford 1983, S. 117–129; Stace, W. T., *Mysticism and Philosophy*. Macmillan Press, London 1960, S. 129.

3 Sh. Schimmel, A., *Rumi: Ich bin Wind und du bist Feuer*. Diederichs, Köln 1986. Dabei spielt die meditative Invokation Gottes (*ḏikr*) als die zentrale Praktik der sufischen Spiritualität eine wesentliche Rolle in der Erlangung der Seelenruhe (und der damit zusammenhängenden Seligkeit). Bereits im Koran können wir lesen: „...im Gedenken Gottes ruhen die Herzen" (Koran 13:28).

keinen Frieden gibt.[4] Doch schließen sich die beiden Positionen wirklich aus? Ist nicht ein Weg der Mystik, der oft – und zu Recht – mit einer inneren Reise assoziiert wird ein permanentes Balancieren zwischen *Ruhe* und *Unruhe*, das unter anderem auch und gerade zur stärkeren Resilienz des Menschen führt?[5] Ferner: Was können wir heute von den großen spirituellen Mystikerinnen und Mystikern der Vergangenheit lernen und für die Bewältigung – oder vielleicht Erzeugung – unserer eigenen (positiven) Unruhen (über-)nehmen? Wie werden Unruhe und Ruhe in verschiedenen spirituell-mystischen Tradition aufgefasst, formuliert und verhandelt? Welcher Platz wird der Unruhe im Kontext des Glaubens, genauer, in Beziehung zwischen der gläubigen Seele und Gott, eingeräumt?[6] So erklärt bereits Augustinus, dass das immanent und permanent unruhige Menschenherz schließlich nur in Gott Ruhe finden kann,[7] während der muslimische Mystiker und der Verfasser des ersten systematischen Werkes zum Sufismus, Abū Naṣr as-Sarrāǧ (gest. 988), die Ansicht vertrat, dass die Wandelbarkeit das „Kennzeichen der Wirklichkeit“ selbst ist, weshalb der Mensch sich in jedem Augenblick im Wandel – ja,

---

4 Al-Qušayrī, ʿA. al-K., *Das Sendschreiben al-Qušayrīs über das Sufitum.* Steiner, Wiesbaden 1989, S. 387; *Ar-risāla al-Qušayrīya fī ʿilm at-taṣawwuf. Al-maktaba al-ʿaṣrīya*, Beirut 2007, S. 281. Sh. auch Al-Daghistani, R., *Epistemologie des Herzens: Erkenntnisaspekte der islamischen Mystik.* Ditibverlag, Köln 2023, 2. Aufl., S. 17.

5 Die Frage der Resilienz im Sinne einer inneren Haltung und Fähigkeit, in schwierigen und herausfordernden Situationen einen Widerstand leisten und sich den belastenden Lebensumständen anzupassen zu können, spielt insbesondere im Kontext der islamischen Spiritualität und Mystik eine besonders wichtige Rolle. Doch das an sich komplexe und interpretationsbedürftige Phänomen der Resilienz wird im Sufismus durch verschiedene religiöse Tugenden, innere Haltungen und existenzielle Fähigkeiten umgeschrieben. Zu diesen gehören etwa *tawakkul* („Gottvertrauen“), *raǧāʾ* („Hoffnung“), murāqaba („Achtsamkeit“) und vor allem *ṣabr*, der gängig mit „Geduld“ übersetzt wird, welcher aber darüber hinaus auch Aspekte der Ausdauer, innere Festigkeit, Überwindungskraft, Selbstbemühung, Widerstandsfähigkeit, Glaubensgewissheit und der seelischen Gelassenheit umfasst. Näheres zum Begriff *ṣabr* im islamisch-spirituellen Kontext siehe z. B.: al-Ǧurǧānī, M., *Kitāb at-Taʿrīfāt. Dār an-nafāʾis*, Beirut 2012. S. 206; al-Hujwīrī, ʿA. b. ʿU., *Kashf al-Maḥjūb / The Revelation of the Veiled.* Gibb Memorial Trust, o. O. 2000. S. 86; al-Qāšānī, ʿA. a.-R., *Iṣṭilāḥāt aṣ-ṣūfiyya.* Dār al-kutub al-ʿilmiyya, Beirut 2012. S. 116; al-Qušayrī *Das Sendschreiben*, S. 263–270; al-Qušayrī, *Die Responsensammlung über das Sufitum*; al-Qušairīs *ʿUyūn al-aǧwiba fī funūn al-asʾila.* Harrassowitz, Wiesbaden 2017. S. 101–102; as-Sarrāǧ, A. N., *Schlaglichter über das Sufitum.* Steiner, Stuttgart 1990. S. 96–97.

6 In dem Sinne macht bereits Gabriel Marcel darauf aufmerksam, dass es wichtig zu erkennen ist, „welche Art von Unruhe nicht nur mit dem Glauben vereinbar, sondern sozusagen notwendig ist, damit dieser nicht in eine fast passive Hingabe entartet, bei der die Seele Gefahr läuft zu erschlaffen, statt ihre kostbarsten Wirkungsvermögen entwickeln oder verwirklichen zu können“ (Marcel, *Der Mensch als Problem*, a.a.O., S. 93).

7 „Unruhig ist unser Herz, bis dass es ruht in Dir.“ (Augustinus, *Bekenntnisse*, 1,1).

in *Unruhe* – seiner inneren Zustände befindet,[8] womit die *ontologische Unruhe* sogar als eine anthropologische Konstante aufgefasst wird.

Und so sind wir wieder zur Ausgangsüberlegung zurückgekehrt, wonach die Unruhe als eine Art *conditio humana* aufzufassen ist. Doch inwiefern ist das genau der Fall? Von welcher Unruhe ist hier genau die Rede? Könnte man nicht der negativen Unruhe eine positive Unruhe, „die an sich einen Wert" und „ein Prinzip des Übersteigens" darstellt,[9] gegenüberstellen? Und wie hängt die Unruhe mit anderen existenziellen Gefühlen und inneren Zuständen des Menschen – wie etwas Angst, Frieden, Hoffnung, Liebe, Sehnsucht und Getriebenheit – zusammen? Welche existenzielle Folge und Bedeutung hat die Unruhe für das menschliche Dasein und für seinen Glauben? In welchem Verhältnis steht die Unruhe zur Religiosität, Spiritualität und Mystik, nicht nur im Sinne der unitiven Wirklichkeitserfahrung, sondern auch im Sinne eines inneren Weges der Harmonie und der Glückseligkeit?[10]

Diesen und vielen anderen Fragen widmet sich der vorliegende Sammelband,[11] in dem sieben renommierte Stimmen der diesbezüglichen Forschung der Frage nach der Beziehung der Mystik und Spiritualität zur Unruhe aus ihren jeweiligen Perspektiven kritisch nachgehen. Das Verhältnis zwischen Mystik und Unruhe wird somit hier zum ersten Mal multiperspektivisch, interdisziplinär, systematisch und exemplarisch beleuchtet. Damit soll auch die Bedeutung und Rolle von Mystik und Spiritualität in Kultur und Gesellschaft aufgezeigt und ihr, sowohl akademisch als auch in der breiten Öffentlichkeit (immer noch) dominierendes Image, eines rein kontemplativen und weltabgewandten Existenzmodus gründlich hinterfragt und neu bewertet werden. Dabei geht es also nicht um eine weltfremde „Mystik der verschlossenen Augen", sondern ganz umgekehrt – im Sinne von Johann Baptist

8 Vgl. as-Sarrāǧ, *Schlaglichter*, a.a.O., S. 503; *Kitāb al-lumaʿ fi-t-taṣawwuf*. Brill, Leiden 1914, S. 366.

9 Marcel, *Der Mensch als Problem*, a.a.O., S. 184–185.

10 Gabriel Marcel merkt richtig an, dass während die Unruhe die menschliche Seele unaufhörlich von Gegenstand zu Gegenstand treibt – wobei genau dadurch keinen „Frieden für das Denken und infolgedessen keine Seligkeit gibt" –, stellt die wahre Seligkeit „das Wohnen einer höchsten Wahrheit in der Seele, die zugleich das einzige Gute ist, weil sie Gott ist" (Marcel, *Der Mensch als Problem, a.a.O.*, S. 121–122). Zugleich lässt sich aber gerade in dieser Funktion der (religiösen) Unruhe ihr immanent positiver Wert erkennen, insofern sie den Menschen überhaupt dazu anregt, nach einer transzendenten Erfüllung zu suchen, die schließlich nur in der Fülle der Transzendenz vorzufinden ist.

11 Das vorliegende Buch stellt das Ergebnis der im Jahr 2023 stattgefundenen, interdisziplinär und interkulturell konzipierten Online-Ringvorlesung *„Mystik und Unruhe: Die Bedeutung und Rolle einer mystikbezogenen Spiritualität für die Gegenwart"* dar.

Metz – um eine „Mystik der offenen Augen“[12], ja um eine für das Leid, die Not, die Unruhe und die Krisen der Welt sensibilisierte Mystik, die sich auch und gerade in der säkularen Zeit und in einer säkularisierten Welt bewusst behaupten kann.

Entsprechend zu unserem Vorhaben haben wir es versucht, die Beiträge unserer Ringvorlesung in eine systematische Reihenfolge zu bringen. Den Auftakt macht demnach Ralf Konersmann, der als namhafter Kulturphilosoph das Thema der existenziellen Unruhe in zwei vielbeachteten Bänden „Unruhe der Welt“[13] und „Wörterbuch der Unruhe“[14] in die philosophisch-wissenschaftliche Aufmerksamkeit gerückt hat. In seinem einleitenden Aufsatz mit dem Titel „Mystik, Gelassenheit, Spiritualität: Eine Untersuchung des Verhältnisses zwischen Ruhe und Unruhe“ nimmt er aus der Perspektive des Kulturanthropologen Bezug zur Gelassenheit bei Meister Eckhart. In diesem Zusammenhang begreift Konersmann die Mystik in ihrem doppelten Sinne sowohl als die Sühne einer im Sündenfall angenommenen Unruhe mit der Unruhe als auch als Bruch mit der Herrschaft der Unruhe, insofern sie einen Versuch darstellt, angesichts der Faktizität der Unruhe deren Potentiale zu nutzen, um aus ihr, der Unruhe, wieder herauszukommen.

Dem Beitrag von Konersmann folgt der Aufsatz der Theologin Christine Büchner, in dem sie aufzuzeigen versucht, dass Mystikerinnen und Mystiker – anders als sich bei oberflächlicher Betrachtung vermuten lässt – nicht einfach ein regungsloses und ruhevolles „Bei-Gott-Angekommensein“, ja ein in verlässlicher Einswerdung gegründetes „Ruhen in Gott“ kennzeichnet, sondern vielmehr eine bleibende Bewegung, insofern es keinen festen und allgemein verbindlichen „Ort“ für Gott gibt und wir uns daher immer neu auf die Suche nach Gott (und nach uns selbst) machen müssen, um „Ruhe zu finden inmitten der Unruhe“. Die Autorin bezieht sich dabei auf den französischen Mystik-Forscher Michel de Certeau, der in diesem Zusammenhang von Mystikern und Mystikerinnen als „Wandernden“ sprach, insofern sie an jedem statischen Ort vorüberziehen mit der Gewissheit „das ist es nicht“.

Meister Eckhart, vor allem sein Leitgedanke zu Abgeschiedenheit und Gelassenheit, nimmt dann wieder eine zentrale Stelle im anschließenden Aufsatz von Reiner Manstetten ein, in dem insbesondere die „Gebetspraxis der Stille“ thematisiert wird.

---

12 Vgl. Obermüller, K., „Spiritualität und Verantwortung: Mystik Der Offenen Augen.“ In: *Spiritualität und Wissenschaft*. Hochschulverlag ETH, Zürich 2005, S. 109–120; vgl. dazu auch: Metz, J. B., *Christliche Spiritualität in dieser Zeit (2012)*, in: Ders., *Mystik der offenen Augen* (Gesammelte Schriften Bd. 7), Herder, Freiburg i. Br. 2017, S. 11–25, hier S. 11.

13 Konersmann, R., *Die Unruhe der Welt*. Fischer, Frankfurt a.M. 2017 (5. Aufl.).

14 Konersmann, R., *Wörterbuch der Unruhe*. Fischer, Frankfurt a.M. 2017.

Manstetten ist dabei – ähnlich wie Büchner – bemüht zu zeigen, dass die wahre Seelenruhe nicht im Gegensatz zur Bewegung steht, sondern dass sie aus einer inneren Freiheit und Gesammeltheit entspringt, die sich gerade in der Unrast des tätigen Lebens bewährt. Der Verfasser geht dabei der Frage nach, welche Wege zu innerer Ruhe und Seelenfrieden Meister Eckhart lehrt und was seine Lehren für heutige Menschen bedeuten.

Von Bekenntnissen des Augustinus ausgehend untersucht im folgenden Marco A. Sorace in seinem Artikel die Verbindung zwischen Mystik und Unruhe, welche er ebenso in Anlehnung an die Deutung Michel de Certeaus als eine Folge des Verlusts einer *unitiven Ursprungserfahrung* – also einer mystischen Einheitserfahrung – begreift. In diesem Sinne versteht er Mystikerinnen und Mystiker als jene, die in der Gewissheit dessen leben, was fehlt, was aber nach Sorace genau eine gewisse „Ruhe in der Unruhe" ermöglicht. In seiner Untersuchung der Spannung von Unruhe und Ruhe in der christlichen Mystik fragt sich Sorace abschließend, welche religionsphänomenologische (und somit das Christentum übergreifende) Bedeutung eine so verstandene Mystik haben kann.

Doch während sich die ersten vier Beiträge des vorliegenden Bandes überwiegend auf die christliche Mystik beziehen, widmet sich Fabian Völker in seinem sehr ausführlichen Aufsatz überwiegend der mystischen Tradition des Buddhismus. Zunächst greift der Autor in seiner Einleitung aus der Sicht einer „interreligiösen Thanatologie" kurz die Tradition des „mystischen Todes" (mors mystica) im Christentum von Ambrosius von Mailand (gest. 397) bis Miguel de Molinos (gest. 1696) auf, bevor er anschließend zu den frühkanonischen Texten des Buddhismus übergeht. In diesem Zusammenhang diskutiert er dann das Verhältnis des Buddhismus zum Tod und geht auf die Frage ein, inwiefern der Buddhismus in einigen seiner Ausprägungen in eminenter Weise überhaupt als Mystik adressiert werden kann. Völker argumentiert, dass es dabei vor allem um die sogenannte *nirodhasamapatti* („Erlöschungszustand" bzw. „mystische Versenkung") geht, in der die Wahrnehmungen und Empfindungen mittels gewisser spiritueller Methoden unterdrückt werden. Das behandelte Phänomen perspektiviert der Verfasser abschließend noch aus religionsphilosophischer Sicht und argumentiert auf der Grundlage neukantianischer Positionen für eine dreifache Vernichtung (*kognitiv, affektiv, volitional*), womit er den eigentlichen Kern der Mystik letztendlich mit einem *todesgleichen Trancezustand* zu identifizieren versucht. Vor diesem Hintergrund geht der Aufsatz auch auf das Verhältnis zwischen Mystik und (Un-)Ruhe ein, wobei gerade die Mystik des Buddhismus als ein „Weg zur absoluten Ruhe" ausgelegt wird.

Im darauffolgenden Beitrag, in dem das Wesen der mystischen Grundbegriffe bezüglich der Achtsamkeit im Sufismus analysiert werden, führt Reza Hajatpour in die purgativ-mystische Tradition des Islams ein. In diesem Zusammenhang behandelt Hajatpour die Methoden der „Kontemplation" (*taffakur*), der „Invokation" (*ḏikr*) und der „Introspektion" (*murāqaba*) als die Grundaspekte eines ganzheitlichen und transformativen Achtsamkeitstrainings im Sufismus, den er wiederum als eine didaktisch-spirituelle Bildung des Menschen interpretiert. Doch untersucht werden hier nicht nur die gegenseitigen Relationen zwischen diesen sufischen Praktiken, sondern auch und vor allem deren Bezug zu einem Zustand der spirituellen Ruhe und Unruhe.

Eine gewisse Sonderstellung hat der Beitrag des Berliner Literaturwissenschaftlers und Kafka-Experten Hans Dieter Zimmermann. Dieser vor fast vierzig Jahren (1985) erstmals veröffentlichte, vom Autor leicht auf das Thema der *Unruhe* hin erweiterte Text springt an dieser Stelle ein für den Ringvorlesungsbeitrag des Judaisten Frederek Musall, der diesen aus persönlichen Gründen für den Tagungsband nicht fertigstellen konnte. Zimmermann versucht in seinem Aufsatz zu beleuchten, inwiefern Kafka seiner Erfahrung von existenzieller Unruhe auf der Grundlage seiner jüdischen Religion und Mystik begegnet, was von den Kafka-Forschern und Experten in der Regel aber – zum Teil sogar bewußt – übersehen wurde. So wird das angestrebte Religionsgespräch zum Thema „Mystik und Unruhe" in seiner Breite aufrechterhalten. Ein herzlicher Dank geht an Hans Dieter Zimmermann für die Druckerlaubnis.

Ich danke zudem als Herausgeber vor allem der Unterstützung des Instituts für Islamische Theologie der Universität Münster, ohne welche die zugrundeliegende Ringvorlesung nicht hätte stattfinden können. Dann sei dem onomato-Verlag und dem Verlagsleiter Axel Grube gedankt für die engagierte Aufnahme dieses Bandes in sein Verlagsprogramm. Ein besonderer Dank gilt auch der Georges-Anawati-Stiftung für die wichtige Unterstützung bei den Druckkosten. Schließlich will ich auch meinem Kollegen Günter Müller danken für die kritische Durchsicht einiger Textmaterialien.

Am 30. März 2024,
dem in jüdisch-christlicher Perspektive
ruhig-unruhigen Tag des Karsamstags,
Der Herausgeber

Die Welt noch einmal, aber ohne Unruhe

Über die mystische Idee der Gelassenheit

Ralf Konersmann (Kiel)

Vorab darf ich kurz erläutern, wie ich das Thema angehe: Im ersten Teil meiner Ausführungen möchte ich zeigen, wie die westlichen Kulturen, ihrer eigenen Erzählung folgend, in die Unruhe hineingeraten sind.

Die Kulturen des Westens, das ist meine Ausgangsthese, zeichnen sich dadurch aus, dass sie die Unruhe angenommen haben und sich bis heute zu ihr bekennen. Die Namen der Unruhe, die durchweg Zustimmung signalisieren, sind in der Sprache der Öffentlichkeit allgegenwärtig: Bewegung und Veränderung, Entwicklung und Fortschritt, Aufbruch und Neubeginn, Überbietung und Überschreitung, Transgression und Transformation. Was all diese Trendvokabeln miteinander verbindet, ist die grundlegende, allen weiteren Entscheidungen vorgreifende Weigerung, die Dinge auf sich beruhen zu lassen.

Wie aber ist es zur Fraglosigkeit dieser elementaren Orientierung, dieser totalen Ausrichtung auf Unruhe gekommen?

Im Zusammenhang mit dem Rahmenthema dieser Ringvorlesung, mit dem Thema „Mystik und Unruhe"[1], ist die Vergegenwärtigung aufschlussreich, dass die klassische Erzählung vom Ursprung der Unruhe eine religiöse Erzählung ist.

Die Unruhe, so lautet in extremer Verkürzung der Tenor dieser Erzählung, ist die Konsequenz der Vertreibung des Menschen aus einer Welt, die eine Welt der Ruhe gewesen war und mit dem Ereignis der Vertreibung verlorenging.

Anschließend an diesen ersten Teil und in der Hauptsache möchte ich zeigen, wie speziell die *christliche* Mystik sich dieser Ausgangslage, dieser Herausforderung an die menschliche Situation, bewusst war und sich ihr gestellt hat. Die

[1] Auf Wunsch des Autors wird hier die unveränderte Fassung des Vortrags abgedruckt, den er im Rahmen der Münsteraner Ringvorlesung „Mystik und Unruhe: Die Bedeutung und Rolle einer mystikbezogenen Spiritualität für die Gegenwart" im Sommersemester 2023 gehalten hat.

Mystik, möchte ich zeigen, macht den Versuch, schärfer noch: sie *ist* der Versuch, angesichts der Faktizität der Unruhe deren Potentiale zu nutzen, um aus ihr, der Unruhe, wieder herauszukommen.

Aus philosophischer Sicht und – weitere Einschränkung – mit Blick lediglich auf ein überschaubares Teilstück der christlichen Mystik springt eine weitere, gegenstandsbezogene These heraus. Sie besagt: Die Mystik ist beides – eine Form der Sühne, denn sie verleugnet die Unruhe nicht; sie ist aber auch und zugleich eine Form der Wiedergutmachung, denn sie ist entschlossen, mit der Herrschaft der Unruhe zu brechen.

Die durch die Überwindung der Unruhe wiedergefundene Ruhe heißt, in der Sprache Meister Eckharts, *„Gelassenheit"*. Das damit erschlossene Motiv, das Motiv der Wiedererlangung der Ruhe durch Gelassenheit, werde ich in den Mittelpunkt meiner Überlegungen stellen.

Ich werde also – dies als dritte Einschränkung –, wenn ich im Folgenden das Wort „Mystik" verwende, lediglich diese eine und einzige Spur der christlichen Mystik verfolgen, die sich durch Eckharts sogenannte „Reden der Unterweisung" hindurchzieht. Keineswegs will ich, der Warnung Gershom Scholems[2] eingedenk, auf dieser beschränkten Grundlage so etwas wie einen allgemeinen Begriff der Mystik oder des Mystischen statuieren. Es wäre im Gegenteil interessant zu erfahren, ob sich für das, was ich im Folgenden vortragen werde, in der Mystik des Islams, in der Mystik des Judentums oder in anderen, einstweilen unberücksichtigten Teilen der christlichen Mystik Familienähnlichkeiten finden lassen.

Der erste Teil meines Vortrags basiert auf dem entsprechenden Kapitel meines Buches über *Die Unruhe der Welt*. Grundlage des zweiten Teils wird der Essay zum Thema Gelassenheit sein, der im Rahmen meiner Arbeit am *Wörterbuch der Unruhe* entstanden ist.[3]

1. Genese der Unruhe

Beginnen wir also, wie angekündigt, mit der Urerzählung, mit der Erzählung vom Aufkommen und vom Eindringen der Unruhe in die Erfahrungswelt des Menschen.

---

2 Scholem, G., *Die jüdische Mystik in ihren Hauptströmungen*. Suhrkamp, Frankfurt a.M. 1951, S. 12, passim.

3 Konersmann, R., *Die Unruhe der Welt*. S. Fischer, 5. Aufl., Frankfurt a.M. 2015; ders., *Wörterbuch der Unruhe*. S. Fischer, Frankfurt a.M. 2017.

Ich biete diese Geschichte, die im Buch Genesis keine sechs Spalten füllt (Genesis 2,1-4,15), in nochmals geraffter Form. Dieser, der biblischen Urerzählung zufolge müssen wir uns das Paradies als Garten vorstellen. Das Paradies ist also nicht und gerade nicht die menschliche Kultur; es ist das Inbild einer menschenfreundlichen Natur, die Gottes Schöpfung ist – ein friedvoller, angenehm klimatisierter Park, in dem alle Bewohner ohne Anstrengung und Beängstigung ihr Auskommen finden.

Das Dasein im Paradies war sorgenfrei, weil es genau so geschaffen war, wie man es von einem fürsorglichen Schöpfer wohl erwarten durfte. An alles hatte dieser Vatergott gedacht und jedes Bedürfnis vorausgesehen, das die Paradiesbewohner jemals entwickeln würden. So lebten Mensch und Welt in vollkommener Entsprechung, und diese Entsprechung war sowohl das Zeichen als auch die Garantie ihrer Ruhe.

Kein Bedürfnis der Menschen blieb unbefriedigt, und umgekehrt: Bedürfnisse, die sich nicht hätten befriedigen lassen, lagen außerhalb jeder Vorstellung. Das Glück dieser Ursprungsgeschöpfe erfüllte sich als ungestörte Wunschlosigkeit, und eben dieser Zustand, der jede Form des Unbefriedigtseins oder des Unbehagens, jede Not und jeden Mangel vorgreifend ausschloss, gewährte ihnen die Ruhe. Unruhe und Stress hatten keinen Zugriff.

Im Anfang war die Ruhe. Und da diese Ruhe, die paradiesische Ruhe, direkt aus der Hand des Schöpfers hervorgegangen war, verkörperte sie, zumindest im Einflussbereich des jüdisch-christlich geprägten Westens, jahrhundertelang das menschliche Daseinsideal schlechthin. Aber, so erzählt der religiöse Mythos weiter, die Ruhe des Anfangs ging verloren. Die Menschen erwiesen sich als unwürdig, als leichtfertig und vorwitzig, und zur Strafe wurde ihnen die Ruhe genommen. Die Vertreibung aus dem Paradies war die Vertreibung aus der Ruhe.

Es ist namentlich Kain, der erste von Menschen gezeugte Mensch, der die Verstoßung in die Unruhe gleichsam exemplarisch erfahren und erleiden muss. Der Mord an seinem Bruder Abel – und das heißt: ein erneuter, sündhafter Verstoß gegen das göttliche Gesetz – motiviert seine Verbannung, die Ausweisung in das Land Nod, und das heißt wörtlich übersetzt: in das *Land der Unruhe*. Der Fluch Jahwes, der diese Verstoßung vollzieht, offenbart die archaische Gewalt, mit der, dem Mythos zufolge, in diesem Schicksalsmoment die Unruhe das Leben der Menschen erfasst. Ich zitiere die bekannten Worte aus Genesis 4,12: „Rastlos und ruhelos wirst du auf Erden sein".

Man muss die Szene genau betrachten, um zu ermessen, was mit diesem Bannfluch gesagt und was mit ihm entschieden war. Es handelt sich, wie der Theologe Erik Peterson richtig gesagt hat, um nichts geringeres als eine ‚Veränderung im Sein'. Die Unruhe, von der im Genesis-Bericht die Rede ist, ist nicht lediglich eine nervöse Aufwallung, ist nicht einfach ein gelegentliches Erregtsein, und schon gar nicht ist sie eine Vorahnung dessen, was spätere Zeiten Fortschritt nennen und geschichtstheoretisch einbetten werden. Diese Unruhe, von der im Buch Genesis die Rede ist, markiert den Einbruch einer *existentiellen*, das Dasein insgesamt erschütternden Ungeborgenheit, die, angesichts der Vorgeschichte der paradiesischen Ruhe, bis zu diesem Augenblick ohne Beispiel war.

Das aber besagt: Die Unruhe war und, möchte ich hinzusetzen, ist ein Widerfahrnis. Sie ist unfassbar, ist eigentlich namenlos, ist der Deckname für etwas nie Gekanntes und, aus der Sicht dieses paradigmatisch Betroffenen, soeben noch Unvorstellbares. Die Namen der Unruhe – Unrast, *restlessness, inquiétude, inquietudine* – halten diese Implikation bis heute fest. Sie beschränken sich auf die Verneinung, so als ließe sich positiv gar nicht bestimmen und sagen, was alles mit diesem Namenwort verbunden und ausgesprochen ist.

Die Unruhe ist also nicht einfach ein hinzugetretenes Element, das, etwa in der Art einer Intervention, die vormals gewahrte Ruhe stört; die Unruhe ist das Zeichen und, überdies, das reale Ausgeliefertsein an eine ganz und gar andere und fremde Welt.

Die mit der Unruhe eingetretenen Daseinsumstände sind anders als alles, was den Menschen – in der Erzählung des Mythos: den Eltern Kains – bis dahin widerfahren und begegnet war. Die Unruhe markiert einen zweiten Ursprung, sie hat den Rang einer zweiten Geburt.

Angesichts dieser Qualität rückt sie in die Reihe der großen Menschheitsthemen ein, die, wie die Kondition des Geborenseins *(Natalität)* und die Bedingung der Sterblichkeit *(Mortalität)*, dem Dasein des Menschen ihr Gesetz aufprägen. Der Mythos macht die Bedingung der Unruhe – die *Inquietät* – als Grund, oder genauer: als den grundlosen Grund der menschlichen Wirklichkeit fassbar, und das heißt: als etwas, das unvermittelt zu der Urschöpfung hinzugetreten ist und, als von höchster Stelle verfügt, wie Natalität und Mortalität jenseits des von Menschen Beeinflussbaren liegt.

Die Einzelheiten des göttlichen Fluchs verdeutlichen die Beispiellosigkeit der eingetretenen Situation. Jahwe unterstreicht das Gewicht seines Urteils, indem er direkt, ohne Mittler und Boten, an Kain, der seinen Bruder erschlug und Jahwe zu täuschen versuchte, herantritt und ihn anspricht. Auch die Wortwahl exponiert den Urteilsspruch im Zusammenhang dieses ohnehin dramatischen Geschehens. Der Pleonasmus „rastlos und ruhelos", der dem künftigen Dasein Kains den Namen gibt, ist in der hebräischen Urfassung einmalig. Er findet sich nur in dieser einen Episode in Genesis 4,12 und 14. Wie das, was er mitzuteilen hat, fällt auch der Text selbst, seine Sprache, aus dem Rahmen.

Die Härte des Fluchspruchs unterstreichend, legt die gewählte Formulierung die Vorstellung nahe, dass Kain ‚verscheucht' wird wie ein wildes Tier, dass er blind ‚umhertaumeln' und man ihn ‚jagen' und ‚hetzen' werde. Schon mit dieser Wortwahl kommt die Darstellung dem in der jüngeren Rezeptionsgeschichte verbreiteten Beschwichtigungsbedürfnis zuvor, das sich das Schicksal der Zwangsemigration als Nomadentum zurechtlegt, um es dadurch akzeptabel und irgendwie sogar reizvoll erscheinen zu lassen. Die Härte der Unruhe findet ihren Ausdruck darin, dass jede Aussicht, die neue Wirklichkeit als neue Heimat zu entdecken und sie dauerhaft anzunehmen, verloren ist. Der Mensch wird das Wesen sein, das unruhig ist – das Wesen, das mit sich und seiner Welt niemals dauerhaft im Reinen ist.

So ist die Welt der Unruhe nicht nur vorübergehend, sondern endgültig unwirtlich. Kain ist unzugehörig schlechthin, ein Vagabund, ein Getriebener, und die weiteren Auskünfte der Darstellung lassen keinen Zweifel an seiner Ausgesetztheit. Er habe „ein schweres Joch" zu tragen und müsse in der „Angst des Herzens" leben, heißt es. „Noch auf dem Bett zur Ruhezeit", bezeugt Ben Sira, „verwirrt der nächtliche Schlaf ihm den Sinn" (Jesus Sirach 40,1-5).

Im Erzählrahmen des Mythos ändert auch die Stadtgründung, die Kain im Anschluss an die Vertreibung in Angriff nimmt (vgl. Genesis 4,12), an der Endgültigkeit seiner Verworfenheit nichts. Kein Geringerer als Augustinus wird ihn, in scharfem Kontrast zu dem im Genesis-Bericht schemenhaft bleibenden Abel, als Gründerfigur der *civitas terrena* ansprechen, die nicht „nach Gott" (*secundum Deum*) gestaltet ist, sondern „nach dem Menschen" (*secundum hominem*).[4] Im mythischen Schema ist die Stadt, die Kain im Land Nod gründen wird, nur die nochmalige Bestätigung der Inquietät. Während Abel zur Ausnahmegestalt, zum emblematischen „Fremdling auf Erden" *(peregrinus;* s.a. Hebräer 11,13) wird, beginnt nun die lange Gefangenschaft der Kinder Kains im Unruhebetrieb der Kultur, beginnt die zutiefst irritierende Normalität der Rastlosigkeit, der Hektik und ziellosen Betriebsamkeit.

---

4 Aurelius Augustinus, *Vom Gottesstaat.* Hg. v. C. Andresen. dtv, 4. Aufl., München 1997, Bd. 2, S. 212 (XV 1); vgl. Konersmann, *Die Unruhe der Welt*, a.a.O., S. 105 u. 356 f.

2. Genese der Gelassenheit

Das also ist die Situation: Die von dem biblischen Erzählstück vor Augen gestellte Unruhe ist benannt, sie ist in der Welt und, in der Figur des Kain, exemplarisch erlebbar geworden. Sie hat einen Anfang, aber kein Ende, und sie kann auch kein Ende haben, weil sie aus der Perspektive des Jetzt und Hier betrachtet die reine Unbestimmtheit ist.

Dem Mythos zufolge gab es eine Zeit vor der Unruhe, oder genauer: eine Zeit der Zeitlosigkeit *vor* der Zeitlichkeit der Unruhe, und erst der Umweg über die kontrastiv eingesetzte Vorvergangenheit des Paradieses vermittelt eine Vorstellung davon, wohin die Menschen geraten sind, als sie in das Land Nod vertrieben wurden. In dieser Spiegelung des Andersgewesenseins liegt die eigentliche, die epistemische Funktion der paradiesischen Vorvergangenheit. Der mit der Ausmalung der Paradieswelt eingeführte Kontrast schafft die Distanz, aus der heraus die Wirklichkeit der Unruhe, ihre unabweisliche Normalität, als solche hervortritt. Das Paradies lässt uns wissen, was die Unruhe – unsere Unruhe – ist.

Das Gewesensein der Paradieswelt sagt aber auch, dass die Unruhe nicht alternativlos ist. Das Paradies birgt das Versprechen eines Anderen, das zugleich ein besseres Anderes ist – die Welt noch einmal, aber ohne Unruhe. Und genau darin bewährt sich die Bewältigungsfunktion des Mythos. Die Unruhe, sagt er, ist sprach- wie begriffslogisch gesehen ein durch und durch Negatives. Sie ist ein Entzug, ein Totalverlust, eine – wenn denn das Wort erlaubt ist – tiefe und schwere *Ent-Ruhigung*. Aber, und eben darauf kommt es an, sie ist keineswegs ein letztes Wort.

An diesen Vorbehalt, an diese Vermeidung einer Positivität, die aus der Unruhe eine unüberwindliche, ewig in die gleiche Richtung stürmende Schicksalsmacht hätte werden lassen, knüpft die *Mystik* an. Die Mystik – ich rekapituliere meine Ausgangsthese – greift die Unruhe auf, um aus der Unruhe herauszufinden. Sie versucht, mit anderen Worten, der selbstverschuldeten Situation der Unruhe die Endgültigkeit eines Verhängnisses zu nehmen und „den reinen Sinn der Religion als solchen, unabhängig von jeder Behaftung mit der ‚Andersheit' des empirisch-sinnlichen Daseins", zurückzugewinnen.[5]

Im Zentrum dieses Vorstoßes steht der Begriff der Gelassenheit, der, von Meister Eckhart geprägt, dann bei Seuse und Tauler ebenfalls auftaucht und über die

5 Cassirer, E., *Philosophie der symbolischen Formen. Zweiter Teil: Das mythische Denken.* Wissenschaftliche Buchgesellschaft, 9. Aufl., Darmstadt 1994, S. 298.

Strömungen des Pietismus und Goethes *Werther*[6] den Weg in die Moderne, in die Psychologie und Ratgeberliteratur gefunden hat.

Die Mystik – damit sage ich nichts Neues – ist ein Glaubensereignis, das seine Prägnanz im wesentlichen durch die Sprache gewinnt, genauer noch: ein Glaubensereignis, das sich, wie später Heidegger und Teile der Postmoderne, den Evidenzen des Sprachgebrauchs anvertraut. Auch im Fall der Gelassenheit lässt sich diese Art des Zugangs ohne weiteres bestätigen, etwa wenn wir der Phrase nachspüren, die lautet: ‚seine Ruhe haben'. Einmal aus ihren alltagssprachlichen Kontexten herausgelöst, springt die Merkwürdigkeit dieser Redeweise ins Auge: Ist die Ruhe etwas, das man im Sinn des Besitzens ‚haben' kann? Und ebenso: Ist die Ruhe als jemandes Ruhe zu verstehen, so dass sie als einer bestimmten Person zugehörig zu betrachten wäre?

Offenbar sind diese Fragen rhetorisch. Die Bestimmung des Verhältnisses, das wir zur Ruhe unterhalten, als ein Verhältnis des Besitzes zu begreifen, wäre eine krasse Reduktion. Die Vorstellung des Habens lässt uns vergessen, dass viele der sprachlogischen Verbindungen, die durch Possessivpronomina gestiftet werden, überaus anspruchsvoll und verwickelt sind. Meine Stadt, meine Zeit, meine Mutter – keine dieser Zuordnungen markiert Besitzansprüche, zu schweigen von hochdifferenzierten Verhältnisbestimmungen wie meine Geschichte, mein Schmerz, mein Körper. In all diesen Fällen verfehlt die Kategorie des Besitzes den entscheidenden Punkt.

Ähnlich verhält es sich mit der Ruhe, die auch der nicht ‚besitzt', der sie ‚hat'. Die Ruhe ist kein Gegenstand, der von uns getrennt existiert und darauf wartet, in Besitz genommen zu werden. Die Ruhe, die wir meinen, ist ein *Zustand*, in den wir – allenfalls – hineingefunden haben.

Das Wort „Gelassenheit", um nun darauf zu kommen, hält diese Bestimmung fest, indem es die Ruhe zu uns und uns zu ihr ins Verhältnis setzt. Die Gelassenheit macht aus der Ruhe einen Reflexionsbegriff. Demnach stellt sich die Ruhe nur ein, wenn wir bereit sind, all dem zu entsagen, was ihr Eintreten blockieren, was sie vertreiben oder stören könnte. Unter Aspekten der Gelassenheit heißt Ruhe: anderes, also potentiell Beunruhigendes, *gelassen* zu haben[7], um sie, ohne dass dies garantiert wäre, zu finden.

---

6 Vgl. Dierse, U., Art. „Gelassenheit"; in: *Historisches Wörterbuch der Philosophie*, Bd. 3. Hrsg. v. J. Ritter, Schwabe, Basel 1974, Sp. 219-224.

7 Vgl. Suerbaum, A., „Sprachliche Interferenzen bei Begriffen des Lassens. Lux Divinitatis und das Fließende Licht der Gottheit", in: *Semantik der Gelassenheit. Generierung, Etablierung, Transformation*. Hrsg. v. B. Hasebrink, S. Bernhard u. I. Früh. Vandenhoeck & Ruprecht, Göttingen 2012, S. 33-47.

Die Gelassenheit bezeichnet also eine voraussetzungsreiche Form des Zur-Ruhe-gekommen-Seins, genauer noch: eine der Ruhe angemessene, nachdrücklich veränderte Einstellung zu sich selbst und zur Welt. Wie die stoische Seelenruhe, die *tranquillitas animi*, ist auch die Gelassenheit eine Reaktion auf Weltzustände, die als mangelhaft, als schädigend und sogar unerträglich empfunden werden: eine Reaktion auf die Normalität, und das heißt auch: auf die Unausweichlichkeit der Unruhe.

Beide Konzepte, das antike wie das christliche, reagieren auf den Normalzustand der Inquietät mit der Aufforderung, Abstand zu nehmen und zu entsagen. In ihren Konsequenzen unterscheiden sie sich jedoch und gehen geradezu entgegengesetzte Wege. Die Stoa ermuntert die Betroffenen, in der Unwirtlichkeit der Unruhe auszuhalten und sich zu behaupten, und das heißt: sich über das Erkennen und Abstreifen von Nebensächlichkeiten eine mentale Grundlage zu verschaffen, die eine Haltung der Weltzugewandtheit ist. Demgegenüber wird der Verzicht, wird die Abstandnahme gegenüber der Unruhe der Welt, auf dem Boden der christlichen Gelassenheit radikal und bis an die äußerste Grenze getrieben. Aus Verzicht wird Gehorsam, aus Gehorsam wird, wie Meister Eckhart sagt, „Entwerdung“:

> *Der Mensch muß lernen, bei allen Gaben sein Selbst aus sich herauszuschaffen und nichts Eigenes zu behalten … Je mehr wir dem Unsern entwerden, um so wahrhafter* werden *wir in diesem* [dem Willen Gottes; R.K.]. *Darum ist's damit nicht genug, daß wir ein einzelnes Mal uns selbst und alles, was wir haben und vermögen, aufgeben, sondern wir müssen uns oft erneuern und uns selber so in allen Dingen einfaltig und frei machen.*[8]

Die Zielvorgabe der Gelassenheit verlangt eine umfassende Diätetik des Lassens, des Seinlassens, des Unterlassens und des Ablassens von den Lockungen der Welt, die sich im Alltag machtvoll vordrängen und eine törichte Wichtigkeit beanspruchen. Zu diesen überschätzten Größen gehören zunächst und vor allem *wir selbst* – gehört das, was wir unserer Selbsteinschätzung nach selber sind und geltend machen zu müssen glauben. Der Mensch, fordert Eckhart, muss „zuerst sich selbst lassen, dann hat er alles gelassen“[9].

---

[8] Meister Eckhart, *Reden der Unterweisung*, in: Ders., *Deutsche Predigten und Traktate*. Hrsg. v. J. Quint. Diogenes, Zürich 1979, S. 53-100, hier S. 90.

[9] Ebd., S. 56.

Basis des Konzepts ist ein hochkonzentriertes Stück christlicher Theologie. Gelassenheit ist ohne Demut nicht zu haben, Demut nicht ohne die Anerkennung der absoluten Macht Gottes, die für die Stabilität der Weltordnung einsteht und den Menschen die Last der Verantwortung immer schon abgenommen hat – eine Last, die wir, schon aus Sorge vor Überforderung, auf dem Weg in die Gelassenheit erleichtert abtreten. Gelassenheit und Daseinsvertrauen bilden ein Paar, und es ist – das scheint mir ein entscheidender Punkt zu sein – der *Glaube*, der dieses Paar zusammenschweißt.

Aus der damit geschaffenen Konstellation heraus versteht sich diejenige Form der Ruhe, die Gelassenheit heißt. Den Gläubigen interessiert die Ruhe erst in zweiter Linie, sie ist eine Ausgangsbedingung und ein Zeichen. Sie stärkt das Vertrauen in die überweltliche Macht – ein Vertrauen, das stärker ist, als die Unruhe es jemals sein könnte. Schon in diesen wenigen Zeugnissen Eckharts wird deutlich, dass der Gewinn der Ruhe aus einer Kombination aus Demut und Zielstrebigkeit hervorgeht. Auf diese zweite, diese aktive Seite des Ausstiegs aus der Unruhe spielt meine These an: Die Unruhe wird von der Mystik nicht einfach verleugnet, bekämpft oder ausgesetzt: die Mystik versteht sie zu nutzen.

Eckhart betont die Eigenaktivität des Gläubigen, wenn er sagt, dass die göttliche Gabe niemanden zu der Vorstellung verleiten dürfe, sie in der Art des Besitzes zu „haben“ und „bei ihr ausruhen“ zu dürfen. Und weiter:

> *In allen Gaben und Werken müssen wir Gott ansehen lernen, und an nichts sollen wir uns genügen lassen und bei nichts stehen bleiben. Es gibt kein Stehenbleiben bei irgendeiner Weise in diesem Leben und gab es nie für einen Menschen, wie weit er auch je gedieh.*[10]

Das ist nichts anderes als ein, freilich an Bedingungen geknüpftes, *Bekenntnis zur Unruhe*. Der Rückzug von den Dingen der Welt, den man der Mystik nachgesagt hat, ist, wie dieses Bekenntnis zeigt, nur die eine Seite und unbedingt im Kontext einer gleich starken Komplementärbewegung zu verstehen.

Dabei muss man sehen, dass das Bekenntnis zur Unruhe weit davon entfernt ist, hinter die Kunst des Lassens, hinter das Programm der „Entwerdung“, zurückzufallen. Vielmehr hält es die Gläubigen dazu an, die irdischen Dinge kritisch zu wägen und, soweit sie ihren Weg blockieren, von sich abzutun. Genau das heißt: ‚die Unruhe gegen die Unruhe einsetzen‘. Es geht Eckhart um eine von den Betreffenden

---

[10] Ebd., S. 89.

selbst zu leistende Vorbereitung und Einstimmung auf den Empfang der göttlichen Gnade. So fallen Ruhe *(ruowe)* und Frieden *(vride)* gerade demjenigen zu, der sie nicht gesucht und nie danach verlangt hat. Der Gelassene kommt zur Ruhe, weil und indem nicht er *sie,* sondern sie *ihn* gefunden hat. Nur in diesem Sinn ist sie ‚seine' Ruhe – eine Ruhe, derer er sich würdig zeigt und die er nun (wir dürfen nicht vergessen, dass Eckhart als Lehrer spricht) mit anderen, gleichfalls Entsagungsbereiten teilt.

Eckharts Mystik ist ein Programm, wie er sagt, der aktiven, der kontrolliert betriebenen Entwöhnung, der bereitwilligen Entfernung und sogar der „Entfremdung" von den Dingen der Welt, soweit und sofern sie den Weg zu Gott behindern. Vielleicht ist es das, was für uns Heutige am schwersten zu begreifen ist: die Auffassung einer Wirklichkeit, die es nicht, wie die Neuzeit erwartet, zu beherrschen und umzumodeln, sondern um der wahren Glückseligkeit willen auf Distanz zu bringen gilt.

Die *ratio mystica* bleibt jedoch bei dieser Haltung der Weltverneinung nicht stehen: „Der Mensch soll frei sein", sagt Eckhart, „und Herr seiner Werke, unzerstört und ungezwungen."[11]

3. Spiritualität

Die Mystik, wie sie hier gedacht ist, ist keine Lehre, die auf Vorschriften und Verbote setzt; sie setzt auf das, was bereits Eckhart – offenbar überhaupt als erster – „Bildung" nennt: auf die freie, in der Distanz zur Welt angebahnte und verwirklichte Selbstentfaltung. Die Aufgabe des Selbst und seiner weltlichen Verstrickungen, das ist die Idee, ist ein vorbereitender Schritt. Ganz offensichtlich ist dieser Entwurf von der noch von Hegel bekräftigten Gewissheit getragen, dass das – auch dies ein Begriff, den Eckhart verwendet – von der „Vernunft"[12] geleitete Leben auf den richtigen Weg führt und die Betreffenden auch auf diesem Weg hält.

An keiner Stelle läuft die spezielle, die vorbehaltliche Weltzugewandtheit der Mystik Gefahr, in jene Art der Selbstüberhebung umzuschlagen, die die Menschen

---

11 Ebd., S. 93.

12 Ebd., S. 88. Hegel, der von Eckhart eine hohe Meinung besaß, bestätigt den Zusammenhang auf seine Weise: „Alles Vernünftige ist somit zugleich als mystisch zu bezeichnen." (Hegel, G. W. F., *Enzyklopädie der philosophischen Wissenschaften*, in: Ders., *Theorie Werkausgabe.* Red. E. Moldenhauer u. K. M. Michel. Suhrkamp, Frankfurt a.M. 1970, Bd. 8, S. 179 [§ 82, Zus.].)

dazu verführt, sich selbst als Herr und Meister der Natur einzusetzen. Im Rahmen dieser Mystik ist der Mensch aufgerufen, sich als Teil einer Weltordnung zu begreifen, die er vorgefunden und nicht selbst erschaffen hat.

Auf diese Einsicht, also auf das Element einer vernunftbetonten Geistigkeit und Spiritualität, kommt es in diesem Zusammenhang ganz wesentlich an. Wenn, wie Eckhart formuliert, der Mensch „Herr seiner Werke" ist, so doch in dem klaren Bewusstsein, dass dieses „Werkschaffen" in ihm, dem Menschen, nur sein gelegentliches Subjekt findet. Das mystische Ich ist das Ergebnis einer willentlichen Ablösung von sich selbst.[13]

Abschließend möchte ich den über das soeben Gesagte weit hinausführenden Hinweis geben, dass in der mystischen Modellierung der menschlichen Situation ein tiefer Trost steckt. Der Trost liegt darin, dass diejenigen, die zur Gelassenheit gefunden haben, selbst durch die Erfahrung des Scheiterns nicht aus der Ruhe zu bringen sind. Ihre Ruhe ist ungefährdet, weil für sie selbst das Scheitern noch im Horizont einer unbezweifelbaren Sinnhaftigkeit allen Seins begreiflich ist. Das mystische Streben nach dem Absoluten kann der förmlichen Bestätigung durch das Gelingen – durch den sichtbaren ‚Erfolg' – entbehren, weil es auf Treu und Glauben oder, um es mit Paulus zu sagen, auf Hoffnung beruht.

---

[13] Vgl. die einschlägigen Überlegungen, mit denen Heidegger seine – nicht gehaltene – Vorlesung zu den „Philosophischen Grundlagen der mittelalterlichen Mystik" einleitet (Heidegger, M., *Gesamtausgabe*, Bd. 60. Hrsg. v. C. Strube u.a. Klostermann, Frankfurt a. M. 1995, S. 301-337).

Bibliografie:

Aurelius Augustinus, *Vom Gottesstaat.* Hg. v. C. Andresen. dtv, 4. Aufl., München 1997, Bd. 2.

Cassirer, E., *Philosophie der symbolischen Formen.* Zweiter Teil: *Das mythische Denken.* Wissenschaftliche Buchgesellschaft, 9. Aufl., Darmstadt 1994.

Dierse, U., *„Gelassenheit"*; in: *Historisches Wörterbuch der Philosophie*, Bd. 3. Hrsg. v. J. Ritter, Schwabe, Basel 1974, Sp. 219-224.

Hegel, G.W.F., *Enzyklopädie der philosophischen Wissenschaften;* in: ders., *Theorie Werkausgabe.* Red. E. Moldenhauer u. K. M. Michel. Suhrkamp, Frankfurt a. M. 1970, Bd. 8.

Heidegger, M., *Gesamtausgabe,* Bd. 60. Hrsg. v. C. Strube u.a. Klostermann, Frankfurt a. M. 1995.

Konersmann, R., *Die Unruhe der Welt.* S. Fischer, 5. Aufl., Frankfurt a. M. 2015.

Ders., *Wörterbuch der Unruhe.* S. Fischer, Frankfurt a. M. 2017.

Meister Eckhart, „Reden der Unterweisung"; in: ders., *Deutsche Predigten und Traktate.* Hrsg. v. J. Quint. Diogenes, Zürich 1979, S. 53-100.

Scholem, G., *Die jüdische Mystik in ihren Hauptströmungen.* Suhrkamp, Frankfurt a. M. 1951.

Suerbaum, A., „Sprachliche Interferenzen bei Begriffen des Lassens. Lux Divinitatis und das Fließende Licht der Gottheit", in: *Semantik der Gelassenheit. Generierung, Etablierung, Transformation.* Hrsg. v. B. Hasebrink, S. Bernhard u. I. Früh. Vandenhoeck & Ruprecht, Göttingen 2012, S. 33-47.

Ruhe in der Unruhe – Nähe in der Ferne – Gegenwart im Vermissen

Zentrale Aspekte christlicher Mystik im heutigen Kontext

Christine Büchner (Würzburg)

1. Einleitung

Die Religionssoziologie beobachtet seit Längerem eine „Dispersion des Religiösen"[1] und weist damit darauf hin, dass das Religiöse nicht einfach verschwunden ist, sich aber in die Profanität oder Säkularität hinein zerstreut hat, dass sich also eine Perichorese der ehemals getrennten Ebenen, eine Auflösung von festen Orten des einen beziehungsweise des anderen ereignet.[2] Mit dem Jesuiten, Sozial- und Kulturwissenschaftler Michel de Certeau ist dieser Prozess nicht beklagenswert, sondern notwendig, um in der Spur dessen zu bleiben, was uns fehlt.[3] Damit steht Certeau in der Tradition der Mystik, die er zeit seines Lebens erforscht hat. Mystikerinnen und Mystiker verbindet die Überzeugung, dass es keinen festen und allgemein verbindlichen Ort für Gott geben kann. Daher spricht Certeau von ihnen als Wandernden. Anders also, als es sich vielleicht oberflächlich nahelegt, zeichnen sich Mystiker*innen seiner Sicht zufolge nicht dadurch aus, dass sie zur Ruhe gekommen, bei Gott angekommen oder mit ihm eins geworden wären, sondern durch bleibende Bewegung. Sie ist ausgelöst durch die Überzeugung, dass *in* all dem Unbefriedigenden, das wir alltäglich nicht nur, aber auch erleben,

---

1 Ebertz, M. N., *Die Dispersion des Religiösen*, in: *Ich habe meine eigene Religion. Sinnsuche jenseits der Kirchen*. Hrsg. von H. Kochanek, Benziger, Zürich/Düsseldorf 1999, S. 210–231.

2 Dem widerspricht m.E. auch nicht die neueste Kirchenmitgliedschaftsuntersuchung (KMU VI), die erhebt, dass immer mehr Menschen sich als weder religiös noch in einem weiteren Sinne als spirituell verstehen, insofern hier dezidiert nach Spiritualität als Gegenbegriff zu Säkularität bzw. Profanität gefragt wurde.

3 Vgl. Certeau, M. de, *GlaubensSchwachheit*. Hrsg. von L. Giard, übers. aus dem Franz. v. M. Lauble, Kohlhammer, Stuttgart 2009, S. 232; ders., *Mystische Fabel. 16. bis 17. Jahrhundert*, übers. von M. Lauble, Suhrkamp, Berlin 2010, S. 171.

zugleich etwas Anderes präsent ist, das erfüllen kann und dem es sich unermüdlich nachzugehen lohnt.[4]

Mit diesem Umstand möchte ich mich im Folgenden mit Blick auf christliche Traditionen der Mystik beschäftigen und dabei auch fragen, worin ihre besondere Relevanz für eine unruhige Zeit wie heute bestehen könnte – eine Zeit, in der sich vieles bewegt und die uns daher auch in besonderer Weise abfordert, uns selbst zu bewegen.[5]

2. Mystik: Vom Rand in die Mitte

Angesichts der massiven Erschütterungen institutionalisierter Religiosität (insbesondere durch die Aufdeckung und zögerliche Aufarbeitung sexuellen Missbrauchs durch kirchliche Amtspersonen) wird eine dogmatisch selbstgewisse Kirche und Theologie unglaubhaft. Auf der Suche nach neuen Ressourcen erfahren mystische Traditionen, die in der bisherigen Kirchen- und Theologiegeschichte eher marginalisiert wurden, einen Aufschwung und mehr Beachtung – nicht nur in spirituellen Kreisen, sondern auch in einer wissenschaftlich verantworteten Theologie. Sie gelangen vom Rand allmählich in die Mitte der Tradition und öffnen diese auf die Situation der Unsicherheit und Unruhe hin, in der wir uns bewegen. Damit stehen

---

4 Immer wieder kommt Michel de Certeau – in Anknüpfung an den *Cherubinischen Wandersmann* des frühneuzeitlichen Mystikers Angelus Silesius (1624–1677) – in seinem Werk auf das Motiv des Wanderers zurück (vgl. Certeau, *Mystische Fabel*, a.a.O., S. 27. 442. 487 passim; sowie ders., *GlaubensSchwachheit* a.a.O., S. 47). Es ist auch für sein eigenes Leben zentral. Vgl. den sprechenden Titel der Biographie von Dosse, F., Michel de Certeau. *Le marcheur blessé*, La Découverte, Paris 2002; sowie Eckholt, M., „Nicht ohne dich. Der verletzte Wanderer und der fremde Gott. Eine Annäherung an Michel de Certeau SJ", in: *Der dunkle Gott. Gottes dunkle Seiten*. Hrsg. v- H.-P. Schmitt, Katholisches Bibelwerk, Stuttgart 2006, S. 34–62.

5 Ich habe ähnliche Überlegungen bereits in anderen Zusammenhängen in den folgenden Beiträgen publiziert: Büchner, C., „Mystische Skepsis und Genderperspektiven. Eine Ermutigung zu Veränderungen", in: *Frauen in kirchlichen Ämtern. Reformbewegungen in der Ökumene*. Hrsg. von M. Eckholt u.a., Herder, Freiburg i.Br. 2018, S. 404–414; Büchner, C., „Katholische systematische Perspektiven auf Reformation als Phänomen des Aufbruchs. Oder: Plädoyer für eine Theologie auf der Suche", in: *Reformation, Aufbruch und Erneuerungsprozesse von Religionen*. Hrsg. v. W. Weiße/F. Enns, Waxmann, Münster/New York 2017, S. 51–64; sowie Büchner, C., „Wirklichkeit, die sein lässt. Meister Eckharts Anregungen zu einer Theologie des Lassens und der Gelassenheit", in: Verschieden- im Einssein. Eine interdisziplinäre Untersuchung zu Meister Eckharts Verständnis von Wirklichkeit. Hrsg. v. C. Büchner, Peeters, Leuven 2018, S. 307–338. Aus diesen Beiträgen sind im folgenden Text einige Passagen zum Teil wörtlich übernommen und weitere Überlegungen sinngemäß wieder aufgenommen und weitergedacht.

diese Traditionen an der Seite von und in Zusammenhang mit anderen gesellschaftlichen Transformationsprozessen. Denn nicht nur kirchlich und theologisch bewegen wir uns in einer Situation des Auf- und Umbruchs; vielmehr werden viele Rückhalte angesichts der zunehmenden Komplexität unserer Erfahrungen brüchig, insofern sie diese Komplexität reduzieren.

Mystiker und Mystikerinnen können, so meine These, in den Umgang mit Unsicherheit und Ungewissheit einüben; sie haben festen und vermeintlich selbstverständlichen Kategorien und Begriffen, die unsere Erkenntnisse strukturieren, oft eine wohlbegründete Skepsis entgegengebracht. Diese Skepsis resultiert aus der inneren Erfahrung, dass das, was uns und alles um uns herum ausmacht, eine Tiefendimension besitzt, in der klare Abgrenzungen, die wir auf der Oberfläche der Dinge erkennen, verschwimmen. Das, was wir begrifflich erkennen können, ist immer der binär strukturierten Wahrnehmung unserer Endlichkeit verhaftet und daher von vorläufiger Geltung. Diese Kategorien sind bis zu einem gewissen Grad praktikabel und wir brauchen sie; sie beruhigen, nehmen uns die Angst vor der Komplexität des Lebens, machen es handhabbar, aber eben nur bis zu einem gewissen Grad und vorläufig. Die Traditionen der Mystik können in der Unruhe, die diese Vorläufigkeit erzeugt, etwas Positives sehen: nämlich die unendlichen Lebensmöglichkeiten Gottes. Sie leiten dazu an, auf diese unendlichen Möglichkeiten zu vertrauen und konstruktiv mit der Tatsache umzugehen, dass wir unser Leben nicht vollständig im Griff haben. Wenn wir das nicht beachten, laufen wir – in ihrer Sicht – Gefahr, das Grenzenlose durch unsere verengte Perspektivität regelrecht auszugrenzen. Das wird in Krisensituationen besonders evident. Insofern sind Krisenzeiten, das zeigt auch der Blick in die Geschichte, Zeiten der Mystik.[6] In ihnen hängt die Zukunft entscheidend von der Fähigkeit ab, die Perspektive zu weiten; statt Ruhe zu suchen, *Gott* zu suchen und sich auf den Weg zu machen. Das ist ein Gegenkonzept zu einem ruhigen, sicheren und sich nach überallhin absichernden Glauben.

---

[6] Vgl. auch hierzu immer wieder Certeau, *Mystische Fabel*, sowie auch ders., *Glaubens-Schwacheit*.

3. Christliche Mystikerinnen und Mystiker des Spätmittelalters

3.1 Meister Eckhart (1260-1328): Ruhe in der Unruhe –Zuhause auf dem Weg

Meister Eckhart steht wie viele Mystikerinnen und Mystiker deutlich in der Tradition einer apophatischen Theologie, die reflektiert, dass all unsere Aussagen grenzenden, also die Fülle der Wirklichkeit, wie sie von Gott her ist, gerade nicht treffenden Charakter haben. Am Anfang seiner Predigt 83 über Epheser 4,23 „Renovamini spiritu" sagt er daher, wir sollen Gott lieben „wie er ein *Nicht*-Gott ist".[7] Die apophatische Strategie verfolgt das Ziel, über die mit jedem Begriff oder Bild ausgesagte Grenze hinauszugehen – immer noch einmal einen Schritt weiter, vom gefundenen Begriff oder Bild hin zu dessen Negierung. Denn Gott ist das ganz Andere – bzw. genauer: das Andere unserer Ab- und Ausgrenzung und gerade so das, was wir zutiefst ersehnen (ohne dass wir es vielleicht wissen).

In seinen *Erfurter Reden* spricht Eckhart explizit über das Streben des Menschen nach Einheit mit Gott, indem er die Metaphern „Unruhe" und „Ruhe" benutzt. Diese Metaphern gemahnen zunächst an die eigene innere Unruhe und das eigene Suchen nach Gott. Gott wird gegenwärtig als Zielvorstellung, in dem endlich Ruhe zu finden wäre. Das erinnert an Augustinus: „Unruhig ist unser Herz, bis es ruht in dir, o Gott."[8] Eckhart selbst zitiert diesen Satz des Öfteren. Doch wider Erwarten gibt er der Metapher hier eine völlig andere Wendung und stellt die Vorstellung von Gott als dem Ruhepunkt, auf den das vorher immer unruhige Suchen des Menschen hinläuft, in Frage. Er sagt nämlich, „der gelassene Mensch (der *gelâzene mensche*)", der für Eckhart ein Leben in Verbundenheit mit Gott verkörpert, „sucht keine Ruhe, denn ihn behindert keine Unruhe."[9]

---

7 Vgl. Meister Eckhart, „Predigt 83", in: Meister Eckhart, *Die deutschen Werke*, Bd. 3: Meister Eckharts Predigten (60–86). Hrsg. u. übers. v. J. Quint, Kohlhammer, Stuttgart 1973–1976 (im Folgenden zitiert als DW 3), 586.

8 Augustinus, *Confessiones*, I,1,1. Hrsg. von L. Verheijen. Brepols, Turnhout 1981 (CCL 27): „[...] *inquietum est cor nostrum, donec requiescat in te.*"

9 Meister Eckhart, *Traktate* (Meister Eckhart, Die deutschen Werke, Bd. 5. Hrsg. u. übers. v. J. Quint, Kohlhammer, Stuttgart 1954–1963, Nachdruck 1987), S. 206: *„Der mensche ensuochet niht ruowe, wan in enhindert kein unruowe."*

Ruhe ist hier nicht etwas, das irgendwann – wenn nicht im Laufe unseres irdischen Lebens, so dann doch an dessen Ende – erlösend auf uns zukäme, sondern etwas, das im eigenen Leben und der eigenen Daseinsweise seinen Grund hat. Das bedeutet umgekehrt, dass auch der Grund der Unruhe in uns selbst liegt (nämlich insofern wir nicht gelassen sind): Wir sind nur deshalb auf der Suche nach Ruhe und erleben unser Leben als unvollkommen, weil wir in unserer Unruhe nicht vermögen, die Nähe Gottes (nämlich des Gottes, wie er ein Nicht-Gott ist, das Andere unserer Abgrenzung) wahrzunehmen. Dem gelassenen Menschen dagegen ist Gott in jeder Lebenssituation stets gegenwärtig, daher ist für ihn die Entgegensetzung von Unruhe und Ruhe irrelevant.

Ähnliche Irritationen erzeugt Eckhart, indem er in der Predigt 86 über den Lebensweg des mit und in Gott Lebenden spricht: Sein Weg sei deswegen nicht mehr in eigentlichem Sinne Weg, weil er zugleich ein Zuhause sei.[10] Mit „Weg" verbinden wir gemeinhin Mühe und Strapazen und zugleich Vorläufigkeit. Wir wollen nicht für immer auf dem Weg bleiben, nicht immer unterwegs sein, sondern irgendwann an dem Ziel ankommen, zu dem der Weg uns führt. Mit „Zuhause" assoziieren wir Geborgenheit, Angekommensein, Nicht-weiter-Müssen, Wärme, Ruhe. Eckhart aber hebt, wider unseren sprachlich-logischen Verstand, die Kontrarität der Begriffe „Weg" und „Zuhause" in der Gottgeeintheit auf, um zu veranschaulichen: Wer mit Christus geht, der wohnt in ihm, wer in Christus wohnt, der geht mit ihm, der hat ein Zuhause auf dem Weg gefunden.

Auch in seinen für akademisches Publikum verfassten Werken verwischt Eckhart gerne akzeptierte begriffliche Zuordnungen, etwa jene zwischen *generatio* („Hervorbringung"/„Geburt") und *creatio* („Schöpfung").[11] So kann er das Ineinander von Gott, Welt und Mensch zum Ausdruck bringen. Dahinter steht meines Erachtens die Überzeugung, dass die begriffliche Trennung zwar einerseits den Diskurs erleichtert, präzisiert und für einen Erkenntnisfortschritt wichtig ist, aber andererseits die Komplexität der Wirklichkeit reduziert und verschleiert. Die Begriffssprache suggeriert, es bestünden voneinander getrennte Wirklichkeitsbereiche, wo doch stets das eine nur in Bezug auf das andere ist. Erst der Wechsel zwischen

[10] Vgl. Meister Eckhart, „Predigt 86", in: DW 3, S. 487: *Der dritte wec heizet wec und ist doch heime […].*

[11] Vgl. Meister Eckhart, Expositio Libri Sapientiae, in: Meister Eckhart, Die lateinischen Werke, Bd. 2: I. Expositio libri Exodi. Hrsg. und übers. von K. Weiß. II. Sermones et Lectiones super Ecclesiastici c. 24,23-31. III. Expositio Libri Sapientiae. IV. Expositio Cantici Canticorum quae supersunt. Hrsg. u. übers. v. J. Koch und H. Fischer. Kohlhammer, Stuttgart 1964, S. 346–348 passim.

den Begriffen und ihre Infragestellung machen, indem sie in den akademischen Diskurs eine Dynamik hineinbringen, diese Zusammenhänge auch hier sichtbar. Eckharts „Verwirrung" der Begriffe ist also nicht Ausdruck eines mystisch-irrationalen Denkens, sondern nimmt die Wortlaute, die im Verlauf der Glaubensgeschichte herausgearbeitet wurden (wie etwa den klassischen Topos von Gott als unsere Ruhe) in die Kritik und erzwingt dadurch eine permanente Selbstkorrektur. Diese führt er auch in den eigenen Predigten vor, wenn er etwa transparent macht, dass er sich selbst zuweilen widerspricht, dass er je nach Situation anderes betont. Damit macht er zugleich deutlich, dass jede Erklärung perspektivisch gebunden und daher einseitig bleibt, und das, worüber er spricht, immer noch einmal komplexer ist als das, was er selbst oder andere dazu sagen.[12]

Eckhart unterläuft also Erwartungshaltungen. Er vermeidet die bloße Affirmation des Gedankenhorizonts der ihm Zuhörenden und ihn Lesenden, beunruhigt vielmehr und übt dadurch ein in den Umgang mit einer Vielfalt gegensätzlicher Positionen. Es geht darum, im Erkenntnisprozess zu bleiben. Unsere immer bloß vorläufigen „Gewissheiten" sind als unzulässige Reifizierungen Gottes und des Lebens aufzugeben. Auch wenn und gerade weil sie dazu verführen stehenzubleiben, sich bequem in den eigenen Gedanken einzurichten, statt weiterzugehen in Richtung Wahrheit.

In Eckhart´scher Sprache: Wir müssen uns selbst mitsamt unserem Bedürfnis nach Ruhe und Sicherheit lassen, um uns mit hineinnehmen zu lassen in die je größere und komplexere Wirklichkeit Gottes, die am Grund unserer aller Wirklichkeit ist.[13] Es ist der Grund, aus dem die Dynamik unseres Zusammenlebens immer wieder neue Impulse empfängt.

Noch einmal anders: Wer die eigene Suche nach Ruhe, in welcher sich der Eigenwille, der uns von dem Anderen distanziert und abgrenzt, zum Ausdruck bringt, hinter sich lässt, stellt sich der umfassenden, je größeren Wirklichkeit Gottes nicht entgegen, sondern setzt auf jene immer noch einmal größeren Möglichkeiten Gottes – und wird so ruhig inmitten der Unruhe. Meister Eckharts Mystik kann daher dazu ermutigen, sich gelassen und erwartungsvoll auf die Unruhe des Lebens einzulassen. Noch einmal mit Meister Eckhart selbst:

---

[12] Vgl. Meister Eckhart, „Predigt 48", in: Meister Eckhart, *Die deutschen Werke, Bd. 2*: Meister Eckharts Predigten (25–59). Hrsg. und übers. von J. Quint, Kohlhammer, Stuttgart 1968–1971, S. 420; *Predigt 52*, in: DW 3, S. 488. 490. 494, 497; „Predigt 72", in: DW 3, S. 244.

[13] Vgl. Meister Eckhart, „Predigt 5b", in: Meister Eckhart, *Die deutschen Werke, Bd. 1: Meister Eckharts Predigten (1–24)*. Hrsg. u. übers. v. J. Quint, Kohlhammer, Stuttgart 1936-1958 (Nachdr. 1986), S. 90.

Daß ein Mensch ein ruhiges Leben habe, das ist gut; aber daß ein Mensch ein mühevolles Leben mit Geduld ertrage, das ist besser; daß man aber Ruhe habe im mühevollen Leben, das ist das Beste.[14]

3.2 Marguerite Porete (1250/60-1310): Nähe in der Ferne

Die Mystikerin und Gelehrte Marguerite Porete war eine Zeitgenossin Meister Eckharts. Sie lebte als Begine wahrscheinlich in Nordfrankreich und ist Verfasserin eines theologischen Werks mit dem Titel *Le mirouer des simples âmes* („Der Spiegel der einfachen Seelen"), für das sie 1310 als Ketzerin in Paris hingerichtet wurde.[15] Meister Eckhart hat Marguerites Werk gekannt und vermutlich einige Gedanken von ihr übernommen.[16] Ihr Denken verbindet eine dialektische Struktur. Ähnlich wie Eckhart vom Zuhausesein auf dem Weg, von der Ruhe inmitten der Unruhe spricht, spricht Marguerite von Gott als dem *Fernnahen*. Damit bringt sie zum Ausdruck, dass Gott und die Seele einerseits unendlich weit voneinander getrennt sind. Denn die Seele des Menschen ist angesichts der Fülle Gottes nichts. Die eigene Nichtigkeit trennt sie von der Anwesenheit der Fülle Gottes. Sie bleibt daher, wenn sie sich selbst im Blick hat, auf die totale Leere fixiert. Das macht sie ruhelos und entfacht ein Verlangen nach Gott, das aber, als objekthaft-selbstbezogenes, auch aufhören muss, soll Gott *wirklich* nahekommen. Wenn der Mensch aber andererseits realisiert, dass er sich selbst keinen Inhalt geben kann, gibt es nichts mehr, das der Anwesenheit der Fülle Gottes, die insofern sie Fülle ist, überall ist, entgegensteht. Marguerite nennt das: sich selbst vernichtigen.[17] Die Sehnsucht nach Gott, die zugleich eine Sehnsucht nach Fülle und Freiheit ist, hat also ihren Ursprung in der Realität Gottes und führt selbst in den Prozess der Vernichtigung hinein, in der die Seele Ruhe findet. Das Leben des Einzelnen ist in ständiger Transformation zwischen dem (eigenen) Nichts und

---

[14] Meister Eckhart, „Predigt 68", in: DW 3, S. 532 – vgl. mhd.: „Daz ein mensche ein ruowic leben habe, daz ist guot; mêr: daz ein mensche ein pînlich leben habe mit gedult, daz ist bezzer; mêr: daz man denne ruowe habe in dem pînlîchen lebene, daz ist daz beste" (ebd., S. 145).

[15] Vgl. Margareta Porete, *Der Spiegel der einfachen Seelen. Wege der Frauenmystik.* Aus dem Altfranzösischen übertragen und mit einem Nachwort versehen von L. Gnädinger, Artemis, Zürich/München 1987 (frz.: Maguerite Porete, *Le Mirouer des simples âmes.* Margaretae Porete speculum simplicium animarum (CCCM 69). Hrsg. v. R. Guarnieri/P. Verdeyen, Brepols, Turnhout 1986).

[16] Vgl. Mieth, D., *Meister Eckhart*, Beck, München 2014, S. 131–139.

[17] Die Zentralität dieses Begriffs zeigt bereits der Langtitel ihres Werks: *Le mirouer des simples âmes anienties et qui seulement demourent en vouloir et désir d'amour.*

dem (göttlichen) Alles begriffen. Wo die Seele nichts wird, wird sie alles.[18] Sie ist und wird, wenn sie die eigene Nichtigkeit gewahrt, *ganz* Verlangen und Liebe. Anders gesagt: Alles, worauf wir unser Verlangen werfen, ist nichts gegenüber dem Gehalt, welches dieses Verlangen eigentlich erfüllt. Statt nach etwas Verlangen zu haben, geht es darum, *ganz* Verlangen zu *sein:* danach, es könnte ganz anders sein, als es ist und als wir es zuwege bringen. Deswegen muss Gott, wenn er uns nah sein soll, zugleich fern bleiben und muss der Mensch, um in Gott wirklich Ruhe zu finden, unruhig bleiben. Marguerite bezeichnet Gott nicht nur als den Fernnahen, sondern auch noch genauer als den „hinreißend Fernnahen" („Loingprés Ravissable").[19] Der hinreißende Gott bringt den Menschen von sich selbst weg und zu sich hin durch Liebe. Sie entfacht und erfüllt unser Verlangen. Aber dieses endet nur dann nicht wieder bei sich selbst, wenn es dazu führt, dass es sich wirklich verändern lässt.

Erst wenn die Seele den eigenen Willen und damit sich selbst vergisst und, auf die Liebe Gottes vertrauend, dabei auch die eigene Angst vergisst, wenn sie sich „hinreißen" lässt, lässt sie sich und ihre eigenen Kategorien verändern von dieser Liebe und wird sie *in* diese Liebe selbst, die Gott ist, und die auch in ihr selbst ist, verwandelt. Die Verwandlung beschreibt Marguerite zugleich als ein Freiwerden. Liebe ist Freiheit von sich selbst und von allen äußeren Zwängen. Die Seele kann sich nicht selbst von sich befreien, aber die Befreiung von sich selbst (ihrer Nichtigkeit) ist es, was sie sucht und was sie erst erfüllt und, modern formuliert, sie selbst werden lässt. Der Gottesbezug entfaltet nach Marguerite selbsttransformativ-befreiende Kraft. Das eigene Unvermögen und die eigene Unsicherheit, an der wir laborieren, werden dabei nicht übergangen, sondern können als Quelle unseres Lebens und Verlangens, und die eigene Leere kann als Partizipation an Gott begriffen werden. Weil wir nichts bzw., wie Marguerite formuliert, in unserer Sündhaftigkeit sogar „weniger als nichts"[20] sind, sind wir zugleich ganz offen. In unserer Labilität bzw. unserem Verlangen-Sein offenbart sich unsere Relationalität und Transformativität – und darin wiederum die Liebe Gottes, die uns ganz nahe ist, aber gerade deswegen fern, solange wir selbst an uns festhalten. Transformationsoffenheit lässt sich daher als Gottoffenheit interpretieren und umgekehrt.

---

[18] Vgl. hierzu auch Hahn-Jooß, *Barbara, „Ceste Ame est Dieu par condicion d'Amour". Theologische Horizonte im „Spiegel der einfachen Seelen" von Marguerite Porete* (Beiträge zur Geschichte der Philosophie und Theologie des Mittelalters, N.F. 73), Aschendorff, Münster 2010, S. 187–189.

[19] Margareta Porete, *Spiegel der einfachen Seelen*, a.a.O., S. 95.

[20] Vgl. ebd., S. 29.

Marguerite schildert den Vorgang der Transformation durch Gottesbeziehung auch als Einwohnung Gottes in einer Seele, deren Verlangen durch kein Objekt ihres Verlangens (sei dieses auch die Präsenz Gottes) zufriedengestellt werden kann. *Dass* aber das objekthafte Begehren sie unfrei und unerfüllt macht, kann bereits als Ausdruck einer Wirklichkeit interpretiert werden, welche diese Unzufriedenheit und Unerfülltheit noch einmal umgreift und erfüllt. Diese Wirklichkeit ist das Verlangen Gottes nach dem Menschen. Das Geschehen bringt göttliche und menschliche Ebene in einen Austausch.

Marguerite kann mit ihrem Text dazu ermutigen, das Verlangen danach, es könnte anders sein, nicht von der herrschenden Ratio oder einem tugendhaften Leben ruhigstellen zu lassen, sondern dem in sich Raum zu geben auf der „pelerinage“[21] des Lebens. Das schlägt sich schließlich auch in ihrer Sicht von Kirche nieder: Sie unterscheidet zwischen der kleinen, und zugleich kleinherzigen, sichtbaren Kirche und einer großen, weitherzigen Kirche des fernnahen Gottes.[22]

3.3 Mechthild von Magdeburg (ca. 1207-1282): Gegenwart im Vermissen

Auch für Mechthild von Magdeburg und das ihr zugeschriebene Werk *Das fließende Licht der Gottheit* ist Unruhe kein per se negativer Begriff. Interessanterweise spricht Mechthild nicht nur von der Unruhe des Menschen, sondern immer wieder auch von der Unruhe Gottes wegen des Menschen, den Gott liebt und bei sich haben will, der sich aber mit dem, wie es ist und läuft in der Welt, zufrieden gibt.[23] Ähnlich wie Marguerite geht es Mechthild darum, die Sehnsucht nach dem Reich Gottes zu kultivieren, das sich nur dadurch verwirklichen kann, so Mechthild, dass wir es vermissen in einer Weise, dass diese Sehnsucht das Leben zu gestalten beginnt. Denn dem *Fließenden Licht* liegt die Einsicht zugrunde, dass Gott nicht ohne den Menschen handelt. Am Beginn des Buches steht eine Auseinandersetzung zwischen Gott und Seele in Dialogform, welche dies verdeutlicht. Gott wird darin von der Seele gezwungen sich zu rechtfertigen dafür, dass er sie über die Maßen für sich und seine Ziele in Anspruch nimmt. Die Seele, von Gott angesprochen als „Frau Königin“, lässt sich, aus guten Gründen, alles andere als leicht überzeugen. Gott,

---

[21] Vgl. ebd., S. 161.

[22] Vgl. Mieth, *Meister Eckhart*, a.a.O., S. 139.

[23] Vgl. etwa Mechthild von Magdeburg, *Das fließende Licht der Gottheit*. Aus dem Mhdt. übers. u. hrsg. v. G. Vollmann-Profe, Verlag der Weltreligionen, Berlin 2010, S. 58f.

von der Seele angesprochen als „Frau Liebe" (mhdt. *minne*), muss sich anstrengen, um sie für sich zu gewinnen. Ich zitiere den Text ausführlich, um hiervon einen Eindruck zu vermitteln:

> *Edle Liebe, Ihr habt mir alles genommen, was mir auf Erden überhaupt zuteil geworden war." „Edle Königin, Ihr habt einen seligmachenden Tausch getan." „Edle Liebe, Ihr habt mir meine Kindheit genommen!"„Edle Königin, dafür habe ich Euch himmlische Freiheit gegeben." „Edle Liebe, Ihr habt mir meine Jugend genommen." „Edle Königin, dafür habe ich Euch viele heilige Tugenden gegeben."„Edle Liebe, Ihr habt mir Besitz, Freunde und Verwandte genommen." „Ach, edle Königin, das ist eine erbärmliche Klage!" „Edle Liebe, Ihr habt mir das weltliche Leben genommen, weltliche Ehre und allen weltlichen Reichtum!" „Edle Königin, dafür will ich Euch, ganz wie Ihr es wünscht, auf Erden sogleich mit dem Heiligen Geist entschädigen." „Edle Liebe, Ihr habt mich so sehr bedrängt, dass mein Leben eine unerklärliche Krankheit befallen hat." „Edle Königin, dafür habe ich Euch viele erhabene Erkenntnisse gegeben." „Edle Liebe, Ihr habt mein Fleisch und Blut ausgezehrt!" „Edle Königin, dadurch seid Ihr geläutert und hineingenommen in Gott." „Edle Liebe, Ihr seid eine Räuberin; dennoch bestehe ich darauf, dass Ihr mich entschädigt!" „Edle Königin, so nehmt einfach mich selbst!„Edle Liebe, nun habt Ihr mich hundertfach entschädigt auf Erden.*

Die Seele beharrt in diesem Dialog auf einem angemessenen Ausgleich für ihren Einsatz. Denn Gott beziehungsweise „Frau Liebe" hat ihr alles genommen, was ein einigermaßen ruhiges Leben ermöglicht.[24] Ihres Erachtens sind für das Ertragen von Krankheit und Auszehrung die Gaben, welche die Minne anführt (Erkenntnis, Läuterung, „In-Gott-Sein"), kein angemessener Ausgleich – die Seele fühlt sich eher bedrängt – und besteht auf (sofortiger/fühlbarer) Entschädigung.[25] Das bewirkt offensichtlich die Wende: Gott („Frau Liebe") bietet sich selber an und sagt: „Edle Königin, so nehmt einfach mich selbst!"

[24] Es ist überhaupt kennzeichnend für das „Fließende Licht", dass Gott als unermüdlich Werbender auftritt: So wird etwa erzählt, dass Gott lange Jahre immer wieder und unermüdlich seinen Gruß an Mechthild richtet, bis diese ihm endlich antwortet. Dieser Gruß, so heißt es, entstamme der ewig flutenden Dreifaltigkeit Gottes, also einer in sich höchst bewegten Wirklichkeit, die ihren Impuls zur Bewegung weitergeben will. Das Buch erscheint als Frucht dieses Impulses. Vgl. Ebd., S. 21. 228.

[25] Im Mittelhochdeutschen heißt der zuletzt zitierte Halbsatz: „[...] dennoch sont ir mir gelten." (Ebd., S. 20).

So stellt er die Seele letztlich zufrieden; sie empfindet, Frau Minne habe ihr damit „hundertfach vergolten."

Es ist eine dramatische Passage. In ihr spricht die Seele in Vertretung für alle menschlichen Seelen, die in der Welt an Unheil und Gottesferne leiden und zugleich in einer Weise auf Gottes Nähe vertrauen, welche die Ferne mit Gottes Gegenwart füllt. Es ist die Erfahrung einer Gottesferne in der Tradition des biblischen Hiob. Darin wird deutlich: Gottes Gegenwart braucht Menschen, die sein Verlangen nach dem Menschen erwidern und sich mit ihm verbünden. So heißt es programmatisch im *Fließenden Licht*: „(...) worauf Gott seine Hoffnung setzt, das will ich wagen (...)".[26] Als Liebe zu den Menschen ist Gott abhängig von Menschen, die sich auf ihn einlassen. Der Hauptstrom der mittelalterlichen, vorwiegend männlichen Theologie betonte vor allem umgekehrt die Abhängigkeit des Menschen von Gott und die prinzipielle Unüberwindbarkeit der Differenz zwischen Gott und Schöpfung. Angesichts der immer noch einmal größeren Macht und Transzendenz Gottes muss der Mensch sich gehorsam einfügen in den Lauf der Welt. Auch das Nachdenken über Gott wird so tendenziell zum Verstummen gebracht.

Mechthild leitet dazu an, sich mit dieser Gottesferne nicht zufrieden zu geben. Ihr Verständnis von Gott etabliert ein alternatives Verständnis göttlicher Macht: Als Liebesmacht lässt sie sich anziehen vom Menschen und gibt ihm dadurch ebenfalls Macht. Die Differenz zwischen Gott und Geschöpf wird durchlässig. Gott führt mit der Seele einen Dialog auf Augenhöhe und lässt sich ergreifen von ihrer individuell-persönlichen Zuwendung. Gott und Seele preisen sich wechselseitig.[27] Die Mystik des „Fließenden Lichts" wechselt die Perspektive und stellt nicht mehr nur die Sehnsucht des Menschen nach Gott in den Mittelpunkt, sondern sieht in dieser Sehnsucht zugleich umgekehrt die Sehnsucht Gottes nach dem Menschen: „Ich begehre dich, und du begehrst mich. Wo zwei heiße Begehren zusammentreffen, da ist die Liebe vollkommen."[28] Gerade in diesem Zusammenhang spricht Mechthild aber wiederum von der Erfahrung der Verworfenheit und Gottesfremde

---

[26] Ebd., S. 163 (bzw. mhd. S. 162: „[...] des sich got getrost, des genende ich mich; [...]."). In der neulateinischen Fassung lautet die Stelle: „Et, quod divina prouidentia esse vvlt in pendulo, in hac constanter agens sibi me committo." – Mechthild von Magdeburg, 'Lux divinitatis'– 'Das liecht der gotheit'. Der lateinisch-frühneuhochdeutsche Überlieferungszweig des 'Fließenden Lichts der Gottheit'. Synoptische Ausgabe. Hrsg. v. E. Hellgardt u. a., De Gruyter, Berlin 2019, S. 292.

[27] Vgl. die Wechselgesänge in der Tradition des biblischen Hohelieds: Mechthild von Magdeburg, *Das fließende Licht der Gottheit*, a.a.O., S. 34–38.

[28] Ebd., S. 561.

als Resultat gerade dieser höchsten Einung und größten Gabe.[29] Denn wenn eine Seele sich wirklich ganz auf die Liebesflut Gottes einlässt, wird sie ebenfalls zur Flut, die sich ganz verausgabt, indem sie, was ihr zuströmt, stets wieder ausgibt. Sie empfängt mit Gott selbst auch dessen Liebe und Leiden um den Menschen. Gottes „Minneflut"[30] lässt nichts wie es ist. Das eigene Leben (etwa: in Armut, im sozialen Dienst am Nächsten, mitsamt dem Zweifel an sich selbst und an Gott) wird zur konsequenten Christusnachfolge. „Ich bin in dir und du bist in mir [...] denn wir zwei sind zusammengeflossen, und sind in eine Form gegossen."[31] So beschreibt Mechthild diesen Zustand, der keine Ruhe mehr ermöglicht. Die Unruhe Gottes wird zur Unruhe dieses Menschen. Gott ruht an den Brüsten der Seele;[32] und die Seele wird zum Ruhekissen Gottes.[33]

Die Liebenden sind einander Ruhe und zugleich in Unruhe umeinander. Trotz der benannten Bilder und der erotischen Sprache geht es im *Fließenden Licht* fundamental darum, wie ein Mensch dem Leben in seiner radikalen Fragilität und Sinnleere, mit welcher er konfrontiert ist, begegnen kann, wenn er dieses Leben gleichzeitig als getragen von einem liebenden Gott versteht, dessen Ziel das Lebenkönnen aller ist. Je mehr Menschen sich Gottes Unruhe um den Menschen zu eigen machen, sich von ihr erfüllen lassen in der Nachfolge Jesu, desto sichtbarer wird die Präsenz Gottes in der Welt. Mechthild geht von einer transformierenden Kraft der Wechselseitigkeit aus; sie ist in Gottes Wesen begründet, welches bedürftig ist nach Befähigung des anderen.

---

29 Vgl. Ebd., S. 258–267; 326–331; 474–477.

30 Vgl. Ebd., S. 616–617 passim.

31 Vgl. Ebd., S. 169.

32 Vgl. Ebd., S. 37: „Die Seele preist Gott fünffach / ,O du gießender Gott in deiner Gabe, / o du fließender Gott in deiner Liebe, / o du brennender Gott in deinem Begehren, / o du schmelzender Gott in der Vereinigung mit deiner Liebsten, / o du an meinen Brüsten ruhender Gott, / ohne dich kann ich nicht sein!'"

33 Vgl. Ebd., S. 37: „Gott spricht zärtlich in sechs Bildern zu der Seele / ,Du bist mein Kopfkissen, / mein lieblichstes Lager, / meine verborgenste Ruhe, / mein tiefstes Begehren, / meine höchste Ehre! / Du bist eine Lust für meine Gottheit, / ein Trost für meine Menschennatur, / ein Bach für meine Glut!'"

4. Fazit

Die hier exemplarisch vorgestellten Ansätze christlicher Mystikerinnen und Mystiker des Spätmittelalters sehen sich nicht außerhalb oder jenseits der Unruhe, die das Leben kennzeichnet. Sie wenden sich vielmehr gegen jede Art der intellektuellen und existentiellen Ruhigstellung; und es wird ihnen gerade dadurch die Welt auf Gott durchsichtig – inmitten aller Unruhe, also dadurch, dass sie ihre eigenen Vorstellungen und Wünsche von dem, was diese Ruhe sein könnte, aufgeben und verändern lassen. Ihre Mystik leitet insofern dazu an, gewohnte, möglicherweise vordergründig beruhigende binäre Logiken, nicht einfach vor das Ersehnte zu stellen, sondern damit zu rechnen, dass sie sich verändern durch die alternative Logik Gottes selbst. Mystik bringt also in eine Dynamik hinein zwischen Menschen, Welt und Gott, weil dieser Gott nicht das Eigene, sondern das Andere zum Zug kommen lässt. Daher ist seine Anwesenheit nur in seinem Fehlen wahrzunehmen.

Die dargestellten Zugänge leiten uns an, ernst zu nehmen, dass Gott sich unserem Zugreifen entzieht, dass Gott sich nicht einbauen lässt in unsere Lebensentwürfe, in das, was *wir* für richtig halten. So fordern Mystiker*innen den Glauben heraus, auf dem Weg zu bleiben, unruhig zu sein und zu bleiben – und in der eigenen Unruhe, in der Bedürftigkeit und im Vermissen Gottes zugleich Gottes Bedürfnis nach uns erspüren zu können. Es geht ihnen, bei aller Verschiedenheit, darum, Räume für Gott zu öffnen, dessen Zugewandtheit alle sein lässt und gerade deswegen nicht selbstevident ist. Weil sich Gott ganz auf uns einlässt, damit wir uns als wir selbst bewegen können, tritt Gott zugleich zurück und bleibt uns deswegen auf der empirisch beobachtbaren Ebene fern und entzogen. Mechthild von Magdeburg, Marguerite Porete, Meister Eckhart und viele weitere Mystiker*innen leiten uns an, an unserem Ort sensibel dafür zu sein, was uns fehlt und uns miteinander und mit Gott auf die Suche zu machen; sich auf die Ungewissheit, Unruhe und Fragilität des Lebens einzulassen – und gerade darin ruhig und fest zu werden, im Vertrauen darauf, dass sich das lohnt, dass sich hierin die Dynamik Gottes entfaltet. Diese kann sich auch darin äußern, dass einiges, was ich bisher vielleicht für sicher gehalten habe, unsicher wird. Aber gerade so verstehe ich mehr, nicht weniger, nicht zuletzt, weil ich dann auch andere mit ihren Zweifeln und Unsicherheiten besser verstehen kann. Während vermeintliche Ruhe und Sicherheit Macht generieren und stabilisieren, führt das Zulassen von Unruhe und Unsicherheit zu Solidarität und Veränderung.

Bibliografie

Augustinus, *Confessiones*. Hrsg. v. L. Verheijen. Brepols, Turnhout 1981 (CCL 27).

Büchner, C., „Mystische Skepsis und Genderperspektiven. Eine Ermutigung zu Veränderungen“, in: *Frauen in kirchlichen Ämtern. Reformbewegungen in der Ökumene*. Hrsg. v. M. Eckholt u.a., Herder, Freiburg i.Br. 2018, S. 404–414.

Büchner, C., „Katholische systematische Perspektiven auf Reformation als Phänomen des Aufbruchs. Oder: Plädoyer für eine Theologie auf der Suche“, in: *Reformation, Aufbruch und Erneuerungsprozesse von Religionen*. Hrsg. v. W. Weiße u. F. Enns, Waxmann, Münster/New York 2017, S. 51–64.

Büchner, C., „Wirklichkeit, die sein lässt. Meister Eckharts Anregungen zu einer Theologie des Lassens und der Gelassenheit“, in: *Verschieden- im Einssein. Eine interdisziplinäre Untersuchung zu Meister Eckharts Verständnis von Wirklichkeit*. Hrsg. v. Peeters, Leuven 2018, S. 307–338.

Certeau, M. de, *Glaubens Schwachheit*. Hrsg. von L. Giard, übers. v. M. Lauble, Kohlhammer, Stuttgart 2009.

Certeau, M. de, *Mystische Fabel. 16. bis 17. Jahrhundert,* übers v. M. Lauble, Suhrkamp, Berlin 2010.

Dosse, F., *Michel de Certeau. Le marcheur blessé*, Ed. La Découverte, Paris 2002.

Ebertz, M. N., „Die Dispersion des Religiösen“, in: *Ich habe meine eigene Religion. Sinnsuche jenseits der Kirchen*. Hrsg. v. H. Kochanek, Benziger, Zürich/Düsseldorf 1999.

Eckholt, M., „Nicht ohne dich. Der verletzte Wanderer und der fremde Gott. Eine Annäherung an Michel de Certeau SJ“, in: *Der dunkle Gott. Gottes dunkle Seiten*. Hrsg. v. H.-P. Schmitt, Katholisches Bibelwerk, Stuttgart 2006, S. 34–62

Hahn-Jooß, B., *„Ceste Ame est Dieu par condicion d'Amour“. Theologische Horizonte im „Spiegel der einfachen Seelen“ von Marguerite Porete* (Beiträge zur Geschichte der Philosophie und Theologie des Mittelalters, N.F. 73), Aschendorff, Münster 2010.

Margareta Porete, *Der Spiegel der einfachen Seelen. Wege der Frauenmystik*. Aus dem Altfranzösischen übertragen und mit einem Nachwort versehen v. L. Gnädinger, Artemis, Zürich/München 1987.

Marguerite Porete, Le Mirouer des simples âmes. Margaretae Porete speculum simplicium animarum (CCCM 69). Hrsg. v. R. Guarnieri u. P. Verdeyen, Brepols, Turnhout 1986.

Mechthild von Magdeburg, *Das fließende Licht der Gottheit*. Aus dem Mittelhochdt. übers. und hrsg. von G. Vollmann-Profe, Verlag der Weltreligionen, Berlin 2010.

Mechthild von Magdeburg, *‚Lux divinitatis'– ‚Das liecht der gotheit'. Der lat.-frühneuhochdeutsche Überlieferungszweig des ‚Fließenden Lichts der Gottheit'. Synoptische Ausgabe.* Hrsg. v. E. Hellgardt u.a., De Gruyter, Berlin 2019.

Meister Eckhart, *Die deutschen Werke, Bd. 1: Meister Eckharts Predigten (1–24).* Hrsg. u. übers. v. J. Quint, Kohlhammer, Stuttgart 1936-1958 (Nachdr. 1986).

Meister Eckhart, *Die deutschen Werke, Bd. 2: Meister Eckharts Predigten (25–59).* Hrsg. und übers. von J. Quint, Kohlhammer, Stuttgart 1968–1971.

Meister Eckhart, *Die deutschen Werke, Bd. 3: Meister Eckharts Predigten (60–86).* Hrsg. u. übers. v. J. Quint, Kohlhammer, Stuttgart 1973–1976.

Meister Eckhart, *Die lateinischen Werke, Bd. 2: I. Expositio libri Exodi. Hrsg. u. übers. v. K. Weiß. II. Sermones et Lectiones super Ecclesiastici c. 24,23-31. III. Expositio Libri Sapientiae. IV. Expositio Cantici Canticorum quae supersunt.* Hrsg. u. übers. v. J. Koch u. H. Fischer. Kohlhammer, Stuttgart 1964.

Meister Eckhart, *Die deutschen Werke, Bd. 5.* Hrsg. u. übers. v. J. Quint, Kohlhammer, Stuttgart 1954–1963 (Nachdruck 1987).

Mieth, D., *Meister Eckhart,* Beck, München 2014.

Ruhe und Unruhe in der Mystik Meister Eckharts

Reiner Manstetten (Heidelberg)

Einführung

Ruhe oder Unruhe – welchen dieser beiden Ausdrücke assoziiert man mit Mystik? Käme diese Frage in einer Gesprächsrunde auf, so würde nahezu jeder, der sich ein wenig auskennt, antworten: Ruhe. Unruhe, äußere und innere, bezeichnet genau denjenigen Zustand, von dem man loskommen will, wenn man sich der Mystik zuwendet. In diesem Sinne hat der Philosoph Ernst Tugendhat (1930-2023) sein Verständnis von Mystik ausgedrückt:

> *Ich glaube, daß alle Mystik von einem bestimmten Motiv her zu verstehen ist: das mystische Gefühl der All-Einheit überkommt einen nicht einfach, sondern es wird gesucht. Warum? Eine Antwort auf diese Frage ist: Menschen haben ein Bedürfnis nach Seelenfrieden. (...) Wieso kann bei Menschen, im deutlichen Unterschied zu anderen Tieren, das Bedürfnis nach Seelenfrieden aufkommen? Nicht weil sie, wie Buddha sagte, leiden, denn das tun auch die anderen Tiere, sondern weil sich ihre Seele in einer Unruhe befindet, die andere Tiere nicht kennen.*[1]

Die der menschlichen Seele gemäße Verfassung, die sie ihrer Natur nach unablässig zu erreichen strebt, ist, so lehrt der Philosoph und Mystiker Meister Eckhart (1260-1328), die Ruhe:

> *[D]ie Seele [sucht] Ruhe in allen ihren Kräften und Bewegungen, der Mensch wisse es oder wisse es nicht. Er schlägt nimmer das Auge auf noch zu, ohne dass er damit Ruhe sucht; entweder will er etwas von sich werfen, das ihn ‚an der Ruhe' behindert, oder er will etwas an sich ziehen, worauf er ruht. Um dieser beiden Dinge wegen tut der Mensch alle seine Werke.*[2]

[1] Tugendhat, E., *Egozentrizität und Mystik. Eine anthropologische Studie.* Beck, München 2003, S. 7.

[2] Meister Eckhart, *Predigt 60, In omnibus requiem quaesivi*; in: Ders., Werke (im Folgen-

Wenn aber alle Menschen zu allen Zeiten mit allen ihren Werken Ruhe suchen, warum finden sie so selten Ruhe? Meister Eckhart könnte wohl antworten: Weil man auf die rechte Weise suchen muss, um wahrhaft Ruhe zu finden. Das Bedürfnis nach Seelenfrieden mag allgemeinmenschlich sein, aber nicht jedem Menschen ist es gegeben, wirklichen Seelenfrieden zu finden – schon deswegen, weil man etwas dafür hält, was in Wahrheit kein Seelenfrieden ist.

Den meisten von uns ist dieser Satz vertraut: „Ich will meine Ruhe haben", bei der einen oder anderen Gelegenheit haben wir ihn wohl selbst einmal geäußert. Wir wollen nicht belästigt, gestört, gestresst oder überfordert werden von einer Aufgabe, einer Frage, einem Problem, einer komplexen Situation, – oder auch von Ansprüchen und Anforderungen der Mitmenschen, von ihrer Zudringlichkeit, aber auch ihren Freuden, Lasten, Mühen und Sorgen. Kurz: Alles, was „zu viel wird", alles, was beunruhigt oder beunruhigen könnte, damit will man nichts zu tun haben. Dabei ist die bestimmende Haltung ein Fluchtimpuls; man möchte fliehen vor dem, was gegenwärtig ist oder anscheinend unvermeidlich bevorsteht. Sollten aber die Bedingungen für die „Ruhe", in der man „gelassen" werden möchte, erfüllt sein, so erweist sich der erreichte Zustand oft als nur mühsam verdeckte innere Unruhe.

In Eckharts Mystik geht es um Ruhe in einem Sinn, der weit über das Bedürfnis nach Ruhe und seine vorgestellte Befriedigung hinausweist. Die Richtung, in der sie zu finden ist, ist für Eckhart, wie für alle großen Persönlichkeiten der christlichen Mystik, vorgezeichnet durch einen Satz des Augustinus, den dieser als Beter zu Gott spricht: „Unruhig ist mein Herz, bis es Ruhe findet in dir."[3] Diese *Ruhe in dir* ist nicht Flucht oder Wegsehen von der Unruhe und von dem, was sie auslöst, sondern gleichsam eine Art Aufhebung der Unruhe oder ihre Transposition in eine Dimension jenseits des Gegensatzes von Ruhe und Unruhe.

---

den abgekürzt: EW), Bd. 1. Hrsg. u. komm. v. N. Largier, übers. v. J. Quint. Deutscher Klassiker Verlag, Frankfurt a.M. 1993, S. 639.

3 Aurelius Augustinus, A., *Confessiones- Bekenntnisse, Lat.-dt.* Übers. v. W. Thimme, De Gruyter, Berlin 2004, S. 9.

1. Meister Eckharts Leben

Meister Eckhart führte ein äußerlich keineswegs ruhiges Leben.[4] Wir sehen ihn in unterschiedlichen Tätigkeiten im Dominikanerorden, in den er bereits in jungen Jahren eingetreten war. Während seiner Studien in Köln und in Paris setzte er sich nicht nur mit der christlichen Theologie und Philosophie auseinander, sondern auch mit der Naturphilosophie, Logik und Ethik der antiken Philosophen, vor allem des Aristoteles. Darüber hinaus beschäftigte er sich auch mit islamischen und jüdischen Traditionen der Philosophie, wie sie ihm in den Schriften von Denkern wie Ibn Sīnā (Avicenna, ca. 980-1037), Ibn Rušd (Averroes, 1124-1198) und Moses ben Maimon (Maimonides, vor 1140-1204) begegneten.[5] Als Denker genoss Eckhart eine hohe Reputation. 1302 lehrte er als Magister auf dem Nichtfranzosen vorbehaltenen Pariser Lehrstuhl, den einige Jahrzehnte zuvor Thomas von Aquin innegehabt hatte. In den Jahren danach war er in unterschiedlichen Funktionen in seinem Orden tätig, darunter in führenden Ämtern. Zu seinen Aktivitäten gehörten unter anderem Reisen, vermutlich zu Fuß (wie es die Regeln für die Bettelorden vorsahen), zu den Generalkapiteln der Dominikaner, etwa nach Piacenza oder Toulouse. 1325 wurde gegen Eckhart, der damals in Köln lehrte und predigte, ein Häresieverfahren eingeleitet, das nach einer ersten Verurteilung schließlich nach Avignon, dem damaligen Sitz des Papstes, gelangte, wohin Eckhart, der Berufung eingelegt hatte, sich 1327 begab. Nachdem er 1328 verstorben war, wurden 28 Sätze Eckharts als häretisch oder häresieverdächtig von der Kirche verworfen. Gleichwohl darf man Eckhart nicht in die Reihe der kirchenkritischen „Ketzer" einordnen – er scheint sich bis zu seinem Tode als treuer Katholik gesehen zu haben, und der Dominikanerorden, hat ihm auch posthum ein ehrendes Gedächtnis als einer seiner bedeutenden Persönlichkeiten bewahrt.[6]

4 Auch wenn die biographischen Informationen, die wir über Eckhart haben, an einigen Stellen vage oder unvollständig sind, liegen die gesicherten Quellen in einer hervorragenden Edition vor: *Acta Echardi*, Hrsg. u. komm. v. Loris Sturlese. in: Meister Eckhart, die deutschen und lateinischen Werke, Die lateinischen Werke Bd. V, Kohlhammer, Stuttgart 1988, S. 149 – 193.

5 Sh. z.B. Flasch, K., Meister Eckhart. *Die Geburt der „Deutschen Mystik" aus dem Geist der arabischen Philosophie.* Beck, München 2013, S. 112ff.

6 Alle z.T. sehr komplizierten Hintergründe der Rezeptionsgeschichte der gegen Eckhart erlassenen Bulle „*In agro Dominico*" (1329) finden sich (einschl. aller weiterführender Literaturangaben) in: Steer, G, *Der Aufbruch Meister Eckharts ins 21 Jahrhundert*, in: Theologische Revue 106 (2010) S. 89–100.

2. Eckharts mystische Auslegung der Bibel

Dem äußerlich bewegten Leben korrespondiert Eckharts regsamer Geist, der sich beispielsweise in seiner kreativen Interpretation biblischer Texte zeigt. Heilige Schriften, so lehrt er, müssen philosophisch ausgelegt werden.[7] Es lässt sich, so Eckharts Überzeugung, zeigen, dass sie mit der Vernunft in Einklang stehen. Das bedeutet keineswegs, dass ein denkender Mensch in der Bibel nur das erfährt, was er auch ohne Bibel herausbekommen könnte, sondern es heißt, dass die menschliche Vernunft in der Heiligen Schrift dasjenige findet, wonach sie zwar ihrer Natur nach strebt, was sie aber aus ihren eigenen Kräften nie erfassen könnte. In der Schrift sind ihre eigensten Anliegen erfüllt, aber auf tiefere und geheimnisvollere Weise, als es ihr aus bloßem Denken und sinnlicher Erfahrung heraus möglich wäre. Vernunft ist nicht dasselbe wie Alltagsverstand. Wenn Eckhart die Schrift interpretiert, möchte er den gesunden Menschenverstand und den konventionellen Kirchenglauben, wie er selbst einmal sagt, *irritieren.*[8] Ziel ist geradezu die Beunruhigung des Lesers. Denn der eigentliche Kern der Schrift ist hinter der *Schale des Buchstabens* verborgen, und um ihn zu finden, darf man sich keinesfalls bei dem ausruhen, was der Wortlaut unmittelbar zu besagen scheint. Es gilt, wie Eckhart sagt, eine *mystische Bedeutung (mystica significatio)* der Schrift zu finden[9], und dementsprechend muss man *durchbrechen* zum Innersten: „Ich habe es des öfteren gesagt: Die Schale muss zerbrechen, und es muss das, was darin ist, herauskommen. Denn willst du den Kern haben, musst du die Schale brechen."[10] Und so bietet Eckhart als Bibelausleger Überraschung auf Überraschung für diejenigen, die meinen, die Bibel schon zu kennen, wenn sie sich mit der *Schale*, mit den äußerlich zugänglichen Bedeutungen der Texte, beschäftigen. Wenn Eckhart stattdessen Kommentare zu Schriftstellen bietet, die nicht selten befremdlich erscheinen, rechtfertigt er dies mit der Äußerung, er gehe deswegen so vor, *„weil das Neue und*

---

7 Siehe auch Manstetten, R., *Esse est Deus. Meister Eckharts christologische Versöhnung von Philosophie und Religion und ihre Ursprünge in der Tradition des Abendlandes.* Alber, Freiburg i.Br. 1993, S. 49–78.

8 Meister Eckhart, *Prologus generalis in opus tripartitum* (Der allgemeine Prolog zum dreigeteilten Werk), EW Bd. II, S. 463.

9 Meister Eckhart, *Prologus in Liber Parabolarum Genesis*; in: Meister Eckhart, Die Lateinischen Werke, Bd. I, Opus expositionum, Hrsg. v. K. Weiß, Kohlhammer, Stuttgart 1965, S. 449. Sieh auch: Manstetten, R., *Die Gleichnisse bewahren die Wahrheit, die Wahrheit zerbricht die Gleichnisse. Meister Eckharts Programm der Bibelauslegung.* In: Auslegung als Entdeckung der Schrift des Herzens. Hrsg. v. H. J. Röllicke, Iudicium, München 2002.

10 Meister Eckhart, Predigt 51, Hec dicit dominus, EW, Bd. I, S. 545.

Ungewöhnliche einen süßeren Reiz und eine angenehmere Erregung auf den Geist ausübt als das Gewohnte, selbst wenn dies besser und bedeutender sein mag.“[11] Das Herausarbeiten der mystischen Bedeutung erfordert den Aufbruch aus dem Gewohnten und den Durchbruch ins Ungewohnte und Befremdende.

Vielleicht gilt dies überhaupt für die Lektüre der Heiligen Schriften in allen Religionen. Man muss sie, wie Paulus sagt, mit den *erleuchteten Augen des Herzens* lesen (Epheser 1,18), um von der Oberfläche des Wortlautes – auf der sie manchmal Aussagen und Anweisungen darbieten mögen, die man aus ethischen oder wissenschaftlichen Erwägungen bestreiten kann oder gar verwerfen muss – in eine Tiefenschicht vorzudringen, in der sich die Wahrheit des äußerlich Anfechtbaren enthüllt. Das aber bedarf der Übung. Zur mystischen Bedeutung der Schrift gehört die Mystik als eine Lebenspraxis.

3. Mystische Erfahrung

Wenn Eckhart aus heutiger Sicht als Mystiker[12] angesprochen wird – das Wort Mystiker gab es zu seiner Zeit nicht –, denkt man vor allem an seine Predigten in der Volkssprache, dem Mittelhochdeutschen. Vor einem Publikum, das zu einem nicht geringen Teil aus Frauen bestand, die ihn auch als Seelsorger schätzten, sprach Eckhart als Prediger über die entscheidende Orientierung des Lebens – die Ausrichtung auf Gott hin. Mit *Gott* ist für Eckhart nicht eine fremde Macht außerhalb des Menschen angesprochen, die man durch bestimmte Attribute (Allmacht, Allwissenheit) und bestimmte Handlungen (Schöpfung der Welt, Offenbarung, Gericht, Verwerfung oder Erlösung des Menschen) kennzeichnen kann. Nicht, dass Eckhart diese Attribute oder Handlungen bestreiten würde, aber er kritisiert die menschlichen, allzumenschlichen Vorstellungen, die sich oft an derartige Zuschreibungen heften: Gott, den man auf bestimmte Konzepte oder Begriffe festlegt, wird

[11] Meister Eckhart, Prologus generalis in opus tripartitum, EW, Bd. II, S. 463.

[12] Diese Titulierung allerdings ist nicht ganz unumstritten. Der Philosophiehistoriker Kurt Flasch – eine der namhaften Stimmen im Diskurs um Meister Eckhart – wollte ihn aus dem „mystischen Strom retten“, indem er Eckharts Intention darin sah, dass er den Geist des Christentums im Medium der Philosophie entfalten wollte. Dagegen wurde gehalten, dass der Begriff helfe, Eckharts Lehre hinsichtlich der gegenwärtigen spirituellen Aufgaben zu „transponieren“. Unser Beitrag verfolgt gewissermaßen beide Linien. (Vgl. dazu Flasch, K., *Meister Eckhart. Philosoph des Christentums*. München: Beck 2010,, S. 189 u. 323f. sowie Witte K. H., Meister Eckhart: *Leben aus dem Grund des Lebens*. Eine Einführung. Freiburg i.Br.: Alber 2013, S. 43ff. u. 391ff.)

zu einer selbstständigen gegenständlichen Wirklichkeit außerhalb des Menschen gemacht, und das ist eine falsche Vorstellung: „Manche einfältigen Leute wähnen, sie sollten Gott <so> sehen, als stünde er dort und sie hier. Dem ist nicht so. Gott und ich, wir sind eins." (Epheser 1,18) [13]

Entscheidend ist in allen Predigten Eckharts diese Botschaft: *Gott und ich, wir sind eins*. Daraus folgt die höchste Aufgabe des Menschen: Dieses Eins-Sein zu realisieren. Eckhart thematisiert diese Realisierung in seiner Lehre von der *Geburt Gottes in der Seele*. Im verborgenen Grunde der Seele ist Gottes Same, der darauf angelegt ist, aufzugehen und Frucht zu bringen. Tritt in der Gottesgeburt die Frucht ganz hervor, so wird sie „gleich der Natur Gottes".[14] Aber die meisten Menschen wissen nichts von ihrer Anlage auf Gott hin. Davon nichts zu wissen bedeutet aber, dass man Mensch ist, ohne zu wissen, was es heißt, als Mensch wirklich zu leben:

> *[D]er Mensch, der von inwendigen Dingen nichts gewöhnt ist, der weiß nicht, was Gott ist. Wie ein Mensch, der Wein in seinem Keller hat, aber nichts davon getrunken noch versucht hätte, der weiß nicht, dass er gut ist. So auch steht es mit den Leuten, die in Unwissenheit leben; die wissen nicht, was Gott ist, und doch wähnen sie und es dünket es sie, dass sie leben.*[15]

Wie ein Mensch die Geburt Gottes in seiner Seele erleben kann, beschreibt Eckhart folgendermaßen:

> *Es kam einmal einem Menschen vor wie in einem Traume – es war ein Wachtraum – wie er schwanger würde vom Nichts wie eine Frau mit einem Kinde, und in diesem Nichts ward Gott geboren; der war die Frucht des Nichts. Gott ward geboren in dem Nichts.*[16]

---

[13] Meister Eckhart, *Predigt 6, Iusti vivent in aeternum*, EW, Bd. I, S, 87. In der islamischen Tradition des Sufismus findet sich eine bemerkenswerte Parallele:. Al-Ḥallāğ dichtete: *„Ich sah meinen Herrn mit des Herzens Auge und fragte: Wer bist Du? Er sagte: Du.*" (Al-Ḥallāğ; zit. nach: Schimmel, A., *Ḥallādsch. „Oh Leute, rettet mich vor Gott"*. Chalice, Xanten 2017, S. 98). (Diesen Hinweis verdanke ich Raid Al-Daghistani.)

[14] Vgl. Meister Eckhart, *Traktat 1, Liber Benedictus, II, Vom edlen Menschen*, EW II, S. 319.

[15] Meister Eckhart, *Predigt 10, In diebus suis*, EW, Bd. I. S. 121, 123.

[16] Meister Eckhart, *Predigt 71, Surrexit Saulus de terra*, EW, Bd. II, S. 73.

Das *Nichts* hat Eckhart in der hier zitierten Predigt *Surrexit Saulus de terra* („Saulus stand auf von der Erde") bereits zu deren Beginn angesprochen. Dort geht es ihm um die mystische Erfahrung des Paulus (der auch den Namen Saulus trug). Eckhart bezieht sich auf das sogenannte Damaskuserlebnis, von dessen – in Eckharts Interpretation – entscheidendem Moment die Apostelgeschichte mit folgenden Worten berichtet: „Saulus aber richtete sich von der Erde auf. Als sich aber seine Augen öffneten, sah er nichts..." (Apostelgeschichte 9,8) Eckhart kommentiert diese Bibelstelle wie folgt:

> *Dieses Wort, das ich gesprochen habe auf lateinisch, das schreibt Sankt Lukas in actibus über Sankt Paulus, und es lautet so: ‚Paulus stand auf von der Erde, und mit offenen Augen sah er nichts'. Mich dünkt, dass dies Wörtlein nichts vierfachen Sinn habe. Der eine Sinn ist dieser: Als er aufstand von der Erde, sah er mit offenen Augen nichts, und dieses Nichts war Gott; denn, als er Gott sah, das nennt er ein Nichts. Der zweite Sinn: Als er aufstand, da sah er nichts als Gott. Der dritte: In allen Dingen sah er nichts als Gott. Der vierte: Als er Gott sah, da sah er alle Dinge als ein Nichts.*[17]

Das Damaskuserlebnis des Paulus ist in der christlichen Mystik wohl *die* paradigmatische mystische Erfahrung schlechthin. In ihrem Zentrum steht für Meister Eckhart nicht die Stimme Christi und sein Auftrag an Paulus, wovon in der Apostelgeschichte ebenfalls berichtet wird, sondern das *Nichts-Sehen* des Paulus. In eben derjenigen Predigt, in der Eckhart dieses Nichts-Sehen thematisiert, erzählt er auch von dem oben angeführten Wachtraum des Menschen, der vom Nichts *schwanger wurde wie eine Frau mit einem Kind*. Die mystische Erfahrung wird von Eckhart damit einbezogen in die Bildlichkeit von Schwangerschaft und Geburt. Schwangerschaft und Geburt sind Termini, die deutlich machen, dass der Prozess, in dessen Verlauf Eins-Sein mit Gott als Sehen des Nichts erfahren wird, durchaus bewegte und beunruhigende Momente in sich birgt.

Zu diesem Prozess gehört nach Eckharts Auskunft, dass man vom Nichts ganz und gar ergriffen und durchdrungen wird. Das aber ist für einen gewöhnlichen Verstand eine nahezu unverständliche Ausdrucksweise: Was ist mit *Nichts* gemeint? Wie kann man davon *schwanger* sein? Eckhart erläutert dies nirgendwo so, wie man es als sorgfältig und klar denkender Mensch gerne hätte. Wohl aber betont er, dass der Mensch, wenn er dieser Erfahrung teilhaftig werden soll, ganz und gar *empfänglich* sein muss, ohne sich an Bilder und gegenständliche oder

[17] Ebd.,S. 65.

gedankliche Vorstellungen zu halten.[18] Empfänglichkeit bedeutet: Es geht nicht um ein Machen und Leisten, sondern um ein Zulassen oder Geschehen-Lassen. Dieses Lassen muss geübt, muss praktiziert werden. Nicht zuletzt muss auch von jeder Vorstellung von Ruhe abgelassen werden.

4. Gelassenheit: Von Ich-Bindung und Besetzungen

Dass ein Mensch *seine Ruhe haben möchte*, ist nichts Neues. Schon Meister Eckhart begegnete solchen Menschen. Er war in den neunziger Jahren des 13. Jahrhunderts Prior im Dominikanerkloster in Erfurt, als er im abendlichen Gespräch von seinen Hörern mit dem Problem der Unruhe konfrontiert wurde:

> *Die Leute sagen: ‚Ach, ja, Herr, ich möchte so gern, daß ich auch so gut zu Gott stünde und daß ich ebensoviel Andacht hätte und Frieden mit Gott, wie andere Leute haben, und ich möchte, mir ginge es ebenso oder ich wäre ebenso arm', oder: ‚Mit mir wird's niemals recht, wenn ich nicht da oder dort bin und so oder so tue, ich muß in der Fremde leben oder in einer Klause oder in einem Kloster'.*[19]

Eckharts Antwort war sicher überraschend für diese Menschen, die sich vielleicht doch einen anderen Trost erhofft hatten:

> *Wahrlich, darin steckt überall dein Ich und sonst ganz und gar nichts. Es ist der Eigenwille, wenn zwar du's auch nicht weißt oder es dich auch nicht so dünkt: niemals steht ein Unfriede in dir auf, der nicht aus dem Eigenwillen kommt, ob man's nun merke oder nicht. Was wir da meinen, der Mensch solle dieses fliehen und jenes suchen, etwa diese Stätten und diese Leute und diese Weisen oder diese Menge oder diese Betätigung – nicht das ist schuld, daß dich die Weise oder die Dinge hindern: du bist es <vielmehr> selbst in den Dingen, was dich hindert, denn du verhältst dich verkehrt zu den Dingen.*[20]

---

[18] Vgl. Meister Eckhart, *Predigt 102, Ubi est, qui natus est rex Iudaeorum?* in: Meister Eckhart, Die Deutschen Werke, Meister Eckharts Predigten, Bd. IV, Teilband IV, 1, Hrsg. v. G. Steer, Kohlhammer, Stuttgart, 2003, S. 422 ff.

[19] Meister Eckhart, *Traktat 1, Die Reden der Unterscheidung* (im Folgenden abgekürzt: RdU), Abschnitt 3, Von ungelassenen Leuten, die voll Eigenwillens sind; in: EW II, S. 339.

[20] Ebd.

Etwa 350 Jahre später brachte der schlesische Mystiker Angelus Silesius Eckharts Ansicht in einem kurzen Vers auf den Punkt. Unter dem Titel *Die Unruh kommt von dir* formulierte er im ersten Buch seiner 1657 erstmal erschienenen Epigramm-Sammlung *Der cherubinische Wandersmann:* „Nichts ist, das dich bewegt: du selber bist das Rad,/ Das aus sich selbsten lauft und keine Ruhe hat."[21]

Was aber kann man demjenigen raten, der *selber das Rad ist*, das keine Ruhe hat? Was soll er machen, wenn er sich im Unfrieden befindet und erkennt, dass es er selber ist, der wesentlich zu diesem Unfrieden beiträgt? Eckhart gibt folgenden Rat:

> *Darum fang zuerst bei dir selbst an und laß dich! Wahrhaftig, fliehst du nicht zuerst dich selbst, wohin du sonst fliehen magst, da wirst du Hindernis und Unfrieden finden, wo immer es auch sei. Die Leute, die da Frieden suchen in äußeren Dingen, sei's an Stätten oder in Weisen, bei Leuten oder in Werken, in der Fremde oder in Armut oder in Erniedrigung - wie eindrucksvoll oder was es auch sei, das ist dennoch alles nichts und gibt keinen Frieden. Sie suchen völlig verkehrt, die so suchen. Je weiter weg sie in die Ferne schweifen, um so weniger finden sie, was sie suchen. Sie gehen wie einer, der den Weg verfehlt: je weiter der geht, um so mehr geht er in die Irre. Aber, was soll er denn tun? Er soll zuerst sich selbst lassen, dann hat er alles gelassen. Fürwahr, ließe ein Mensch ein Königreich oder die ganze Welt, behielte aber sich selbst, so hätte er nichts gelassen. Läßt der Mensch aber von sich selbst ab, was er auch dann behält, sei's Reichtum oder Ehre oder was immer, so hat er alles gelassen.*[22]

Das Leitwort hier ist „Lassen". Eckhart hat seine Lebenslehre in diesem einen Begriff *gelâzenheit* verdichtet. Die Übersetzung *Gelassenheit* trifft die Bedeutung des mittelhochdeutschen Ausdrucks nicht ganz. Denn wenn wir heute jemandem Gelassenheit zusprechen, meinen wir damit: das ist ein Mensch, der über den Dingen und Verhältnissen steht, sie nicht an sich heranlässt, der durch nichts aus der Ruhe zu bringen ist. Eckhart aber versteht unter Gelassenheit eine Haltung des beständigen Lassens, Zulassens und Loslassens. Alles, was den Menschen innerlich und äußerlich besetzt, soll dabei seine Wichtigkeit und Macht verlieren, so dass das Resultat innere und – nach Möglichkeit – auch äußere Freiheit ist.[23]

---

[21] Angelus Silesius, *Der cherubinische Wandersmann*, Buch 1, 37. Hrsg. v. L. Gnädinger, Manesse, Zürich 1986, S. 41.

[22] Meister Eckhart, *RdU* (vgl. Fn. 15), Abschnitt 3; EW II, S. 341.

[23] Eine solche Haltung wird auch in der islamischen Mystik kultiviert und gewürdigt. Als der

Das Bewusstsein soll nicht verstrickt sein in Vorstellungen, Gefühle und Gedanken, in Wünsche und Ängste, Sorgen, Pläne und Interessen. All das gehört zwar zum Menschsein, aber wenn es den Zugang zum göttlichen Wesen in der Tiefe der Seele verstellt, muss es seine Macht über das menschlichen Denken und Trachten verlieren, es muss gelassen werden. Das Wichtigste und zugleich Schwierigste dabei ist, *sich selbst zu lassen*, zu dem Eckhart in obigem Zitat mahnt.

Es ist der Eigenwillen, das Beharren auf dem „Ich hätte es gerne so, aber nicht so", das den Menschen daran hindert, in seinem tiefsten Grund anzukommen. Dieses Beharren bewirkt eine ständige Unruhe. Der Mensch ist nicht daheim, denn was seine Seele beschäftigt, sind, in den Worten Eckharts, „fremde Gäste, mit denen sie redet".[24] Das mittelhochdeutsche Wort *eigenschaft*, vom Übersetzer der deutschen Werke Eckharts, Josef Quint, durchweg mit *Ichbindung* wiedergeben, ist der Name, den Eckhart der Instanz gibt, die in jedem Menschen notwendig Unfrieden bewirkt. *Eigenschaft* erstreckt sich auf alles, was ein Mensch sich zu eigen macht. Gefühle, Stimmungen, charakterliche Dispositionen, Wünsche, Ängste, Triebe, Verletzungen, Abhängigkeiten – alles das kann, in der Sprache Eckharts, *mit eigenschaft* ergriffen, d. h. mir innerlich angeeignet oder *mir zu eigen*[25] werden. Eckhart aber weiß, dass das, was ich mir aneigne, mich seinerseits in Beschlag und Besitz nehmen kann. Die Ichbindung ist dann nicht einfach eine Bindung, sondern erweist sich als Fessel. Alles, was der Mensch *mit eigenschaft* besitzt, das besitzt und besetzt wiederum ihn und nimmt ihm die Freiheit, ganz gegenwärtig und ganz offen zu sein für das, was ihm begegnet.

Der eigene Wille, das Bild von sich und dem eigenen Leben, alle Weltanschauungen, ja, selbst die Überzeugungen des eigenen Glaubens – alles, mit dem man sich identifiziert oder auf das man die eigene Identität stützt oder auf das man durch andere festgelegt wird, ist zu lassen. Selbst die jeweilige Vorstellung von Gott, sei sie jüdisch, christlich oder islamisch geprägt, kann sich als Hindernis erweisen, so

Sufi-Mystiker Samnūn gefragt wurde, worin das Sufitum bestehe, sagte er: „*Darin, dass du nichts besitzt und nichts dich in Besitz nimmt.*" (Al-Qušayrī, Abū l-Qāsim, *Das Sendschreiben al-Qušayrīs über das Sufitum.* Steiner, Wiesbaden 1989, S. 385. Vgl. auch Al-Daghistani, Raid, Epistemologie des Herzens: Erkenntnisaspekte der islamischen Mystik. Ditib, Köln 2017, S. 17; und Al-Daghistani, Raid, *Zum Verständnis des Todes in der islamischen Mystik: Die Lehre von fanā.* In: Nicolay, J. (Hg.), Nahtoderfahrungen. Religion und christlicher Glaube. Goch 2018, S. 43–64. Sh. auch Rahmati, F., *Das Menschenbild in der christlichen und islamischen Mystik: Meister Eckhart und Ibn ʿArabī.* In: Meister Eckhart Jahrbuch 2. Kohlhammer, Stuttgart 2008, S. 237–267.

24 Meister Eckhart, *Predigt 1, Intravit Iesus in templum*; in: EW I, S.19.

25 Vgl. Meister Eckhart, *Predigt 2, Intravit Iesus in quoddam castellum*; in: EW I, S. 24/ 25.

dass Eckhart einmal sagt: „Darum bitte ich Gott, dass er mich Gottes quitt mache.“[26] Das bedeutet nicht, dass ein gelassener Mensch im Sinne Eckhart keinen Willen, kein Bild von sich, keine Überzeugungen und keinen profilierten Glauben mehr hätte. Wohl aber bedeutet es, dass man an nichts davon haftet, an nichts davon gefesselt ist. Auch und gerade das, was ein Mensch Gott nennt – für Eckhart die Bezeichnung für das Wichtigste im Leben überhaupt, das Entscheidende schlechthin – darf nicht zu einem Bild, einer Formel, einem Dogmatismus gerinnen. So soll man sogar Gott um Gottes willen lassen. Gelassenheit ist aber ein nicht selten schmerzlicher und mühsamer Prozess, der durch das ganze Leben geht, denn:

> *Du musst wissen, daß sich noch nie ein Mensch in diesem Leben so weitgehend gelassen hat, daß er nicht gefunden hätte, er müsse sich noch mehr lassen. Der Menschen [sic] gibt es wenige, die das recht beachten und darin beständig sind.*[27]

Mit derartigen Äußerungen erinnert Eckhart daran, dass man nicht glauben sollte, es wäre in dem Leben zwischen Geburt und Tod irgendwann einmal möglich, sich endgültig „zur Ruhe zu setzen“: Denn solange ein Mensch lebt, wird er, wenn er ehrlich mit sich selbst ist, in sich und außer sich immer wieder etwas finden, an dem er haftet oder das ihn besetzt hält, d.h. es wird für ihn immer etwas zu lassen geben. Wenn eine Person aber eine echte Beständigkeit in der Übung hat, dann wird es sie nicht ernsthaft anfechten, dass der Zustand ihres Bewusstseins immer wieder neu Besetzungen an den Tag bringt. Denn es ist das tägliche Geschäft des Gott suchenden Menschen, sich an solchen Besetzungen abzuarbeiten. Wichtig dabei ist allerdings Ehrlichkeit gegenüber sich selbst und die Bereitschaft, genau hinzusehen. Eckhart mahnt: „Richte dein Augenmerk auf dich selbst, und wo du dich findest, da laß von dir ab, das ist das Allerbeste.“[28] Diese an sich genaue Übersetzung ist gleichwohl nicht so klar wie die Originalformulierung Eckharts im Mittelhochdeutschen: „Nim dîn selbes war, und swâ [wo immer] dû dich vindest, dâ lâz dich; daz ist daz aller beste.“[29] Gelassenheit kann und muss geübt werden, und der erste Schritt dieser Übung ist die Selbstwahrnehmung: stets neu die *eigenschaft* wahrzunehmen, den eigenen Anteil in allem, was an Beunruhigendem

---

26 Meister Eckhart, *Predigt 52, Beati pauperes spiritu*; in: EW I, S. 561.

27 Meister Eckhart, *RdU, Abschnittt 4: Vom Nutzen des Lassens, das man innerlich und äußerlich vollziehen soll*, in: EW II, S. 343.

28 Ebd., Abschnitt 3, S. 341.

29 Ebd.,, Abschnitt 3, S. 340.

begegnet, stört, bedrückt und belastet: *Nim dîn selbes war*! Der zweite Schritt aber ist das Lassen: *Swâ dû dich vindest, dâ lâz dich*! Die Praxis des Lassens in ihrer intensivsten Form ist das *Gebet*. Hören wir dazu Eckhart selbst:

> *Das kräftigste Gebet und nahezu das allmächtigste, alle Dinge zu erlangen, und das allerwürdigste Werk vor allen ist jenes, das hervorgeht aus einem ledigen Gemüt. Je lediger dies ist, um so kräftiger, würdiger, nützlicher, löblicher und vollkommener ist das Gebet und das Werk. Das ledige Gemüt vermag alle Dinge. Was ist ein lediges Gemüt? Das ist ein lediges Gemüt, das durch nichts beirrt und an nichts gebunden ist, das sein Bestes an keine Weise gebunden hat und in nichts auf das Seine sieht, vielmehr völlig in den liebsten Willen Gottes versunken ist und sich des Seinigen entäußert hat. Nimmer kann der Mensch ein noch so geringes Werk verrichten, das nicht hierin seine Kraft und sein Vermögen empfinge. So kraftvoll soll man beten, daß man wünschte, alle Glieder und Kräfte des Menschen, Augen wie Ohren, Mund, Herz und alle Sinne sollten darauf gerichtet sein; und nicht soll man aufhören, ehe man empfinde, daß man sich mit dem zu vereinen im Begriffe stehe, den man gegenwärtig hat und zu dem man betet, das ist: Gott.*[30]

5. Das Atemgebet

Zum wahrhaften Gebet gehört auch bei Eckhart der verbale Ausdruck von Lob, Dank und Bitte, aber Eckhart will mehr. Er stellt das Gebet in der hier gegebenen Formulierung in die Tradition des ersten Briefes des Apostels Paulus an die Thessalonicher, wo es heißt: „Betet unablässig!" Nimmt man diesen Hinweis ernst, so bedeutet das: ein innerliches Beten kann kontinuierlich stattfinden, auch wenn alle Gebetsworte schweigen.

Für Menschen unserer Zeit kann eine kontinuierliche Gebetspraxis empfohlen werden, die von christlichen Nonnen und Mönchen, die unter Anleitung von Zenmeistern in Japan über etliche Jahre Zen praktiziert hatten, auf der Basis der Zen-Übung entwickelt wurde. Die Missionsbenediktinerin Schwester Ludwigis Fabian (1933-2016), die nach langjähriger Zen-Übung von dem Zenmeister Yamada Kôun Roshi (1907-1989) in Kamakura die Befugnis, Zen zu lehren, empfangen hatte,

30 Ebd., S. 357 u. S. 359. Abschnitt 2: *Vom allerkräftigsten Gebet und vom allerhöchsten Werk*

nannte diese Gebetspraxis das *Atemgebet.*[31] Atmen geschieht zwar in jedem von uns unablässig, ohne dass es uns normalerweise bewusst ist, aber wer sich ganz auf seinen Atem einlässt, kann die Bewegung des Atems, die sich in ihm ohne eigene Leistung und eigenes Tun vollzieht, als ein in jedem Augenblick erneuertes Widerfahrnis aus einer unverfügbaren, stets anwesenden Dimension erfahren. So wird die innere Sammlung im Atem, kontinuierlich geübt, eine Art *Berührung mit der Transzendenz.* Ich selbst habe fast zwei Jahrzehnte lang zusammen mit Schwester Ludwigis Kurse in christlicher Kontemplation abgehalten und gebe diese Gebetspraxis in den von mir geleiteten Kursen weiter. Im Folgenden biete ich eine knappe Zusammenfassung wichtiger Gesichtspunkte für die Übung dieses Gebets:

> *Das Atemgebet ist ein innerlich lauschendes Schweigen oder ein inneres Schweigen, das zugleich Lauschen ist – Lauschen in eine grenzenlose Offenheit. Nichts Bestimmtes wird erwartet oder gefordert, keine Mitteilung, kein Gedanke, keine Botschaft, kein Bild, kein Licht, keine Energie, kein inniges Gefühl. Nur lauschen, schweigen, leer werden, sich öffnen, weit werden, empfangen. Dazu bedarf es eines gesammelten Bewusstseins. Unser ganzer Leib wird zu einem Raum der Sammlung. Eine angemessene aufrechte Körperhaltung ermöglicht uns, ohne Anspannung oder gar Verkrampfung buchstäblich still zu sitzen. In einer solchen Haltung können wir, wie Schwester Ludwigis zu sagen pflegte, die innere Würde spüren, die Würde des Ebenbildes Gottes. Die Achtsamkeit richtet sich auf den Atem. Wir lassen ihn frei kommen und gehen, wie er kommt und geht. Zum Atmen gehört keinerlei willentliche Aktivität, Atmen ist nichts als Empfangen, Aufnehmen und Gehenlassen. Nicht: Ich atme, ich will so und so atmen, sondern: der Atem kommt im Einatmen zu uns, erfüllt uns, wir wissen nicht wie und woher, und er geht von uns im Ausatmen, wir wissen nicht wohin, wir entlassen die Atemluft und werden leer. Wenn Wahrnehmungen, Bilder und Gedanken von außen oder von innen auf uns einströmen, lassen wir uns nicht ablenken, sondern verweilen beim Atem. Finden wir uns aber abgelenkt, so halten wir uns das nicht vor, sondern kehren zum gegenwärtigen Atemzug zurück. Jeder Atemzug ist ein Neuanfang! Ein synchron mit der Atembewegung innerlich ständig wiederholtes Gebetswort oder eine Gebetsformel, wie sie das Jesusgebet darstellt, kann dem Bewusstsein, das immer wieder zu Zerstreuung und Ablenkung geneigt ist, Halt für seine Achtsamkeit bieten.*[32]

[31] Vgl. Fabian, L., *Gebete.* bild&form, München 2018, S. 13.

[32] Manstetten, R., *Meister Eckhart und das kontemplative Gebet der Gegenwart.* In: Meister-Eckhart Jahrbuch 17, Kohlhammer, Stuttgart 2024 (in Druck).

Zu beachten ist, dass die Übung des Atemgebetes im Zeichen der Gelassenheit keine Technik ist und daher keinen bestimmten Zweck hat. Das Gebet wird um seiner selbst willen praktiziert, nicht aber, um Wohlgefühle, Seelenruhe oder Erleuchtung zu erlangen. Derartige Zustände mögen sich im Bewusstsein einstellen oder nicht einstellen: Wem immer es mit diesem Gebet ernst ist, der bleibt ihm treu und übt es geduldig weiter, unabhängig davon, in welchem Bewusstseinszustand er sich befindet. Aber nicht selten bewirkt diese absichtslose Übung die Einkehr in einen Bereich innerer Stille und inneren Friedens. Solches geschieht am ehesten dann, wenn neben anderen Unruhefaktoren insbesondere auch alles Verlangen nach Seelenfrieden und Stille zum Schweigen gebracht worden ist. Während Ernst Tugendhat den eigentlichen Antrieb aller Mystik im Bedürfnis nach Seelenfrieden sieht,[33] geht es im echten Gebet darum, auch von einem solchen Bedürfnis gänzlich freizuwerden. In diesem Sinne warnt Eckhart, an irgendeinem Ziel, sei es selbst die Aufnahme ins Paradies oder die Erlangung der ewigen Seligkeit, festzuhalten: „Solange du deine Werke wirkst um des Himmelreiches oder um Gottes oder um deiner ewigen Seligkeit willen, <also> von außen her, so ist es wahrlich nicht recht um dich bestellt.“[34] Denn in allen diesen Zielsetzungen geht es um Zukünftiges und Abwesendes, und damit auch um die Bilder und Konzepte, die sich an Zukünftiges und Abwesendes heften. Sie nehmen dem Menschen die Freiheit, sich ganz auf das einzulassen, was da ist, seine Offenheit für die Präsenz Gottes und für die Mitmenschen und Mitgeschöpfe wird dadurch gemindert. Der Mensch, der sich in rechter Weise bereitet, Gott zu empfangen, wirkt dagegen in jedem Augenblick neu ohne Worum-Willen, ohne Wozu und Warum (*âne warumbe*).[35]

6. Innerer und äußerer Mensch

Für die meisten Menschen ist das Bild der Ruhe, nach der sie sich sehnen, geknüpft an bestimmte Bedingungen äußerer Art, an bestimmte Lebensumstände, befriedigende Beziehungen zu anderen Menschen, oder an bestimmte Bedingungen innerer Art, etwa eine besondere Gestimmtheit, Abwesenheit von störenden, bedrängenden und belastenden Empfindungen, Bildern und Gedanken. Unruhe entsteht, wenn äußerlich oder innerlich Störendes, Belastendes oder Bedrohliches gegenwärtig

33 Tugendhat., *Egozentrizität und Mystik, a.a.O.*.

34 Meister Eckhart, *Predigt 5B, In hoc apparuit caritas dei in nobis*; in: EW I, S. 71.

35 Ebd.

und Erwünschtes und Erhofftes abwesend ist. Kennzeichnend für das Erlangen von Ruhe in einem derartigen Sinn ist das Gelingen von Abgrenzungen. Wenn im Äußeren meine Identität (oder das, was ich dafür halte) unangefochten scheint, weil ich durch nichts Störendes und keine mir unangenehme oder feindliche Personen und keine widrigen Umstände infrage gestellt, verwirrt, missachtet, gekränkt oder verletzt werde, wenn innerlich Ängste, Selbstvorwürfe, Zweifel und unerfüllte Wünsche erfolgreich unterdrückt oder verdrängt worden sind, dann kann es mir vorkommen, als hätte ich den bestmöglichen Zustand der Ruhe erreicht. Aber diese Ruhe ist Schein. Es ist eine „Ich-Welt", die sich abschottet und abgrenzt gegen die nach außen verlagerte Unruhe, ohne dass diese Abschottung auf Dauer Bestand haben könnte, schon deswegen, weil zu einer solchen Ich-Welt stets eine latente Unruhe gehört, nämlich die Angst, die Mauern gegen Anderes könnten zerstört, die Grenzen überschritten, der Panzer zerbrochen werden.

Meister Eckhart fand das Gegenbild zu einer solchen Vorstellung in der Figur des Apostel Paulus, der nicht an irgendeiner Ich-Identität festhielt. Das bezeugen folgende Äußerungen aus den Paulus-Briefen, die von Meister Eckhart gerne zitiert wurden: „Durch die Gnade Gottes aber bin ich, was ich bin" (1 Korinther 15,10) und „Ich lebe, doch nicht ich, Christus lebt in mir" (Galater 2,20). Positiv gewendet war Paulus, der sich von seiner *eigenschaft*, seiner Ichgebundenheit gelöst hatte, in seinem Handeln in einer einmaligen Weise frei, das heißt offen für das, was die Menschen brauchten, denen er begegnete:

> *Den Juden bin ich wie ein Jude geworden, damit ich die Juden gewinne. Denen unter dem Gesetz bin ich wie einer unter dem Gesetz geworden – obwohl ich selbst nicht unter dem Gesetz bin –, damit ich die unter dem Gesetz gewinne. Denen ohne Gesetz bin ich wie einer ohne Gesetz geworden – obwohl ich doch nicht ohne Gesetz bin vor Gott, sondern bin im Gesetz vor Christus –, damit ich die ohne Gesetz gewinne. Den Schwachen bin ich ein Schwacher geworden, damit ich die Schwachen gewinne. Ich bin allen alles geworden, damit ich auf alle Weise etliche rette. (1 Korinther 9,20-22)*

Eine abgrenzende Ich-Identität, die er behaupten und verteidigen müsste, wäre ein Hindernis für die Begegnung des Paulus mit denen, die er gewinnen möchte. Gerade weil Paulus keine *eigenschaft* festhalten muss, kann er sich ungehindert auf die einlassen, die ihn brauchen. Liest man die Berichte über die Lebensumstände des Paulus, wie sie in der Apostelgeschichte überliefert sind, und dazu seine eigenen Berichte über sein Leben in seinen Briefen, so tritt vor unsere Augen das

Bild eines Menschen, der immer wieder in größter Unruhe lebte. An einer Stelle, an der er sich als „Diener Christi" bezeichnet, fügt er hinzu, Diener Christi sei er, im Vergleich zu anderen, die sich dessen rühmen würden,

> *in Mühen umso mehr, in Gefängnissen umso mehr, in Schlägen übermäßig, in Todesgefahren oft. Von Juden habe ich fünfmal vierzig Schläge weniger einen bekommen. Dreimal bin ich mit Ruten geschlagen, einmal gesteinigt worden; dreimal habe ich Schiffbruch erlitten; einen Tag und eine Nacht habe ich in Seenot zugebracht; oft auf Reisen, in Gefahren von Flüssen, in Gefahren von Räubern, in Gefahren von meinem Volk, in Gefahren von den Nationen, in Gefahren in der Stadt, in Gefahren in der Wüste, in Gefahren auf dem Meer, in Gefahren unter falschen Brüdern; in Mühe und Beschwerde, in Wachen oft, in Hunger und Durst, in Fasten oft, in Kälte und Blöße; außer dem Übrigen noch das, was täglich auf mich eindringt: die Sorge um alle Gemeinden. (2. Korinther 11,22-28)*

Und als ob die äußere Unruhe nicht genug sei, schreibt Paulus von einer Unruhe, die sogar sein Inneres betrifft: Zwar wurde ihm tiefste mystische Erfahrung zuteil (Paulus selbst spricht vom „Außerordentlichen der Offenbarungen", 2 Korinther 12,7), aber sollte er ein Bedürfnis nach Seelenfrieden gehabt haben, so war, was ihm zustieß, anscheinend das Gegenteil: Es wurde ihm „ein Dorn für das Fleisch gegeben, ein Engel Satans, dass er mich mit Fäusten schlägt, damit ich mich nicht überhebe." (2 Korinther 12,7)

Aber wahre Seelenruhe und ein unruhiges Leben, wie es Paulus teils für alle sichtbar, teils im Verborgenen führen und erleben musste, sind für Meister Eckhart keine Gegensätze. Paulus selbst liefert ihm die Begrifflichkeit für eine wichtige Unterscheidung, die Unterscheidung zwischen dem inneren und dem äußeren Menschen. An die Gemeinde in Korinth schreibt Paulus: „Deshalb ermatten wir nicht, sondern wenn auch unser äußerer Mensch aufgerieben wird, so wird doch der innere Tag für Tag erneuert." (1 Korinther 4,16) Eckhart erläutert diese Unterscheidung in seinem Traktat *Von Abgeschiedenheit* folgendermaßen:

> *Hier sollst du wissen, daß die Meister sagen, daß in einem jeglichen Menschen zweierlei Menschen vorhanden sind: der eine heißt der äußere Mensch, das ist die Sinnlichkeit; diesem Menschen dienen die fünf Sinne, und doch wirkt der äußere Mensch kraft der Seele. Der andere Mensch heißt der innere Mensch, das ist des Menschen Innerlichkeit. (...) Nun sollst du wissen, daß der äußere Mensch sich in Betätigung befinden*

> *kann und doch der innere Mensch davon gänzlich frei und unbewegt bleibt. (...) Und dazu nimm einen Vergleich: Eine Tür geht in einer Angel auf und zu. Nun vergleiche ich das äußere Brett der Tür dem äußeren Menschen, die Angel aber setze ich dem inneren Menschen gleich. Wenn nun die Tür auf- und zugeht, so bewegt sich das äußere Brett hin und her, und doch bleibt die Angel unbeweglich an ihrer Stelle und wird deshalb niemals verändert. Ebenso ist es auch hier, wenn du's recht verstehst.*[36]

Die Ruhe im Innersten, die in dem hier zitierten Traktat unter dem Namen *Abgeschiedenheit* bedacht wird, ist für Eckhart unverlierbar, wenn der Mensch in seinem Innersten angekommen ist. Um zu verdeutlichen, was damit gemeint ist und was nicht, wählt er das Beispiel der unverrückbaren Türangel. Deren Unbeweglichkeit ist nicht Selbstzweck, sondern gerade weil sie durch nichts in ihrer Verankerung gelockert oder aus ihr herausgenommen werden kann, ermöglicht sie die Beweglichkeit der eigentlichen Türe. Ruhe und Unruhe verhalten sich demgemäß so wie die Türangel und die Türe – so wie beide zusammen erst das Tür-Sein ausmachen, so macht das Zusammenspiel von innerem und äußerem Menschen, von Ruhe und Beweglichkeit/Unruhe das Mensch-Sein aus. Der innere Mensch lebt ganz im Zeichen der Ruhe. Von ihm sagt Eckhart:

> *Der Mensch kann Gott nichts Lieberes bieten als Ruhe. Des Wachens, Fastens, Betens und aller Kasteiung achtet und bedarf Gott nicht im Gegensatz zur Ruhe. Gott bedarf nichts weiter, als dass man ihm ein ruhiges Herz schenke: dann wirkt er solche heimliche und göttliche Werke in der Seele, dass keine Kreatur dabei zu dienen oder auch nur zuzusehen vermag; ja, nicht einmal die Seele unseres Herrn Jesu Christi kann da hineinlugen.*[37]

Aber es wäre ganz verkehrt, wenn diese Ruhe im Innersten das äußere Leben gleichsam in Unbeweglichkeit fixieren oder es allenfalls in sorgsam kontrollierter Bewegung halten würde. Die Ruhe des inneren Menschen nimmt den Menschen insgesamt keineswegs aus leidvollen äußeren Umständen heraus, wohl aber befähigt sie ihn, diese Umstände anzunehmen und zu bejahen. Das äußere Leben kann Unruhe und Leid mit sich bringen, und nicht einmal der in den Augen Eckharts vollkommenste Mensch, Jesus von Nazareth, war frei von Unruhe und Leid. Seine Vollkommenheit bestand nicht etwa darin, dass er von Unruhe und Leid nichts

---

36 Meister Eckhart, *Traktat 3, Von Abgeschiedenheit*, in: EW Bd. II, S. 477-451.

37 Meister Eckhart, *Predigt 60, In omnibus requiem quaesivi*; in: EW I, S. 639, 641.

wusste, sondern dass er das äußerste Leid, das das Leben bieten kann, auf sich nahm. Das äußerste Leid war die Kreuzannahme des Jesus von Nazareth. Nicht am Leiden vorbei ging er seinen Weg, sondern er ging ihn in der freien Bejahung dessen, was ihm angetan wurde. In der Art, wie er das Kreuz annahm, zeigte sich, wer Jesus war. Dem äußeren Menschen nach musste Jesus von Nazareth im Garten Gethsemani jedoch ringen um das Ja zu dem, was ihm mit dem Prozess vor dem Hohepriester und Pilatus, dem Kreuzweg und dem Kreuzestod bevorstand, denn er sagte: „Mein Vater, ist's möglich, so gehe dieser Kelch an mir vorüber." Sein freies Ja zum diesem Weg bis zum Ende aber drückte er in der unmittelbar anschließenden Formulierung aus: „Doch nicht, wie ich will, sondern wie du willst." (Matthäus 26,39) Wie aber stand es um das Bewusstsein der Person Jesu von sich selbst und von seiner Sendung während des Ringens um dieses Ja? Muss man nicht annehmen, dass im Innern Jesu ein möglicherweise durchaus qualvoller Kampf zwischen der Bitte, der Kelch möge an ihm vorübergehen, und dem abschließenden „Nicht, wie ich will, sondern wie du willst" stattgefunden hat? In Eckharts Deutung aber war das Ja des Jesus von Nazareth zu dem, was ihm, wie er wusste, bevorstand, von Anfang an im seinem Innersten präsent und keinen Augenblick lang angefochten:

> *Nun war in Christus auch ein äußerer und ein innerer Mensch und ebenso in Unserer Frau; und was Christus und Unsere Frau je über äußere Angelegenheiten redeten, das taten sie nach ihrem äußeren Menschen, und <dabei> stand der innere Mensch in einer unbeweglichen Abgeschiedenheit. Und so auch redete Christus, als er sprach: ‚Meine Seele ist betrübt bis in den Tod' (Matthäus 26,38; Markus 14, 34); und bei allem, was immer Unsere Frau klagte und sonstwie redete, stand doch ihr Inneres allzeit in einer unbeweglichen Abgeschiedenheit.*[38]

Aber kein Mensch *hat* die unbewegliche Abgeschiedenheit, die wahre Ruhe der Seele, nach Art eines Besitzes. Denn in dieser Ruhe gibt es, wie Eckhart sagt, buchstäblich nichts, an das sich der Mensch halten kann. Wir haben weiter oben auf Eckharts Deutung des Damaskuserlebnisses des Paulus verwiesen und die Erfahrung eines ungenannten Menschen angesprochen, in der, wie Eckhart sagt, Gott geboren wurde, indem er sich als Frucht des Nichts offenbarte. Der Mystiker Johannes vom Kreuz (1542-1591) hat auf einer berühmten Skizze[39] ganz im Sinne Meister

[38] Meister Eckhart, *Traktat 3, Von Abgeschiedenheit*, a.a.O., S. 449, 451.

[39] Johannes vom Kreuz, *Aufstieg auf den Berg Karmel.* Hrsg., übers. u. eingel. v. U. Dobhan, E. Hense, E. Peeters, Herder, Freiburg i.Br. u.a. 1999, S. 41 u. 42.

Eckharts die Stufen auf dem Pfad der Vollkommenheit jeweils mit dem Ausdruck *nada* (nichts) bezeichnet. Der Pfad führt auf den Gipfel des Berges Karmel. „Und auch oben auf dem Berg: nichts."[40] Das ist der Gipfel der Vollkommenheit als Ende des mystischen Weges. Der Weg dahin aber führt durch die *dunkle Nacht*, deren Qualen, Schmerzen und Anfechtungen Johannes vom Kreuz vor allem in seinem Opus magnum, dem *Aufstieg auf den Berg Karmel*, eindrucksvoll schildert. Eckhart sagt es so: „Das schnellste Tier (gemeint ist wohl: Reittier, Pferd), das euch zu dieser Vollkommenheit trägt, ist das Leiden; denn es genießt niemand mehr Süßigkeit, als die, die mit Christus in der größten Bitterkeit stehen."[41] Gleich im Anschluss aber betont Eckhart, dass es ihm nicht um Leiden um des Leidens willen geht, sondern um Leiden im Gegensatz zum Machen und Tun, wie es in der Grammatik durch das *Genus verbi* (die Handlungsrichtung des Verbum) *Passiv* ausgedrückt wird, das im Deutschen als Leideform übersetzt wird. Die Haltung, die diesem Passiv entpricht, bezeichnet Eckhart als *Demut*. Demut ist nicht etwa die Unfähigkeit zur Tat, sondern die Bereitschaft, sich im Tun und Empfangen jenseits aller Selbstbehauptung und alles Lustverlangens ganz auf das Leben in seinen Höhen und Tiefen einzulassen, ohne sich in irgendeiner Weise hervortun zu wollen oder hervortun zu müssen. Aus dieser Demut aber entspringt Liebe, denn in der Demut wird alles, was dem Menschen innerlich und äußerlich begegnet, angenommen im Vertrauen darauf, dass sein Ursprung stets der Wille Gottes ist, die Liebe. Hören wir noch einmal Eckhart selbst:

> *Das festeste Fundament, worauf diese Vollkommenheit stehen kann, das ist Demut; denn wessen Natur hier in der tiefsten Niedrigkeit kriecht, dessen Geist fliegt empor in das Höchste der Gottheit, denn Liebe bringt Leid, und Leid bringt Liebe. Wer daher zu vollkommener Abgeschiedenheit zu kommen begehrt, der trachte nach vollkommener Demut, dann kommt er in die Nähe der Gottheit.*[42]

Wem es ernst ist mit dem, wie Tugendhat es nennt, *Bedürfnis nach Seelenfrieden*,[43] der muss lernen, sich ganz von allen Vorstellungen zu lösen, die dieses Bedürfnis fast unweigerlich mit sich zieht. Die wirkliche Seelenruhe, das Ankommen im Grund

---

[40] Ebd.

[41] Meister Eckhart, *Traktat 3, Von Abgeschiedenheit*, a.a.O, S. 459.

[42] Ebd.

[43] Tugendhat, E., *Egozentrizität und Mystik*, a.a.O.

der Seele, da, wo Mensch und Gott, wie Eckhart sagt, eins sind, diese Seelenruhe ist, sollte sie gegenwärtig sein und erfahren werden, so ganz anders als alle Vorstellungen, die der Mensch sich davon machen kann.

Statt eines Fazits: Meister Eckharts Lob der Unruhe

Abschließend soll anhand von einigen Zitaten noch einmal deutlich werden, wie Eckhart das Verhältnis von Ruhe und Unruhe sieht:

> *Daß ein Mensch ein ruhiges Leben habe, das ist gut; aber daß ein Mensch ein mühevolles Leben mit Geduld ertrage, das ist besser; daß man aber Ruhe habe im mühevollen Leben, das ist das Beste. Ein Mensch gehe übers Feld und spreche sein Gebet und erkenne Gott, oder er sei in der Kirche und erkenne Gott: erkennt er Gott mehr darum, weil er an einer ruhigen Stätte weilt, wo es Gewohnheit ist, so kommt das von seiner Unzulänglichkeit her, nicht aber von Gottes wegen; denn Gott ist gleich in allen Dingen und an allen Stätten und ist bereit, sich in gleicher Weise hinzugeben, soweit es an ihm liegt; und der erkennt Gott recht, der ihn gleichmäßig erkennt.*[44]

Wahre Ruhe findet der Mensch, der die Ruhe nicht nur an *ruhigen Stätten*, nicht nur an den Orten, die der Verehrung des Heiligen ausdrücklich gewidmet sind und den alltäglichen Mühen keinen Einlass bieten, erlebt, sondern sie auch beim Gang übers *Feld* bewährt, also an dem Ort, wo zu Eckhars Zeit der größte Teil der Betätigungen stattfand, die Menschen zu leisten hatten. Demgemäß soll der Mensch die herausgehobenen Momente, in denen er die Nähe Gottes spürt oder zu spüren glaubt, keineswegs denjenigen Zeiten vorziehen, in denen ihn die Aufgaben des Alltags an die Arbeit am Herdfeuer oder im Stall binden:

> *Denn wahrlich, wenn einer wähnt, in Innerlichkeit, Andacht, süßer Verzücktheit und in besonderer Begnadung Gottes mehr zu bekommen als beim Herdfeuer oder im Stalle, so tust du nicht anders, als ob du Gott nähmest, wändest ihm einen Mantel um das Haupt und schöbest ihn unter eine Bank.*[45]

---

44 Meister Eckhart, *Predigt 68, Scitote, quia prope est regnum dei*, in: EW Bd II, S. 37, 39.

45 Meister Eckhart, *Predigt 5B, In hoc apparuit caritas dei in nobis*, in: EW I, S. 71.

Wahre Ruhe soll der Mensch sogar oder vielmehr gerade da finden, wo er sich besonders intensiv bewegt, nämlich im Laufen. Das Laufen ist im folgenden Zitat natürlich im übertragenen Sinn zu verstehen:

> *Unser Herr sprach zu der Frau: `vade in pace, geh in den Frieden´ (Lukasevangelium 7,36/50). Es ist gut, wenn man vom Frieden zum Frieden kommt, es ist löblich; trotzdem ist es mangelhaft. Man soll laufen in den Frieden, man soll nicht anfangen im Frieden. Gott will sagen: Man soll versetzt und hineingestoßen werden in den Frieden und soll enden im Frieden. Unser Herr sprach: ‚In mir allein habt ihr Frieden' (Johannesevangelium 16,33). Genau so weit wie in Gott, so weit in Frieden. Was irgend von einem in Gott ist, das hat Frieden; ist dagegen etwas von einem außerhalb Gottes, so hat es Unfrieden. Sankt Johannes spricht: ‚Alles, was aus Gott geboren ist, das überwindet die Welt' (1 Johannesbrief 5,4). Was aus Gott geboren ist, das sucht Frieden und läuft in den Frieden. Darum sprach er: ‚Vade in pace, lauf in den Frieden!' Der Mensch, der sich im Laufen und in beständigem Laufen befindet, und zwar in den Frieden, der ist ein himmlischer Mensch. Der Himmel läuft beständig um, und im Laufe sucht er Frieden.*[46]

Ruhe und Unruhe sind für Eckhart zwei Aspekte des Lebens, die innigst zusammengehören, ja, im Wesen eins sind. Zwar ist der Mensch auf Ruhe hin angelegt, aber diese Ruhe ist in diesem Leben nicht durch Stillstand oder gar Flucht zu erlangen, sie ist vielmehr, da auf der Erde nichts dauerhaft stille steht, sondern alles in Bewegung ist, nur im *„Laufen und in beständigem Laufen"* zu finden. Das Leben durchläuft den Menschen wie alle andere Kreaturen, und er muss in gewisser Weise „mitlaufen". Allerdings kommt es auf die rechte Art des Laufens an. Es ist weder möglich und noch wünschenswert, dem Lauf der Welt zu entfliehen, aber es ist möglich, innerhalb dieses Laufes in der Demut und der Abgeschiedenheit einen Halt zu finden, der überhaupt nicht von dem bestimmt wird, was man den Lauf der Welt nennt: Ein *himmlischer Mensch* wird nicht beherrscht vom Treiben der eigenen Begierden, Ängste und Sorgen, von der Jagd nach Vorteilen und Erfolgen, von der Gier nach Anerkennung oder der Orientierung an den Moden des Zeitgeistes. An der hektischen Unruhe, die so viele Menschen von einer Beschäftigung zur nächsten drängt und hetzt, hat er keinen Anteil. Was einem *himmlischen Menschen* mitten in den unruhigen Bewegungen der Welt innere Festigkeit gewährt,

---

46 Meister Eckhart, *Predigt 7, Populi eius qui in te est, misereberis*, in: EW Bd. I, S. 89.

ist die Orientierung am Frieden. Es ist der Frieden, vom dem Jesus von Nazareth sagt, dass er ein Frieden ist, *wie ihn die Welt nicht gibt* (Johannes 14,17). Wenn dieser Frieden einem Menschen innerlich gegenwärtig ist, kann er ihn mitten in der Unruhe, wie sie äußere Betätigungen mit sich bringen mögen, als die eigentliche Motivation und den entscheidenden Ansporn für seine Lebensführung erfahren.

Bibliographie

Al-Daghistani, R., *Epistemologie des Herzens*: Erkenntnisaspekte der islamischen Mystik. Ditib, Köln 2017.

Ders., *Zum Verständnis des Todes in der islamischen Mystik: Die Lehre von fanā.* In: Nicolay, J. (Hg.), Nahtoderfahrungen. Religion und christlicher Glaube. Goch 2018, S. 43–64.

Al-Qušayrī, Abū l-Qāsim, *Das Sendschreiben al-Qušayrīs über das Sufitum.* Franz Steiner, Wiesbaden 1989.

Angelus Silesius, *Der cherubinische Wandersmann.* Hrsg. v. L. Gnädinger. Manesse, Zürich 1986.

Aurelius Augustinus, *Confessiones - Bekenntnisse.* Lat.-dt. Übers. v. W. Thimme. De Gruyter, Berlin 2004.

Bibel, *Elberfelder Studienbibel.* Brockhaus, Wuppertal 2005.

Fabian, L., *Gebete.* bild&form, München 2018.

Flasch, K., *Meister Eckhart: Die Geburt der ‚Deutschen Mystik' aus dem Geist der arabischen Philosophie.* Beck, München 2013.

Ders., *Meister Eckhart. Philosoph des Christentums.* Beck, München 2010.

Johannes vom Kreuz, *Aufstieg auf den Berg Karmel.* Hrsg., übers. u. eingel. v. U. Dobhan, E. Hense, E. Peeters. Herder, Freiburg–Basel–Wien 1999.

Manstetten, R., „Die Gleichnisse bewahren die Wahrheit, die Wahrheit zerbricht die Gleichnisse: Meister Eckharts Programm der Bibelauslegung". In: *Auslegung als Entdeckung der Schrift des Herzens.* Hrsg. v. H. J. Röllicke. Iudicium, München 2002, S. 133–163.

Ders., „Meister Eckhart und das kontemplative Gebet der Gegenwart". In: *Meister-Eckhart Jahrbuch 17.* Kohlhammer, Stuttgart 2024.

Ders. R., *Esse est Deus. Meister Eckharts christologische Versöhnung von Philosophie und Religion und ihre Ursprünge in der Tradition des Abendlandes.* Alber, Freiburg 1993.

Meister Eckhart, *Die Deutschen Werke, Meister Eckharts Predigten, Bd. IV, Teilband IV,* 1. Hrsg. v. G. Steer. Kohlhammer, Stuttgart 2003.

Ders., *Die Lateinischen Werke, Bd. I, Opus expositionum.* Hrsg. K. Weiß, Kohlhammer. Stuttgart 1965.

Ders., *Werke* (abgekürzt: EW). Hrsg. u. komm. v. N. Largier, übers. v. J. Quint. Deutscher Klassiker Verlag, Frankfurt a.M. 1993.

Rahmati, F., *Das Menschenbild in der christlichen und islamischen Mystik: Meister Eckhart und Ibn ʿArabī".* In: Meister Eckhart Jahrbuch. Bd. II, Kohlhammer, Stuttgart 2008, 237-267.

Schimmel, A., *Ḥallādsch. „Oh Leute, rettet mich vor Gott".* Chalice, Xanten 2017.

Tugendhat, E., *Egozentrizität und Mystik. Eine anthropologische Studie*. Beck, München 2003.

Witte, K. H., *Meister Eckhart. Leben aus dem Grund des Lebens. Eine Einführung*. Alber, Freiburg i. Br. 2013.

„Unruhig ist unser Herz, bis dass es ruht in Dir.“ (Augustinus)

Über die Spannung von Unruhe und Ruhe in der christlichen Mystik

Marco A. Sorace (Düsseldorf)

1. Einleitung

Angesichts (nur) des Titels dieses Beitrages könnte man meinen, es folge etwas über den Begriff der Unruhe beim Kirchenvater Augustinus. Dieses berühmte Zitat vom Anfang seines Buches der *„Bekenntnisse“*[1], dient hier jedoch lediglich als ein vorwegnehmender Hinweis darauf, dass die Unruhe so etwas wie eine *„conditio humana“* darstellt, muss man doch wissen, dass bei Augustinus die Schau Gottes und das entsprechende „Ruhen in Gott“ ein Zustand ist, der erst jenseits unseres irdischen Lebensweges erwartet werden kann. Bei allem, was zu seiner oft für die christliche Frömmigkeit im negativen Sinne folgenschweren Theologie zu sagen wäre, gilt doch: Augustinus sieht hier klar, dass der Mensch in einem gewissen Maß mit Unruhe leben muss und diese nicht einfach und vollständig in einer Ruhe seines Herzens aufheben kann – darin erscheint er fast schon modern. Ausgehend davon behandelt dieser Beitrag also die Spannung von Ruhe und Unruhe – mit besonderem Fokus auf die „Unruhe“.[2]

Als der Initiator der diesem Text zugrundeliegenden Vortragsreihe, der islamische Theologe Raid Al-Daghistani, mir in den ersten Tagen des Januars 2023 bei einem gemeinsamen Spaziergang durch Münster eröffnete, dass er eine Ringvorlesung zum Thema „Mystik und Unruhe“ plane, dachte ich spontan: Was für ein spannendes Thema und zudem ein „Desiderat“ in der Forschung! Für letztere

---

[1] „Tu excitas, ut laudare te delctet, quia fecisti nos ad te et inquietum est cor nostrum, donec requiescat in te.“ (Aurelius Augustinus, Confessiones 1,1; sh. auch die Zitate der selben Stelle in den Beiträgen von Christine Büchner und Reiner Manstetten).

[2] Der Vortrag bezieht sich ausdrücklich auf christliche Mystik bzw. Mystikforschung sowie im zweiten Teil auf mystikbezogene abendländische Philosophie. Das darin angesprochene Verhältnis zur Unruhe ist meines Erachtens aber auch für eine andersreligiöse Mystik bedeutsam.

Annahme hatte ich zumindest einen ersten Anhaltspunkt – einen Einleitungstext zu einem Buch, das ich vor etwa 15 Jahren einmal gelesen habe unter dem Titel: „Mystik und Egozentrizität" des Philosophen und Wissenschaftstheoretikers Ernst Tugendhat. Dort heißt es:

> *Das Wort ‚Mystik' wird unterschiedlich verwendet. Manche denken dabei an besondere, intuitive Illuminationen, aber diese Bedeutung ist eher marginal. Relevanter ist die verbreitete Auffassung, Mystik bestehe in einem Gefühl der Subjekt-Objekt-Einheit: der Mystiker sehe sich irgendwie ‚in eins' – mit Gott, mit dem Sein, mit allen Dingen. Damit ist ein wesentlicher Aspekt der meisten mystischen Konzepte in Ost und West bezeichnet, aber er ist meiner Meinung nach nicht der zentrale. Ich glaube, dass alle Mystik von einem bestimmten Motiv her zu verstehen ist: das mystische Gefühl der All-Einheit überkommt einen nicht einfach, sondern es wird gesucht. Warum? Eine Antwort auf diese Frage ist: Menschen haben ein Bedürfnis nach Seelenfrieden. Diese Antwort führt natürlich zu weiteren Fragen. Wieso kann beim Menschen, im deutlichen Unterschied zu anderen Tieren, das Bedürfnis nach Seelenfrieden aufkommen? Nicht weil sie, wie Buddha sagte, leiden, denn das tun auch die anderen Tiere, sondern weil sich ihre Seele in einer Unruhe befindet, die andere Tiere nicht kennen. Diese Unruhe hängt mit dem spezifischen menschlichen Selbstbezug zusammen. Vielleicht läßt sich sagen: alle Mystik hat zu ihrem Motiv, von der Sorge um sich loszukommen oder diese Sorge zu dämpfen.*[3]

Um also die Annahme, dass es sich hierbei um ein Desiderat handelt (d.h. um einen zentralen Begriff, welcher noch nicht hinreichend erforscht ist) besser zu belegen, habe ich mir, wie sich das methodisch gehört, einen diesbezüglichen Überblick über die Forschungsliteratur verschafft und daraufhin vor allem auch Gesamtdarstellungen zur christlichen Mystik sowie entsprechende Lexika und Handbücher bezüglich des Begriffs der „Unruhe" durchsucht. Das Ergebnis war eine weitgehende *Fehl*anzeige. Insbesondere in den Nachschlagewerken fiel auf, dass – anders etwa als im Falle von „Unglaube", bei dem dort, wo kein eigener Artikel zu finden ist, zumindest ein Lemma auf die Behandlung dieses Begriffs unter „Glaube" verweist – es zu „Unruhe" in der Regel keinerlei Einträge gibt.[4] Die einzige von mir

---

3 Tugendhat, E., *Mystik und Egozentrizität. Eine anthropologische Studie*. Beck, München 2003, S. 7.

4 Der bisherige Befung lässt sich z.B. nachvollziehen an: Schütz, Ch. (Hg.), *Praktisches Lexikon der Spiritualität*. Herder, Freiburg i.Br. 1992.

gesichtete Ausnahme ist der französische Artikel „*Inquiétude*“ in dem monumentalen siebzehnbändigen „Dictionnaire de Spiritualité“.[5] Der Aufbau dieses Artikels weist – mit einem ausführlichen biblischen Befund, nachbiblisch über fast 1500 Jahre nur spärlichen Beispielen und einem offenbar immer stärker werdenden Thema der Unruhe in der Neuzeit – eine Struktur auf, die mich zu der Hypothese geführt hat, dass das Phänomen der Unruhe im Zusammenhang des geistlichen Lebens kein historisch gleichbleibendes ist, sondern dass es erst neuzeitlich in den Vordergrund rückt. Ein Autor, der in der Frömmigkeitsgeschichte genau an dieser neuzeitlichen Epochenschwelle signifikante Veränderungen wahrnimmt (so dass er sogar erst von da an im Vollsinn von „Mystik“ spricht), ist Michel de Certeau. Seinen Ansatz will ich daher zu unserem Thema nachfolgend befragen.

2. Mystik und Unruhe bei Michel de Certeau

Bevor ich auf Michel de Certeaus (1925-1986) Blick auf Mystik und Unruhe näher eingehe, seien hier einige auf dieses Thema bezogene biographische Daten zu ihm vorangestellt.[6]

Die Unruhen des Zweiten Weltkrieges nahm der aus einer savoyardischen Adelsfamilie stammende jugendliche Certeau sicherlich mehr oder weniger war, aber von seinem Geburtsort im südostfranzösischen Chambéry aus zumindest in einer gewissermaßen behüteten Distanz. Früh (noch 1944) entschloß er sich, Priester zu werden und gelangte durch Interesse an der jesuitischen Theologie seiner Zeit (vor allem an Henry de Lubac) dahin, 1949/50 in Chantilly in den Jesuitenorden einzutreten. Dort wurde er ab 1956 mit der Spiritualitätsgeschichte seines Ordens befasst und man könnte meinen, über jene Gestalten, die Certeau historisch untersuchte – Pierre Favre (Peter Faber) und dann besonders Jean-Joseph Surin[7] – holte

---

5 Bussini, F., Art. *Inquiétude*. In : Dictionnaire de Spiritualité, Ascétique et Mystique. Doctrine et Histoire. 17 Bde. Beauchesne, Paris 1970. Bd. 7,2; Sp. 1776–1791.

6 Vgl. dazu Füssel, M., *Zur Aktualität von Michel de Certeau. Einführung in sein Werk. Springer,* Wiesbaden 2018, S. 5–15 („Der jesuitische Intellektuelle – Biographisches“); vgl. auch Bauer, Ch., *Verwundeter Wandersmann. Michel de Certeau – eine biographische Spurensuche.* In: Ders. u. Sorace, M. A. (Hg.), *Gott anderswo? Theologie im Gespräch mit Michel de Certeau.* Grünewald, Mainz 2019, S. 13–81; vgl. auch Dosse, F., Michel de Certeau. *Le marcheur blessé.* La Découverte, Paris 2002.

7 Letzteren beschreibt er schon in seinen frühen Untersuchungen und Beiträgen ausdrücklich als eine Unruhige Gestalt, vgl. Michel de Certeau, *Jean-Joseph Surin (1960).* In: Ders., *Täglich aufbrechen zu den anderen ... .* Reflexionen zur christlichen Spiritualität. Echter, Würzb. 2020, S. 37–52.

ihn die Unruhe seiner Zeit ein. Im Kontext der Herausforderungen, vor die ihn die psychologisch schwer zu fassende Gestalt Surins stellte, suchte er die Nähe zum Psychoanalytiker Jacques Lacan und war ab 1964 (Gründungs-)Mitglied der von Lacan ins Leben gerufenen „École Freudienne“. Auf diesem Weg in die intellektuellen Pariser Milieus gelangt, wurde er 1968 zum scharfsinnigen Beobachter der damaligen Pariser Studentenunruhen und erlangte mit einem Buch darüber – „La prise de parole“[8] – erstmals öffentliche Aufmerksamkeit. Mystik, Psychoanalyse und Politik miteinander verbindend entwickelte er schließlich bis in die 1980er Jahre hinein einen Ansatz der Mystikforschung im Dialog mit dem „spätmodernen Denken”, in dem die Frage nach der „Unruhe” – in dem eingangs von Tugendhat angezeigten Sinne – eine zentrale Rolle spielt.

2.1. Eine „Mikro-Historie“ der Unruhe in Loudun

In den 1960er Jahren befasste sich Certeau nach der Edition der Texte von Pierre Favre mit einem weiteren frühen Jesuiten, mit dem bereits genannten Jean-Joseph Surin. Um 1630 wurde dieser in die Unruhe eines Nonnenkonvents (Ursulinen) hineingezogen, die sich in der mittelfranzösischen Kleinstadt Loudun als „Besessenheit” artikulierte. Certeau erkannte, dass hier ein geschichtlicher Prozess an der Schwelle der beginnenden Neuzeit in einer Art „Brennglas” – als „Mikro-Historie” – erblickt werden kann. Die Unruhe der Nonnen verstand er als Folge eines sich in dieser Zeit vollziehenden „Bruchs” mit der mittelalterlichen Ontologie (einschließlich aller damit verbundenen gesellschaftlich-kulturellen Verunsicherungen) und die Inszenierungen von „Besessenheit” auf Seiten der Nonnen sowie die „Mystik” Surins sind Wege der Sprachfindung in der Krise. In dieser Zeit wurde die kulturelle Kraft, die das traditionelle Christentum zuvor darstellte, transformiert – Certeau dazu:

> *Diese Kraft, die sich in Wiederherstellung befindet, schleicht sich in die Spannungen der Gesellschaft, die sie bedroht, mit ein. Mit einem Mal verschärft sie sie, sie bedient sich dabei noch der Mittel und Wege dieser Gesellschaft, aber im Dienste einer ‚Beunruhigung‘, die von weit her kommt, die unerwartet ist; sie bricht die Verschließungen auf, sie läßt die sozialen Kanalisationen übertreten, sie öffnet sich Wege, die nach ihrem Vorübergang, wenn der Fluss sich wieder zurückgezogen hat, eine andere Landschaft und eine neue Ordnung zurücklassen werden.*[9]

[8] Certeau, M. de, *La prise de parole. Pour une nouvelle culture.* Desclée de Brouwer, Paris 1968.

[9] Certeau, M. de, *La possession du Loudun (1970).* Gallimard, Paris 1990, S. 7.

Diese Sensibilisierung für Transformationsprozesse, die Certeau aus seinen Überlegungen zur Mystik schöpfte, ließ ihn solche Prozesse nun auch „anderswo“ – außerhalb des christlich-religiösen Sphäre – erblicken.

2.2. Gott anderswo? – Studentenunruhen

Es waren letztlich die Pariser Studentenunruhen von 1968, die bei Certeau einen neuen Blick auf das Phänomen der Mystik lenkten. Über diese Wende in Certeaus Denken schreibt Christian Bauer:

> *An der kulturellen Wasserscheide des darauffolgenden Jahres 1968 beginnt Certeau, den Mikrokosmos der katholischen ‚Ekklesiosphäre‘“ nun endgültig hinter sich zu lassen. Die Studentenunruhen des Pariser Mai 1968 stellen dabei einen entscheidenden Wendepunkt auch für sein eigenes Denken dar. Noch im Oktober dieses Jahres publiziert er ein Buch, das ihn als öffentlichen Intellektuellen auf die nationale Bühne katapultiert: La prise de parole. Der wohl berühmteste Satz des Buches erklärt den Titel: „Im vergangenen Mai eroberte man das Wort so wie man 1789 die Bastille eroberte. ‚La prise de Bastille – la prise de parole‘.*[10]

Doch nochmals die Frage: Wie hängt dies mit der Mystik zusammen? Daniel Bogner erklärt dies wie folgt:

> *Certeaus Interventionen zu den Mai- und Juni-Ereignissen fallen nicht vom Himmel, sie legen sich vielmehr thematisch nahe. Wie könnte man nicht in den zeitgenössischen Geschehnissen das wiedererkennen, was zuvor in der Mystik herausgestellt worden war – Einzelne oder eine Gruppe finden sich im geistig-mentalen Koordinatensystem ihrer Zeit nicht mehr wieder und beginnen, eine eigene Art und Weise der Existenz und des Glaubens zu entwickeln? Neben dieser Dialektik von Individuum und Institution verweist auch der Modus des Protestes auf eine strukturelle Ähnlichkeit zwischen früher Neuzeit und dem Jahr 1968: Beide Male, scheint der Akt der Rede selbst wichtiger zu sein als das, was inhaltlich auszusagen ist. ‚Prendre la parole‘ könnte ebenso als Titel der Untersuchungen zur Mystik stehen, wie er für die ausgehenden 1960er Jahre den spezifischen Modus beschreibt, gegen den ‚Repräsentionsverlust‘ wesentlicher Teile der Gesellschaft anzukämpfen.*[11]

---

10 Bauer, Ch., *Verwundeter Wandersmann*, a.a.O., S. 27.

11 Bogner, D., *Gebrochene Gegenwart. Mystik und Politik bei M. de Certeau.* Grünewald, Mainz 2002, S. 257.

Für Certeau ist es nun der „Sprechakt“ der Mystiker, der auf einen verlorenen Ursprung verweist. Man kann – zumal als Wissenschaftler – in die Texte der Mystikerinnen und Mystiker nicht einfach Einlass begehren. Sie markieren und hüten vielmehr eine Tür oder Schwelle zu einem für menschliche Sprache und Erkenntnis Undurchdringlichen, das gerade in der frühen Neuzeit – bewusst paradox – in seiner Unaussprechlichkeit zur Sprache kommt. Certeau in der Einleitung seines späten Hauptwerks “La Fable mystique” dazu:

> *Was mich angeht, ähnele ich Kafkas ‚Mann vom Lande‘, ich habe Einlass von ihnen begehrt. Anfänglich antwortete der Türhüter: ‚es ist möglich, jetzt aber nicht. Zwanzig Jahre unruhigen Auf-und-ab-Gehens ‚seitwärts von der Tür‘ haben dazu geführt, dass ich, durch genaueres Ansehen, den Mann an der Schwelle bis ins kleinste kennengelernt habe, so dass ich sogar ‚die Flöhe auf in seinem Pelzkragen‘ sehen konnte. So ging es mir mit meinem Türhüter Jean-Joseph Surin und vielen anderen, gegenüber denen selbst wissenschaftliche Beharrlichkeit sich schier überfordert sah und deren Texte die unermüdlichen Wächter meiner Beobachtungen waren. Kafkas Türhüter sagt auch noch: ‚ich bin nur der unterste Türhüter. Von Saal zu Saal stehen aber Türhüter, einer mächtiger als der andere. Schon den Anblick des dritten kann nicht einmal ich mehr ertragen.‘ Auch er ist ja fremd dem Land, das er absteckt, indem er eine Schwelle markiert. Lässt sich das auch von jenen Mystikern sagen?*[12]

2.3. Hieronymus Bosch – Ikone der Unruhe

Nach einem hinführenden ersten Kapitel, (das einen besonderen Aspekt der Vorgeschichte christlicher Mystik unter dem Titel der „Narrheiten“ behandelt), beginnt Michel de Certeau im zweiten Kapitel von „Mystische Fabel“ seine Geschichte der Mystik eigentümlicherweise nicht mit einem Text, sondern mit einem Bild der Kunst. Es ist das Triptychon „Garten der Lüste“ (um 1500) von Hieronymus Bosch, eine „Ikone der Unruhe” (Abb.1).[13]

Der Betrachter ist zunächst – wie angesichts von Wimmelbildern, die man aus den Kinderbuch-Angeboten kennt – überwältigt von der Komplexität der

[12] Certeau, M. de, *Mystische Fabel. 16. bis 17. Jahrhundert (frz. 1982).* Suhrkamp, Frankfurt a.M. 2010, S. 9.

[13] Ebd., S. 81–115 („*Der Garten: Rausch und Lüste des Hieronymus Bosch*“); vgl. dazu auch Sorace, M. A., *Bilder als Seelenspiegel und Geistliche Begleiter. Hieronymus Bosch und sein Werk zwischen Singgebung und Sinnentzug*, in: Meditation. Zeitschrift für christliche Spiritualität und Lebensgestaltung 1 (2016), S. 22–28.

dargestellten Motive. Dennoch suchte die bisherige Bosch-Forschung akribisch nach symbolischen Deutungen der Bildelemente und man hat dazu – vor allem in der Predigtliteratur um 1500 – einiges finden können. Heute besteht allerdings weitgehend Konsens darüber, dass Bosch hier (und auch in anderen Bildern) wohl mit Absicht Undeutbares eingefügt hat.[14]

Genau an dieser Stelle setzt Certeaus Auseinandersetzung mit dem „Garten" an: Dieses Bild, so sagt er, „spielt mit unserem Bedürfnis nach Entzifferung."[15] Tatsächlich scheint dagegen der Entzug von Sinn eine vom Künstler durchaus gewollte Wirkung zu sein:

> *Das Gemälde verdunkelt sich, je mehr die wuchernde Epiphanie seiner Formen und Farben im Detail hervortritt. Es verbirgt sich, indem es sie zeigt. Es organisiert ästhetisch einen Sinnverlust.*[16]

Abb 1:
Hieronymus Bosch.
Der Garten der Lüste
(um 1500),
Mitteltafel des Triptychons,
220 × 195 cm
(Öl auf Eichenholz),
Mitteltafel,
Museo del Prado Madrid

[14] Vgl. dazu auch Fischer, S.., *Hieronymus Bosch. Malerei als Vision, Lehrbild und Kunstwerk*. Böhlau, Köln 2009, bes. S. 245–273.

[15] Certeau, M. de, Mystische Fabel, a.a.O., S. 82.

[16] Ebd., S. 81.

Wir haben es hier mit einer ganz und gar neuen Bildästhetik zu tun, die weniger auf ein Jenseits des Bildes blicken lässt und stärker die „Medialität“ im Sinne eines Aufschubs oder gar einer Trennung betont und so, wie zuvor gesagt, eine Schwelle markiert. Es versetzt uns in Unruhe, weil es gerade nicht sogleich einen ursprünglichen in sich ruhenden Sinn zu verstehen gibt. Oder nochmals Certeau, seine diesbezüglichen Überlegungen zusammenfassend: *„Die Ästhetik des ‚Gartens‘ besteht nicht darin, die neuen Lichter eines Verstehens zu entzünden, sondern sie zu löschen.“*[17]

Bloßer Sinnentzug würde uns aber verzweifeln lassen. Eine diesbezügliche Perspektive jedoch eröffnet ein Text aus dem (von Luce Giard posthum herausgegebenen, bislang insgesamt unübersetzten) zweiten Band[18] von *La Fable mystique*.

Abb 2: Rogier van der Weyden,
Das Gericht des Trajan und des Herkinbald
(um 1450),
Detail (Tapisserie),
Historisches Museum Bern

[17] Ebd., S. 115.

[18] Certeau, M. de, *La Fable mystique. XVIe-XVIIe siècle, Vol. II.* Éd. par L. Giard. Gallimard Paris 2013.

2.4 „De visione Dei“ – Blick, Glaube, Gewissheit

Unter dem Titel „Das Geheimnis des Blicks“ behandelt der besagte Schlüsseltext[19] von *La Fable mystique II* anhand des Traktats *De visione Dei sive De icona* (1453) von Nikolaus von Kues[20] die Frage „Was heißt sehen?“.

Certeau unterscheidet im Anschluss daran ein inneres, „intuitives” und ein äußeres, „beobachtendes” Sehen. Beide Weisen des Sehens hängen auf eigentümliche Weise zusammen. Wie sie zusammenhängen, macht in seinem Traktat der Cusaner selbst bereits deutlich, indem er sich auf ein Bild, „Das Gericht des Trajan und des Herkinbald” (um 1450) von Rogier van der Weyden, bezieht.[21] Dabei richtet sich sein Interesse besonders auf eine scheinbar aus dem Bild herausschauende Figur, wahrscheinlich ein Selbstporträt des Künstlers. Die Augen der Figur blicken einen jeden Betrachter an – in der Weise eines (göttlichen) „allsehenden Auges“ (Abb. 2). Dieser Blick differenziert einen jeden so Angeblickten an seinem jeweiligen Ort – was im Bewusstsein der „Trennung“ beunruhigen kann – und eint gleichsam die Angeblickten (als von denselben Augen erblickt) in einer Art „Gewissheit des Glaubens”.[22] Certeau führt darüber aus:

> *Wenn du dem anderen nicht glaubst, wirst du im Unmöglichen und Sinnlosen verharren. Zwischen den Sprechenden reagiert der Glaube auf das, was der Blick für jeden von ihnen ist. Der Widerspruch zwischen ihnen ist unauflösbar, denn jeder Gang bewahrt das verschwiegene Geheimnis seiner Beziehung zum Unendlichen für sich. Kein Element, auch wenn es austauschbar wäre, kann von einem zum anderen*

---

[19] Certeau, M. de, *Nikolaus von Kues. Das Geheimnis des Blicks*. In: V. Bohn, (Hg.), Bildlichkeit. Internationale Beiträge zur Poetik. Suhrkamp, Frankfurt a.M. 1990, S. 325–356; vgl. dazu auch Füssel, M. „Zur Aktualität von Michel de Certeau, a.a.O., S. 149f.; vgl. dazu auch Sorace, M. A., *Fiktive Köper. Kunst und Mystik bei Michel de Certeau*. In: Bauer C. / Sorace, M. A. (Hg.), Gott anderswo?, a.a.O., S. 333–345, 343f.

[20] Nikolaus von Kues, Von Gottes Sehen / De visione Dei. Übers. u. hrsg. von E. Bohnenstaedt, Leipzig: Meiner 1944 (2. Aufl.); vgl. auch Nikolaus von Kues, De visione Dei / Das Sehen Gottes (Textauswahl). Übers. v. H. Pfeiffer. Paulinus 2007, Trier (3. Aufl.).

[21] Das Bild, ein für das Brüsseler Rathaus geschaffener Wandteppich, befindet sich heute im Historischen Museum der Stadt Bern. Zu diesem Bild schuf der Künstler zahlreiche z.T. auch als Tafelbilder umgesetzte Studien. Eine davon besaß offenbar Nikolaus von Kues und ließ sie in sein Kloster am Tegernsee bringen.

[22] In seinem Vorwort von „De visione Dei“ weist Nikolaus von Kues die Tegernsee-Mönche zu einem Experiment mit dem an einer Wand des Klosters aufgehängten Bild an: „Ihr Brüder, stellt euch um die Ikone herum, nicht weit von ihr entfernt, und schaut sie an. Und jeder von euch wird, von welcher Stelle er sie auch besieht, die Erfahrung machen, als werde er allein von ihr angeschaut.“ (Nikolaus von Kues, *Das Sehen Gottes*, a.a.O, S. 8)

> *überwechseln. Kein Übertragungscode kann, wie eine Münze, den spezifischen Austausch in ein allgemeines Äquivalenzsystem einbringen. Was jeder als ein vom Blick bedingtes Subjekt sagen kann, kann der andere nicht sehen, sondern nur glauben.*[23]

Was Certeau hier ausgehend von dem starken Bild des Experiments von Nikolaus von Kues verdeutlicht, ist ein Frage, welche die Mystikerinnen und Mystiker immer wieder und schon weit früher beschäftigt hat. So zum Beispiel ist dies das tragende Thema in dem Soliloquium „De arrha animae" („Von der Brautgabe der Seele") von Hugo von Sankt Viktor in der ersten Hälfte des 12. Jahrhunderts, wenn er der „Seele" erklären lässt, wie Gott alle Seelen gemeinsam und doch jede Seele „einzig" liebt.[24]

3. Mystik und Gewissheit

Dieses zuletzt im Zusammenspiel von „Blick" und „Glauben" Angezeigte, soll nachfolgend unter der Überschrift „Mystik und Gewissheit" noch vertieft werden. Wir können dabei nicht auf die lange philosophische Begriffsgeschichte der „Gewissheit" (bis Hegel und über ihn hinaus) eingehen. Zu unserer Suche nach einer Form der Gewissheit in der menschlichen Unruhe, will ich mich in diesem Rahmen auf einen nur sehr kurzen Blick auf zwei Positionen der Philosophie beschränken.

3.1. Über Gewissheit: Ludwig Wittgenstein (1889-1951)

Bereits der frühe Ludwig Wittgenstein lässt sein in der äußersten „Unruhe"-Situation auf dem Schlachtfeld des Ersten Weltkriegs verfassten *Tractatus*

---

23 Certeau, M. de, *Das Geheimnis des Blicks*, a.a.O., S. 356.

24 Hugo von Sankt Viktor, *De árrha animae*. Patrologia Latina. Hrsg. von J.-P. Migne. Turnhout: Brepols 1912ff, Bd.176, 951b–970d: „Alle müssen also den Einen einzig lieben, auf dass alle von dem Einen einzig geliebt werden, denn kein anderer außer dem Einen ist einzig zu lieben, wie wenn sie eins wären, und durch die Liebe des Einen sollen sie eins werden. Diese einzige Liebe ist dennoch keine ausschließende, sie ist allein und doch nicht einsam, sie ist verteilt und doch nicht geteilt, sie ist gemeinsam und doch einzig, für alle einzig und für die Einzelnen ganz; durch Verteilung nimmt sie nicht ab [...]. (zit. nach: *Die Viktoriner. Mystische Schriften*. Ausgew. u. übertr. v. P. Wolff, Sequenzen-Übertragung v. H. Rosenberg. Hegner, Wien 1936, S. 99).

logico-philosophicus (1918)[25] mit einigen, auch in ihrer Kürze sehr bedenkenswerten Aussagen über die Mystik[26] enden, so etwa: *„Es gibt allerdings Unausprechliches. Dies ‚zeigt' sich, es ist das Mystische"*.[27] Und: „Wovon man nicht sprechen kann, darüber muss man schweigen".[28] Dies unter der Voraussetzung, dass allen Sprachzeichen in aussprechbaren Sätzen eine „klare" Bedeutung zuzuweisen ist.

In seinem Spätwerk und besonders in seinem letzten Werk „Über Gewißheit"[29] zeigt Wittgenstein, dass gerade aber auch all diese „klaren" Aussagen, die auf eine beunruhigende Weise immer wieder dem Zweifel unterzogen werden können, von einem Unaussprechlichen tingiert sind, das er „Gewissheit" nennt.

Mit der bei Wittgenstein gewohnten sprachphilosophischen Nüchternheit weist dieser in immer neuen Anläufen auf ein Unzweifelhaftes (dem Urteil der Vernunft sogar Entzogenes) hin, von dem alles Sprechen (bei ihm nun als Vollzug des „Sprachspiels" bezeichnet) getragen ist:

> *Du mußt bedenken, dass das Sprachspiel sozusagen etwas Unvorhersehbares ist. Ich meine, es ist nicht begründet. Nicht vernünftig (oder unvernünftig). Es steht da – wie unser Leben."*[30]

Das hier von Wittgenstein gegebene Stichwort des „Lebens" will ich nun zum Abschluss im Zusammenhang mit der „Gewissheit" aufgreifen.

---

[25] Wittgenstein, L., *Tractatus logico-philosophicus. Logisch-philosophische Abhandlung.* Suhrkamp, Frankfurt a.M. 1963 (1. Aufl.).

[26] Zur Bedeutung der Mystik im Gesamtwerk Wittgensteins vgl. auch Widmer, P., *Mystikforschung zwischen Materialismus und Metaphysik. Eine Einführung.* Herder, Freiburg i.Br. 2004, S. 349–400 („Ludwig Wittgenstein: Sprache und Mystik"). Und auch Michel de Certeau findet große Zustimmung zu dem lebenslangen Interesse Wittgenstein an der, wie Certeau es nennt „mystischen Exterriorität der Sprache" (vgl. Certeau, M. de, *Die Kunst des Handelns.* Merve, Berlin 1988, S. 51).

[27] Wittgenstein, *Tractatus-logico-philosophicus*, a.a.O., S. 115 (6.522).

[28] Bd., (7).

[29] Wittgenstein, L., *Über Gewißheit.* Hrsg. v. G. E. M. Anscombe. Suhrkamp, Frankfurt a.M. 1970 (1. Aufl.). Und: Das Buch *„Über Gewißheit ist ein bemerkenswertes, mitunter bewegendes Dokument, denn es enthält die täglichen Aufzeichnungen eines Sterbenden, der sich nicht anmerken lässt, dass er weiß, was ihm bevorsteht. Der Stil dieser Bemerkungen ist, wie immer, lapidar, doch es spricht eine gelassene Heiterkeit aus diesen Notizen, die sich nicht bloßer Abgeklärtheit verdankt."* (Schulte, J., *Wittgenstein. Eine Einführung.* Reclam, Stuttgart 2016 (Neuaufl.), S. 211–234 („Gewißheit"), 211.

[30] Wittgenstein, Ludwig, *Über Gewißheit*, a.a.O., S. 144.

3.2. Die Lebens*gewissheit* und das „Begehren der Mystik": Rolf Kühn (* 1944)

Die „Gabe des Lebens" ist das, was alle konkreten, intentionalen, vielfältigen und deswegen möglicherweise auch als „unruhig" bezeichneten Vollzüge eines Lebendigen ursprünglich ermöglicht. Genau darauf richten sich die phänomenologischen Untersuchungen der sogenannten „radikalen Lebensphänomenologie"[31].

Wenn sie im Sinne einer „Lebens(selbst)-vergewisserung" auf das Leben als ein absolutes „Prinzip" der Individuation verweist, denkt sie allerdings nicht an einen „Anfangszustand", der gleichsam ein Paradies der Ruhe wäre, sondern an ein Gewiss-Werdendes inmitten aller aktiven (und insofern unruhigen) Lebensvollzüge.

Vor diesem Hintergrund nimmt Rolf Kühn in seinem neuen Buch *Das Begehren der Mystik*[32] in der Frage danach, was Mystik ausmacht, Bezug auf Jacques Lacan. Bei diesem löst die „verlorene" Ursprungswirklichkeit des Menschen (bei Lacan oft etwas missverständlich „das Reale" genannt) ein unruhiges „Begehren" (desir) nach einem ersehnten Objekt dieses Begehrens aus – was zu „imaginären" und „symbolischen" Substituten dieser Wirklichkeit führt. Die Mystikerinnen und Mystiker sind jedoch jene, die erkennen, dass keines dieser substituierten Objekte ihres Begehrens die Ursprungswirklichkeit einholen können, und vereinen sich dagegen mit dem verlorenen Ursprung durch ein objektloses „Begehren des Begehrens".[33]

Stärker als noch Lacan oder Certeau, macht nach meinem Verständnis Kühn darauf aufmerksam, dass durch das „Begehren des Begehrens" als Loslösung von einem „Gott" als höchstes „Objekt" des Begehrens, nicht ein „verlorener", sondern allenfalls vergessener Ursprung vergewissert wird, nämlich das, was allen voran Meister Eckhart als den „(Ab-)Grund" des Lebens bezeichnet.[34]

---

[31] Die „radikale Lebensphänomenologie" (gelegentlich auch „materiale Phänomenologie des Lebens" genannt geht auf den französischen Philosophen Michel Henry (1922–2002) zurück. Sie wurde grundgelegt in seinem frühen Hauptwerk *L'essence de la manifestation* von 1963 (dt.: Ders., *Das Wesen des In-Erscheinung-Tretens*. Alber, Freiburg i.Br. 2019. Eine kurze Zusammenfassung dieses Ansatzes (in seinen weiteren Kontexten) gibt: Gondek, H.-D. u. Tengelyi, L., *Neue Phänomenologie in Frankreich*. Suhrkamp, Frankfurt/M. 2011, S. 343–352; eine gut lesbare Zusammenfassung seines Werks stammt auch vom späten Michel Henry selbst: Ders., *Inkarnation. Eine Philosophie des Fleisches*. Alber, Freiburg i.Br. 2002.

[32] Rolf Kühn wird vielfach als Schüler und bloßer Rezipient von Michel Henry wahrgenommen. Tatsächlich hat er jedoch den Ansatz von Henry maßgeblich weiterentwickelt. Ein Beispiel dafür dürfte seine Relevanz bezüglich des lebensphänomenologischen Verständnisses Meister Eckharts und der Mystik insgesamt sein. Vgl. dazu nur: Ders., *Das Begehren der Mystik. Eine Kriteriologie für Erkenntnis und Praxis*. Alber, Freiburg i.Br. 2022.

[33] Vgl. ebd., S. 387-324 („*Mystik als ‚joissance' gemäß Jacques Lacan*").

[34] Vgl. ebd., S. 323f.; vgl. dazu auch Kühn, R., *Ungeteiltheit – oder Mystik als Ab-Grund der*

Fazit

Zu allerletzt will ich eine abschließende These versuchen: Wer mit heutigen Menschen die überlieferten Texte der Mystikerinnen und Mystiker liest, wird alsbald die Erfahrung machen, dass deren besondere, geistesgeschichtlich geprägten Inhalte oft nur sehr schwer vermittelbar sind. Was viele daran jedoch fast unmittelbar fasziniert, ist die vor allem sich auch in der Form dieser Texte und Artefakte mitteilende (Gottes-)Gewissheit bei einer gleichzeitig in diesen Dokumenten neuzeitlich stärker und stärker zum Ausdruck kommenden exzessiven Unruhe. Daher – so meine These: Die „Unruhe“ und die „(Lebens-)Gewissheit in der Unruhe“ stellen die überlebende „Form“ der traditionellen Mystik in unserer Zeit dar. Dazu noch einmal Michel de Certeau aus *La Fable mystique I* (wo er gegen Ende seines Textes mehrfach das Motiv der mystischen Wanderschaft unter anderen bei der Begine und großen Poetin des 13. Jahrhunderts Hadewjich von Anvers / Antwerpen aufgreift):

> *Mystiker ist, wer nicht anders kann als zu wandern und wer in der Gewissheit dessen, was ihm fehlt, von jedem Ort und von jedem Objekt weiß: Das ist es nicht. Er kann nicht hier stehenbleiben und sich nicht mit diesem da zufriedengeben. Das Verlangen schafft einen Exzess. Es exzediert, tritt über und lässt Orte hinter sich. Es drängt voran, weiter, anderswohin. Es wohnt nirgendwo. Es ist, noch einmal Hadewijch, behaust von*
>
> *Etwas Edlem, ich weiß nicht was,*
> *weder dies noch das,*
> *das uns leitet,*
> *uns berechtigt*
> *und hineinzieht*
> *in unser Beginnen*
>
> *Von diesem Geist des Überschreitens, der hingerissen ist von einem uneinholbaren Ursprung oder Ende, Gott genannt, scheint in der zeitgenössischen Kultur vor allem die Bewegung des unaufhörlichen Aufbrechens zu überdauern, als bewahrte die Erfahrung, da sie sich nicht mehr auf den Glauben an Gott gründen kann, einzig die Form und nicht mehr den Inhalt der traditionellen Mystik.*[35]

Erfahrung. Ein radikal phänomenologisches Gespräch mit Meister Eckhart. Brill, Leiden 2012; vgl, dazu auch Witte, K. H., *Meister Eckhart. Leben aus dem Grund des Lebens. Eine Einführung.* Alber, Freiburg i.Br. 2013, bes. S. 42f sowie 400ff.

35 Certeau, M. de, *Mystische Fabel*, a.a.O., S. 487f (darin das Zitat: Hedewijch von An-

Dass die Mystik einen solchen transformatorischen Grundzug aufweise, könnte wie eine spätmoderne Umdeutung dieser Tradition wirken. Tatsächlich hat zum Beispiel aber schon auf der Schwelle vom 12. zum 13. Jahrhundert der kalabrische Abt und Visionär Joachim von Fiore einen solchen – nicht hegelianisch-dialektisch gemeinten – Aufbruch überkommener Formen der institutionalisierten Religion wie auch des Theismus in den Kontext der mystischen Traditionen gestellt[36] und sein Beispiel ist nur eines von diesbezüglich vielen. In diesem Sinne will der vorliegende Beitrag verstanden werden als ein deutlicher Hinweis auf einen Konnex zwischen christlicher Mystik und einem entsprechenden Typus der Unruhe. Diese Beziehung weiter und genauer zu untersuchen, bleibt späteren Arbeiten vorbehalten.

---

vers, Mengeldichten. Übertr. u. hrsg. v. J. van Mierlo, Antwerpen u.a.: Standaard 1952, Gedicht XVIII, Verse 103-108 / dt. Übers. für den Certeau-Band von B. Weiß).

[36] Vgl. dazu Beyer, U., *Der undialektische Dreischritt. Das triadische Geschichtsmodell des Joachim von Fiore und seine Dialektisierung durch Hegel*, In: Prima philosophia 3 (1990), S. 387–396, bes. 389ff.

Bibliographie

Bauer, Ch. u. Sorace, M. A., *Gott anderswo? Theologie im Gespräch mit Michel de Certeau.* Grünewald, Mainz 2019.

Beyer, U., *Der undialektische Dreischritt. Das triadische Geschichtsmodell des Joachim von Fiore und seine Dialektisierung durch Hegel,* In: *Prima philosophia 3* (1990), S. 387–396.

Bogner, D., *Gebrochene Gegenwart. Mystik und Politik bei Michel de Certeau.* Grünewald, Mainz 2002.

Bussini, F., „Art. Inquiétude". In : *Dictionnaire de Spiritualité, Ascétique et Mystique. Doctrine et Histoire.* 17 Bde. Beauchesne; Paris 1970. Bd. 7,2; Sp. 1776–1791.

Certeau, M. de, *La prise de parole. Pour une nouvelle culture. Desclée de Brouwer,* Paris 1968.

Ders., *Die Kunst des Handelns (1980).* Merve, Berlin 1988

Ders., *La possession du Loudun (1970).* Gallimard, Paris 1990.

Ders., *Nikolaus von Kues. Das Geheimnis des Blicks.* In: V. Bohn, (Hg.), Bildlichkeit. Internationale Beiträge zur Poetik. Suhrkamp, Frankfurt a.M. 1990, S. 325–35

Ders., *Mystische Fabel. 16. bis 17. Jahrhundert* (1982). Suhrkamp, Frankfurt a.M. 2010.

Ders., *La Fable mystique. XVIe-XVIIe siècle, Vol. II.* Éd. par L. Giard. Paris: Gallimard 2013.

Ders., *Jean-Joseph Surin (1960).* In: Ders., *Täglich aufbrechen zu den anderen .... Reflexionen zur christlichen Spiritualität.* Echter, Würzburg 2020, S. 37-52.

Dosse, F., *Michel de Certeau. Le marcheur blessé.* La Découverte, Paris 2002.

Gondek, H.-D. und Tengelyi, L., *Neue Phänomenologie in Frankreich.* Frankfurt/M.: Suhrkamp 2011.

Fischer, S., *Hieronymus Bosch. Malerei als Vision, Lehrbild und Kunstwerk.* Böhlau, Köln 2009.

Füssel, M., *Zur Aktualität von Michel de Certeau. Einführung in sein Werk.* Springer, Wiesbaden 2018.

Henry, M., *Inkarnation. Eine Philosophie des Fleisches (2000).* Alber, Freiburg i.Br. 2002

Ders., *Das Wesen des In-Erscheinung-Tretens (1963).* Freiburg i.Br.: Alber 2019.

Kühn, R., *Ungeteiltheit – oder Mystik als Ab-Grund der Erfahrung. Ein radikal phänomenologisches Gespräch mit Meister Eckhart.* Brill, Leiden 2012.

Ders., *Das Begehren der Mystik. Eine Kriteriologie für Erkenntnis und Praxis.* Alber, Freiburg i.Br. 2022.

Rosenberg, H. (Hg.), *Die Viktoriner. Mystische Schriften.* Hegner, Wien 1936.

Schulte, J., *Wittgenstein. Eine Einführung*. Reclam, Stuttgart 2001.

Schütz, Ch. (Hg.), *Praktisches Lexikon der Spiritualität*. Herder, Freiburg i.Br. 1992.

Sorace, M. A., *Bilder als Seelenspiegel und Geistliche Begleiter. Hieronymus Bosch und sein Werk zwischen Sinngebung und Sinnentzug,* in: Meditation. Zeitschrift für christliche Spiritualität und Lebensgestaltung 1 (2016), S. 22–28.

Tugendhat, E., *Mystik und Egozentrizität. Eine anthropologische Studie*. Beck, München 2003.

Wittgenstein, L., *Tractatus logico-philosophicus. Logisch-philosophische Abhandlung*. Frankfurt a.M.: Suhrkamp 1963 (1. Aufl.).

Ders., *Über Gewißheit*. Hrsg. v. G. E. M. Anscombe. Suhrkamp, Frankfurt a.M. 1970 (1. Aufl.).

Widmer, P., *Mystikforschung zwischen Materialismus und Metaphysik. Eine Einführung*. Herder, Freiburg i.Br. 2004.

Witte, K. H., *Meister Eckhart. Leben aus dem Grund des Lebens. Eine Einführung*. Alber, Freiburg i.Br. 2013.

Buddhistische Todesmystik: Zur religionsphilosophischen Deutung der todesgleichen Trance der *nirodhasamāpatti*

Fabian Völker (Wien)

1. Interreligiöse Thanatologie: Zur christlichen Vergleichsgrundlage

In seiner Trostschrift *De bono mortis* und seinem Kommentar zum Lukas-Evangelium (Expositio evangelii secundum Lucam) unterscheidet der lateinische Kirchenvater Ambrosius von Mailand (340–397. n Chr.) insgesamt drei Arten des Todes (triplex mors) voneinander. Neben der auf Platon (428/27–348/47 v. Chr.) zurückgehenden Beschreibung des natürlichen Todes (mors naturae) als „Trennung von Seele und Leib" (animae corporisque secessio) und dem von Philon (ca. 25 v. Chr. bis 40. n. Chr.) in seiner *Allegorischen Erklärung der Gesetze* (Legum allegoriae) beschriebenen „Tod der Seele" (psychēs thanatos) durch die Sünde, bezeichnet Ambrosius den bereits in Origenes' (185–254 n. Chr.) *Disputation mit Heraclides* (Disputatio cum Heracleida) dargelegten „seligen Tod" (markarios thanatos) als „mystischen Tod" (mors mystica), in dem der Mensch im geistlichen Lebensvollzug „der Sünde abstirbt und Gott [allein] lebt"[1] (quando quis peccato moritur, et Deo vivit). Wie den Orphikern und Pythagoräern gilt auch Ambrosius der gott- und seelenfeindliche Leib als Kerker (carcer) und Grab (sepulcrum), den es bereits zu Lebzeiten zu fliehen gilt.[2] Über die bedingungslose Aufgabe und das innere Absterben aller Weltlichkeit verläuft der spirituelle Pfad kontemplativer Totalabstraktion und Entwerdung dabei über das konsequente Zunichtewerden alles Vergänglichen

[1] De bono mortis 2:3. In: Huhn, J., *Ambrosius von Mailand. Der Tod – Ein Gut.* Johannes, Einsiedeln, Freiburg 1992, S. 19. Vgl. Gorgias 524b. In: Seeck, G. A., *Platons Gorgias. Einführende Übersetzung und Kommentar.* Meiner, Hamburg 2020, S. 124. Vgl. Legum allegoriae 1:105. In: Heinemann, I., *Allegorische Erklärung des heiligen Gesetzbuches, Buch I–III*; in: Die Werke Philos von Alexandria in Deutscher Übersetzung. Dritter Teil. Hrsg. v. L. Cohn. M. & H. Marcus, Breslau 1919, S. 51. Vgl. Disputatio cum Heracleida 25. In: Früchtel, E., *Das Gespräch mit Herakleides und dessen Bischofskollegen über Vater, Sohn und Seele. Die Aufforderung zum Martyrium.* Hiersemann, Stuttgart 1974, S. 42.

[2] Vgl. De bono mortis 5:16 und 11:48. In: Huhn, *Der Tod – Ein Gut*, a.a.O., S. 38 und 75. Vgl. Gorgias 493d4. In: Seeck, *Platons Gorgias*, a.a.O., S. 78.

zum mystischen Hineinsterben in die „ungetrübte Ruhe" (requies pura) und das „unsterbliche Licht" (lux immortalis) des „unsichtbaren Gottes" (invisibili Deo), sodass der mystische Tod nicht zum endgültigen Ende, sondern zur paradoxalen Vollendung und Rückkehr in die ungeteilte Gegenwart und zeitlose Seinspräsenz des wahren Lebens wird (per mortem ad vitam reditus).[3]

Der von Ambrosius inaugurierte Topos des mystischen Todes zieht sich in den verschiedensten Variationen durch die gesamte Geistesgeschichte des Christentums und hat eine seiner eindringlichsten Zuspitzungen im *Geistlichen Führer* (Guía espiritual) des spanischen Priesters Miguel de Molinos (1629–1696) gefunden.[4] Molinos wurde nach seiner Festnahme im Juli des Jahres 1685 vor dem Gerichtshof der Inquisition des „Quietismus" angeklagt, musste am 3. September 1687 öffentlich seinen „Irrtümern" abschwören und wurde als Erzketzer zu lebenslanger Haft verurteilt. Aus den insgesamt 68 kompilierten Sätzen, die im Verurteilungsdekret des Hl. Offiziums vom 28. August und in der Bulle *Caelestis Pastor* vom 20. November 1687 durch Papst Innozenz XI. (1611–1689) verdammt wurden, lassen sich die konstitutiven Grundzüge einer umfassenden Todesmystik rekonstruieren, die sich im Rahmen einer interreligiösen Theologie und Thanatologie, insbesondere in Bezug auf den Buddhismus, als eminent anschlussfähig erweisen.[5] Den von der Inquisition inkriminierten Sätzen zufolge soll der Mensch auf dem „inneren Weg" (via interna) seine „Fähigkeiten vernichten" (hominem suas potentia annihilare), „sich selbst ganz und völlig in Gott aufgeben" (seipsum in Deo totum et totaliter derelinquiere) und „wie ein toter Leib verbleiben"[6] (permanere velut corpus exanime). Durch „Nichtstun soll der Mensch die Seele vernichten" (nihil operando anima se annihilat) und sie auf diese Weise „zu ihrem Anfang und Ursprung im Wesen Gottes zurückführen" (ad suum

3 Vgl. De bono mortis 8:32; 9:41 und 12:55. In: Huhn, *Der Tod – Ein Gut*, a.a.O., S. 58, 68 und 84. Siehe auch Expositio evangelii secundum Lucam 7:3438. In: Niederhuber, J. E., *Ambrosius von Mailand. Lukaskommentar mit Ausschluss der Leidensgeschichte.* Kösel, Kempten 1915, S. 346–347.

4 Vgl. Haas, A. M., *Mors mystica: Thanatologie der Mystik, insbesondere der Deutschen Mystik"*; in*:* Freiburger Zeitschrift für Philosophie und Theologie. Vol. 23 (1976), No. 3, S. 304–392; Kobusch, T., *Freiheit und Tod. Die Tradition der ‚mors mystica' und ihre Vollendung in Hegels Philosophie*; in: Theologische Quartalschrift. Vol. 164, (1984), S. 185–203.

5 Bulle *Caelestis Pastor* (1687). Zit. nach Enchiridion symbolorum, *Kompendium der Glaubensbekenntnisse und kirchlichen Lehrentscheidungen*, Begründet v. H. Denzinger, verbessert, erweitert, ins Deutsche übertragen und unter Mitarbeit von H. Hoping hrsg. v. P. Hünermann. Herder, Freiburg i. Br. 2009, hier 2269, S. 769.

6 Ebd. 2202, S. 760.

principium redit et ad suam originem, quae est essentia Dei), sodass nicht mehr „zwei geeinte Dinge“ (duae res unitae), sondern „nur eines“ (una tantum), nämlich Gott bleibt, der „auf diese Weise in uns lebe und herrsche“[7] (et hac ratione Deus vivit et regnat in nobis). Insofern sich die Ganzheit unseres Gemüts im „geistigen Erkennen“ bzw. Denken (intellegere; cogitare), Fühlen (sentire) und Wollen (velle) erschöpft, vollzieht der selbstverleugnende Mensch im mystischen Tod qua mentaler Selbstvernichtung den transzendentalen Transzensus über Verstand (ratio) und Vernunft (intellectus) in den immanenten Seinsgrund der Gottheit, in dem alles Menschliche ganzheitlich zugrunde geht und angstfrei wieder aufersteht.[8] Die bleibenden und unverlierbaren Spuren, die die unsagbare Gottheit nach dieser dreifachen Selbstauslöschung im weltabgeschiedenen Gemüt des Mystikers hinterlässt, sind ebenfalls dreifacher Art: Derjenige Mensch, der sich temporär alles Denkens, Fühlens und Wollens gänzlich entschlagen hat und in „passiver Ergebenheit“[9] (resignatione passiva) „schweigend“[10] (in silentio) „in seinem Nichts“[11] (in suo nihilo) verborgen bleibt, empfängt aus dem immanenten Lichtgrund der Gottheit eine „innere Gewissheit“ (interna certitudine), die „höher ist als menschliche und theologische Erkenntnis“ (cognitione humana ac theologica superiori) und nicht „den Schatten eines entgegengesetzten Zweifels“[12] (nec umbram dubii relinquit in contrarium) lässt. Kennt der innere Weg zur todesgleichen Trance aus den Niederungen der Leiblichkeit selbst „weder Licht noch Liebe“ (nec lumen, nec amor), so ist das werdelose Leben, das aus diesem totalen Tod der Kreatürlichkeit erwächst und auch noch die letzten Reste der tiefwurzelnden Selbstsucht heilsam auslöscht, durchwaltet und erfüllt von der perennierenden Liebe Gottes; nicht zuletzt ist auch der Wille des aus der Absolutheit auferweckten Wiedergängers nach der inneren Abtötung des Eigenwillens im fortgesetzten Daseinsablauf ein heiliger, denn „die Seele, die zum mystischen Tode gelangt ist“ (anima, cum ad mortem mysticam pervenit), kann nichts anderes mehr wollen, als was Gott will, „denn sie hat keinen Willen mehr“[13] (quia non habet amplius voluntatem). Wer sich in der kathartischen Entselbstung vorbehaltlos von allen

7 Ebd. 2205, S. 760.

8 Vgl. Ebd. 2219, 2221, 2255, 2261, S. 762, 767, 768.

9 Ebd. 2232, S. 764.

10 Ebd. 2234, S. 764.

11 Ebd. 224, S. 765.

12 Ebd. 2253, S. 767.

13 Ebd. 2261, S. 768.

empirischen Individualbestimmungen restlos gelöst hat, die er ursprünglich als sein wahres Selbst und eigentlichstes Seinszentrum verkannte und diesen dreifachen Tod auf der via interna gestorben ist, dem stellt Molinos einen „stetigen unbeweglichen Zustand in einem Frieden" in Aussicht, „der nicht gestört werden kann"[14] (continuum statum immobilem in pace imperturbabili). In seinem *Geistlichen Führer* (Guía espiritual) heißt es über „das Nein zu allen Dingen" und den „Königsweg des Zunichtewerdens"[15] entsprechend: „Glückselig die Seele, die derart abgestorben und zunichtegeworden gefunden wird! Sie lebt nicht mehr für sich, denn Gott lebt in ihr; ganz zu Recht kann man sagen, sie sei ein neuer, aus der Asche erstandener Phönix, ist sie doch ausgewechselt, vergeistigt, verwandelt und vergöttlicht."[16]

Als anthropologische Konstante ist die alles durchgreifende Todesverfallenheit des menschlichen Daseins und der exemplarisch an den Lehren Molinos' rekonstruierte Versuch ihrer meditativen Antizipation (meditatio mortis) und kontemplativen Integration (mors mystica) allen religiösen Traditionen in ihrem konstitutiven Heilsstreben als „Kunst des Sterbens" (ars moriendi) unabweislich aufgegeben, um die Lebenden für die existentielle Grunderfahrung des Todes und dessen zeitlosen Sinn lebenspraktisch zu disponieren. Das gilt auch für den Buddhismus, der seine ganz eigene, religionsspezifische Variante einer „Selbstentäußerung des Geistes"[17] (alienatio) und des mystischen Todes inmitten des kontinuierlichen Wandlungsprozesses eines unaufhaltsam erlöschenden Lebens sowie einer konsequent auf ihn zuführenden Mystagogie ausgebildet hat. Die „totale Selbstvollendung im totalen Untergang"[18] – wie Ladislaus Boros (1927–1981) das Moment des Todes in seiner philosophischen Besinnung über das *Mysterium Mortis* (1962) in geradezu epigrammatischer Gestalt einmal treffend charakterisierte – findet sich in den frühsten Texten des Buddhismus als todesgleiche Trance der restlosen „Unterdrückung aller Wahrnehmungen und Empfindungen" (saññā-vedayita-nirodha-samāpatti)

14 Ebd. 2261, S. 768.

15 Guía espiritual 19:179–180. In: Molinos, M. d., *Geistliches Weggeleit zur vollkommenen Kontemplation und zum inneren Frieden.* Hrsg. v. M. Delgado. Herder, Freiburg i. Br. 2018, S. 217.

16 Ebd. 19:186, S. 218.

17 Zu diesem Topos der mystischen Tradition seit Origenes und Augustinus (354–430) siehe Kobusch, T., *Selbstentäußerung: Ein Grundgedanke der Mystik und seine Rezeption im deutschen Idealismus*; in: Mystik und Idealismus: Eine Lichtung des deutschen Waldes. Hrsg. v. A. Quero-Sánchez. Brill, Leiden 2020, S. 160–173.

18 Boros, L., *Mysterium Mortis. Des Mensch in der letzten Entscheidung.* Walter, Olten u. Freiburg i. Br. 1968, S. 83.

aktualisiert, die nicht nur die äußerste Option buddhistischer Selbstnegation und Selbstverleugnung repräsentiert, sondern in einer Reihe kanonischer Texte zudem als daseinsimmanenter Vorgriff auf die postmortale Existenzidentität mit der welt- und selbsttranszendenten Sphäre des nirvāṇa (nirvāṇa-dhātu) gedeutet wird. Durch das temporäre Inhibieren und kontemplative Nihilieren aller individuellen Gemütsregungen und bewusstseinspsychologisch erfassbaren Bestimmtheiten wird der sich selbst abgestorbene und selbstvergessene Erwachte nach der Rückkehr aus der bild- und gestaltlosen nirodhasamāpatti in existentieller Freiheit transparent auf den radikal immanenten und todlosen Wesensgrund des saṃsāra und erreicht damit bereits in diesem Leben eine angstfreie Integration des eigenen Todes: „We are saved by self-annihilation“[19], wie es Paul Carus (1852–1919) einmal mit treffsicherer Prägnanz glücklich pointierte.

Im Verlauf der nachfolgenden Auseinandersetzung soll diese genuin buddhistische Todesmystik anhand einer Darstellung der frühbuddhistischen Textzeugnisse zur nirodhasamāpatti ausführlich rekonstruiert und eingehend analysiert werden. Selbstgesetztes Ziel ist es dabei nicht, den philologisch gestützten Thesen zur ideengeschichtlichen Entwicklung der buddhistischen Meditations- und Kontemplationspraxis eine weitere hinzuzufügen, sondern die Originalquellen in ihrem eigenen Kontext möglichst unvoreingenommen sprechen zu lassen und unter kontinuierlicher Bezugnahme auf den buddhologischen Forschungsdiskurs zum Gegenstand einer religionsphilosophischen Metareflexion zu machen. Auch da, wo mit der nirodhasamāpatti an religionshistorische Erscheinungen konkret angeknüpft wird, sind alle Ausführungen trotz der berechtigten Motive der verschiedenen Buddhismusinterpretationen prinzipiell systematisch orientiert. Es geht einer kritischen Religionsphilosophie nicht allein um die zunächst im Vordergrund stehende (deskriptive) Frage, welche Lehren sich anhand der Quellen als authentisch buddhistisch ausweisen lassen, sondern auch um die weiterführende (normative) Frage, was an der buddhistischen Lehre und Erlebniswirklichkeit begründeten Anspruch auf vernunftgemäße Wahrheit erheben kann.[20] Die buddhistische Todesmystik wird daher

19 Carus, P., *Mysticism*; in: The Monist. Vol 18 (1908), No. 1, S. 101.

20 Dabei wird Wahrheit hier nicht anthropologisch in der überindividuellen Organisation einer „menschlichen Gattungsvernunft“, sondern in einer Geltungssphäre idealer Formprinzipien a priori verankert, die von vernunftbegabten Wesen in allem Erlebbaren zwar ausnahmslos bezeugt, aber nicht erzeugt wird. Es ist diese von der Philosophie aufzuhellende Geltungssphäre mit ihren objektiv geltenden Normen, in der vernunftbewusste Individuen als „Realisatoren der absoluten Werte“ das Ideal ihres Strebens sehen. Erst durch die Beziehung auf die Vernunft in diesem Sinne lässt sich die „schlechthin[n]ige Geltungszusammenhänge aktualisierende und realisierende Subjektivität“ mit Fritz Münch (1879–1920) als „‚vernünftig‘“ bestimmen.

abschließend im Kontext einer neukantianisch inspirierten Religionsphilosophie auf ihre Stellung im System der Philosophie hin befragt und in ihrem Wert für die Vollendung der kognitiven, affektiven und volitionalen Bewusstseinspotenzen des Menschen kritisch diskutiert. Dabei scheint es zunächst sinnvoll, die Legitimität der Anwendung der titelgebenden Kategorie der Mystik auf die buddhistische Lehre, insbesondere die spezifische Konzeptualisierung der nirodhasamāpatti als einer „todesgleichen Trance" einleitend zu begründen.

2. Buddhistische Mystik?

Die Januar/Februar-Ausgabe des Buddhistischen Weltspiegels von 1921 zitiert ihren Mitherausgeber und Schriftleiter Georg Grimm (1868–1945) mit den Worten, dass „die Buddhalehre keine Spur von Mystik"[21] enthalte. Wissenschaft, so Grimm, sei „ein System von Erkenntnissen auf Grund sinnlicher Wahrnehmung und Reflexion"[22], wohingegen die Mystik als „Illuminismus" auf eine „innere Erleuchtung" und intellektuelle „Anschauung" besonders begabter oder begnadeter Individuen setze, deren Erkenntnisse aber „schlechterdings nicht mitteilbar seien."[23] In emphatischer Opposition gegen jede mystizistische Vereinnahmung des Buddhismus als einer mit Grimms Wissenschaftsverständnis inkommensurablen „Religion der Intuition" hatte er *Die Lehre des Buddho* im Nebentitel seines Hauptwerkes explizit als *Die Religion der Vernunft* (1915) kontrastiert, um mit Nachdruck zu unterstreichen, „wie himmelweit die Lehre des Buddha von jenem mystischen Dunkel entfernt ist, in das sie denkunfähige und denkfaule Menschen, die als typische Beispiele moderner Dekadenz an der philosophischen Krankheit der ‚faulen Vernunft' leiden, einzuhüllen suchen."[24] Das im Folgejahr publizierte Werk des Theosophen Bernardus Jasink (1870–1964) über *Die Mystik des Buddhismus* (1922) erhob bereits im Titel vehementen Einspruch gegen Grimms polemische Verkürzung und unsachgemäße

---

Münch, F., *Erlebnis und Geltung. Eine systematische Untersuchung zur Transzendentalphilosophie als Weltanschauung*. Reuther & Reichard, Berlin 1913, S. 158f.

21 Grimm, G., *Ist die Lehre des Buddha Wissenschaft?*; in: Buddhistischer Weltspiegel. Monatsschrift für Buddhismus und religiöse Kultur auf buddhistischer Grundlage. II. Jahrgang; November-Dezember (1920), 5./6. Heft; Januar-Februar (1921), 7./8. Heft, S. 217.

22 Ebd. S. 145.

23 Ebd. S. 146.

24 Ebd. S. 151.

Identifikation von Mystik und Irrationalismus. Der Buddhismus sei „reine Mystik“[25], weil er sich wie alle Mystik nicht auf einen statischen Glauben reduziere, sondern auf das dynamische „Erleben des Überweltlichen“[26] in weltabgeschiedener Innerlichkeit ziele und dieses differenzfreie Gebiet der „inneren, mystischen Zustände [...] geradezu wissenschaftlich ausgebaut und verarbeitet“[27] habe. Die nirodhasamāpatti, die Jasink rein äußerlich als einen Trancezustand „vollständiger Katalepsie“ charakterisiert, sei „nichts weniger als Nirvāṇa“[28], in dem – negativ betrachtet – das „weltliche Denken, Fühlen und Wollen“[29] ende und sich – positiv gewendet – als „potenziertes Leben“[30] vollende. Den offenkundigen Gegensatz zwischen Grimms rationalistischer und Jasinks mystischer Lesart kommentierte Kurt Schmidt (1879–1975) lapidar mit den Worten: „Das eine scheint das andere auszuschließen“; dennoch könnten „beide Behauptungen nebeneinander zu Recht bestehen; denn das Wort Mystik“ sei „mehrdeutig.“[31]

Angesichts der langen Geschichte des Buddhismus und der historischen Mannigfaltigkeit seiner weitverzweigten Schulen und Systeme mit ihren teilweise inkommensurablen Überzeugungen und disparaten Lebenspraktiken wäre die Frage, ob der Buddhismus in der Fülle seiner verwandten Kulturerscheinungen mystisch ist oder nicht, als ahistorische Essentialisierung von vornherein verfehlt. Aber auch, wenn man die geschichtlich gewachsene Vielfalt sprach-, kultur-, geschichts- und kontextvarianter Buddhismen sowie ihre doktrinär weitreichende Heterogenität in der historisch-philologisch orientierten Deskription sowie der religionsphilosophischen Metadiskussion durchgehend in Rechnung stellt, kann man je nach Definition der „Mystik“ beinahe beliebig zu entgegengesetzten Auffassungen gelangen. Das macht eine präzise Begriffsbestimmung zur unerlässlichen Voraussetzung einer jeden legitimen Diskussion buddhistischen Denkens im Diskursfeld der Mystik. Wie ich an anderer Stelle ausführlich anhand religionshistorischer Beispiele im Kontext der Religionspsychologie, kontemplativen Neurowissenschaft,

[25] Jasink, B., *Die Mystik des Buddhismus*. Altmann, Leipzig 1922, S. 13.

[26] Ebd. S. 340.

[27] Ebd. S. 11.

[28] Ebd. S. 229.

[29] Ebd. S. 117.

[30] Ebd. S. 120.

[31] Schmidt, K., *Mystik im Buddhismus? Buddhalehre und Theosophie;* in: K. Schmidt, Leer ist die Welt. Buddhistische Studien. Verlag Christiani, Konstanz 1953, S. 96.

Religionsphänomenologie und Religionsphilosophie begründet habe, muss eine interreligiös tragbare und operationalisierbare Wesensdefinition der Mystik das bildhafte Erleben in Visionen sowie die häufig begleitenden Auditionen als auch orgiastische Formen der Verzückung, Telepathie, Clairvoyance, Prä- und Retrokognition, kurz: alle religiösen, okkulten oder parapsychologischen Erfahrungen, in denen das welthafte Subjekt-Objekt-Schema noch waltet und dem Bewusstsein Intentionalität eignet, aus dem Begriff der Mystik konsequent ausscheiden.[32] Der transkulturelle Kern der Mystik und Ermöglichungsgrund aller kulturell-konkreten Ausdrucksgestalten kann dabei über alle Zeiten, Sprachen und Kulturkreise hinweg als erscheinungsfreie Enstase ausgewiesen und im Anschluss an James H. Leuba (1868–1946) sachgerecht als „todesgleiche Trance"[33] (death-like trance) konzeptualisiert werden. An ihr zerbricht die gern als unhintergehbar postulierte Abhängigkeit religiöser und mystischer Erfahrung vom begrifflichen Referenzsystem des Erfahrungssubjektes, denn als phänomenales Nichts ist dieser akosmistische Zustand immanenter Transzendenz nicht mehr unter das innerweltliche Erfahrungsparadigma subsumierbar und folglich weder religionsspezifisch konkretisier- noch relativierbar. Erst post festum, wenn sich das Subjekt diesen bestimmungs- und inhaltslosen Zustand abstrakter Einheit und Einfachheit in der Erinnerung vindiziert, wird er zur lebendigen Erfahrung erhoben und einer retrospektiven Reflexion und Konkretion zugänglich, die ihn anhand der kognitiven Überzeugungen, Motive und Bilder der jeweiligen religiösen Tradition inhaltlich interpretiert, strukturiert, analysiert und begrifflich repräsentiert. An sich bleibt die todesgleiche Trance aufgrund ihrer begriffsvernichtenden Absolutheit und phänomenologisch nicht erfassbaren Inhaltsleere aber jeder dogmatischen Vereinnahmung dauerhaft verschlossen. Unter „Mystik" wird im Folgenden also jede Theorie und Praxis

---

[32] Vgl. Völker, F., *Methodologie und Mystik. Plädoyer für eine integrale Religionswissenschaft*; in: Wissen um Religion: Erkenntnis – Interesse. Epistemologie und Episteme in Religionswissenschaft und Interkultureller Theologie. Hrsg. v. K. Hock. Evangelische Verlagsanstalt, Leipzig 2020, S. 343–366. In einer ersten Studie aus dem Gebiet der Kontemplativen Neurowissenschaften, die sich exklusiv der Erforschung „immaterieller Versenkungsstufen" (arūpa-jhāna) und der nirodhasamāpatti widmet, erklären Laukkonen et. al., dass sie in Zukunft die entscheidende Frage beantworten wollen, „how nirodha samāpatti may qualitatively differ from deep sleep or comatose states, and presents a fundamentally different altered state of awareness." Laukkonen, R. E. u. a., *Cessations of Consciousness in Meditation: Advancing a Scientific Understanding of nirodha samāpatti*; in: Progress in Brain Research. Neurophysiology of Silence Part B: Theory and Review. Hrsg. v. T. D. Ben-Soussan, J. Glicksohn und N. Srinivasan. Elsevier, Amsterdam 2023, S. 80f.

[33] Leuba, J. H., *The Psychology of Religious Mysticism*. Kegan Paul, New York 1925, S. 72.

verstanden, die diesen transphänomenalen Zustand integriert und metaphysisch interpretiert. Insofern die nirodhasamāpatti eine spezifisch buddhistische Variante dieses universellen Typus religiöser Transzendenzvorstellungen darstellt, kann der Buddhismus in denjenigen Varianten, die diesen überweltlichen Trancezustand als konstitutives Strukturelement in ihren jeweiligen Heilspfad implementieren und in ihren nachträglichen Konzeptualisierungen mit vollbewusster Klarheit reflexiv thematisieren, in eminenter Weise als Form der Mystik betrachtet werden. Denn wer den Kanon „meditativ durchpflügt", wie es Māyā Keller-Grimm (1899–1990) in einem Aufsatz über *Buddhistische Mystik* (1978) einmal formulierte, der werde „unschwer sehen", dass mit den immateriellen Versenkungszuständen und der sie beschließenden nirodhasamāpatti „buddhistische Mystik in reinster Form"[34] vorliegt.

3. Die mystische Antizipation des Todes und des nirvāṇa in der nirodhasamāpatti

Für Max Scheler (1874–1928) war es die „gewaltige Neuerung Buddhas"[35], den Tod des potenziell endlosen Wiedertods (punarmṛtyu) im rast- und ruhelosen Wesenskreislauf des saṃsāra entdeckt zu haben. Der „große Lehrer des Todes" habe angesichts universaler Vergänglichkeit jene leidhafte Daseinsbedingungen restlos aufhebende „Meeresstille des Gemütes" verkündet, in der sich „das All und die Individualität entwirklichen"[36] und das fortgesetzte Sterben in der Welt- und Selbsttranszendenz des nirvāṇa sein irreversibles Ende findet.[37] Insofern der Buddha als Entdecker der „todlosen Sphäre"[38] (amata-dhātu/amatam-adhigatam)

---

[34] Keller-Grimm, M., *Buddhistische Mystik*, in: Yāna. Zeitschrift für Buddhismus und religiöse Kultur auf buddhistischer Grundlage. Vol. 31 (1978), Heft 4, S. 134.

[35] Scheler, M., *Tod und Fortleben*, in: Scheler, M., Zur Ethik und Erkenntnistheorie. Schriften aus dem Nachlass. Band I. Neue Geist, 1933, S. 6.

[36] Scheler, M., *Vom Sinn des Leides*; in: Scheler, M., Schriften zur Soziologie und Weltanschauungslehre. Gesammelte Werke. Band 6. Francke, Bern 1963, S. 54.

[37] Zur Annahme und Überwindung des Todes im buddhistischen Heilsweg sh. Schmidt-Leukel, P., *Die Bedeutung des Todes für das menschliche Selbstverständnis im Pali-Buddhismus.* EOS, München 1984, insbes. S. 209–213 zur Vorwegnahme des Todes in der Versenkung.

[38] Vgl. Mahācundasutta (Aṅguttaranikāya 6:46). In: Ñāṇaponika, *Die Lehrreden des Buddha aus der Angereihten Sammlung. Aṅguttara-Nikāya.* Aus dem Pāli übersetzt von Nyanatiloka. Überarbeitet und herausgegeben von Nyanaponika. Neue Gesamtausgabe in Bänden. Aurum, Braunschweig 1993, Bd. 3, S. 208.

die „Tore zum Todlosen“[39] (amatassa dvārā) von innen her aufgestoßen und die „Trommel des Todlosen“[40] (amatadundubhin) geschlagen hat, um den Menschen vom Wiedertod dauerhaft zu befreien, ist die buddhistische Heilslehre entscheidend durch die Erfahrung des Todes geprägt und zentral auf dessen existentielle Überwindung hingeordnet.[41] Diese konstitutive Erfahrung der Allgegenwart und Transzendenz des Todes im „Unbedingten“ (asaṅkhata) hat in der vielzitierten Legende der „hageren Gotamī“ (pāli kisāgotamī; skr. kṛśāgautamī) sowie der dramatischen Geschichte der sogenannten „Vier Ausfahrten“ in der typologisch ausgestalteten Buddha-Legende anschauliche Gestalt gewonnen.[42] Unfähig den frühen Tod ihres einzigen Kindes zu akzeptieren und überwältigt von existentiellem Leid, trägt Kisāgotamī den Leichnam ihres Sohnes fest umklammert zum Buddha mit der verzweifelten Bitte, ihn zu heilen und wieder zum Leben zu erwecken. Der Buddha erwidert, dass er ihren Sohn nur mittels weißer Senfkörner zurückbringen könne, dieses Heilmittel gegen den Tod aber aus einem Haus stammen müsse, in dem noch nie zuvor ein Mensch gestorben sei. In neu entbrannter Hoffnung eilt Kisāgotamī von Haus zu Haus, um schließlich zur illusionslosen Einsicht zu gelangen, dass der ubiquitäre Tod eine unabwendbare Folgen jeden Lebens ist und niemanden im unaufhörlichen Strom des Werdens verschont. Für Kisāgotamī wird der traumatisierende Tod ihres Kindes zum lebensgeschichtlich entscheidenden Erfahrungsanlass, um der existentiell frustrierenden Welt in ihrer wesenhaften Allvergänglichkeit konsequent zu entsagen, der Gemeinschaft des Buddha beizutreten und seiner Lehre und Praxis gemäß nach der endgültigen

39 Vgl. Pāsarāsisutta (Majjhimanikāya 26). In: *Bodhi, B. und B. Ñāṇamoli, The Middle Length Discourses of the Buddha. A Translation of the Majjhima Nikāya.* Original Translation by Bhikkhu Ñāṇamoli. Translation edited and revised by Bhikkhu Bodhi. Wisdom Publications, Boston 2009, S. 261.

40 Vgl. Ebd., 26, S. 263.

41 Im Saṃyuttanikāya (43:14–43) erklärt der Buddha in einer eindrucksvollen Reihe, dass er die Wahrheit (sacca), das Jenseitige (pāra), das Bleibende (dhuva), das Unauflösliche (apalokita), das Unsichtbare (anidassana), das Akosmische (nippapañca), das Friedvolle (santa), das Glück, (siva) den Frieden (khema), die Erlösung (mutti), usw. sowie den dorthin führenden Pfad zeige. In: Saṃyuttanikāya (43:14–43). In: Hecker, H., Buch IV. *Salāyatana-Vagga. Buch V. Mahā-Vagga*; in: Die Reden des Buddha. Gruppierte Sammlung. Saṃyutta-Nikāya. Beyerlein & Steinschulte, Herrnschrot 2003, S. 200f.

42 Für eine Übersicht aller mit Kisāgotamī befassten Pāli-Quellen und deren chinesische Parallelen sowie zur Rezeption ihrer Legende im Tamil-Epos *Maṇimēkalai* siehe Anālayo, B., *Daughters of the Buddha. Teachings by ancient Indian Women. Foreword by Bhikkhunī Dhammanandā.* Wisdom Publications, Somerville 2022, S. 47–54; Collett, A., *Lives of Early Buddhist Nuns. Biographies as History.* Oxford University Press, New Delhi 2016,S. 39–46.

Überwindung der Todesfurcht und Daseinsangst in der diesseitigen Verwirklichung des nirvāṇa zu streben.

Wie bei Kisāgotamī kommt auch der todesverdrängende und unbekümmerte Lebensdünkel des Siddhārtha Gautama (ca. 450–370 v. Chr.) erst durch eine existentielle Konfrontation mit der Todesverfallenheit und Leidhaftigkeit allen Daseins zu einem erschütternden Ende. In der klassischen Erzählung der „Vier Ausfahrten" trifft Siddhārtha zum ersten Mal in seinem vormals behüteten Leben als Prinz auf einen Alten, Kranken und Toten sowie einen in die Hauslosigkeit ausgezogenen und selbstbeherrschten Asketen (pabbajita), die für ihn zum ausschlaggebenden Anstoß zur Weltflucht und Askese werden.[43] Nach den späteren Ausgestaltungen der Legende in der Nidānakathā und dem Lalitavistara sind es die Götter selbst, die sich Siddhārtha in diesen vier Gestalten präsentieren, um ihn auf den vorgezeichneten Weg zur Weltflucht und göttlich vorherbestimmten Buddhaschaft zu führen.[44] Um alles welthafte Dasein zu transzendieren lässt sich Siddhārtha unmittelbar nach seinem Auszug in die Hauslosigkeit zunächst von zwei Yogalehrern namens Āḷāra Kālāma (skt. Ārāḍa Kālāpa) und Uddaka Rāmaputta (skt. Rudraka Rāmaputra) in enstatischen Kontemplationspraktiken unterweisen.[45] Von Āḷāra Kālāma, der Aśvaghoṣas (1./2. Jh. n. Chr.) *Buddhacarita* zufolge ein Anhänger des Sāṅkhya-Yoga war, erlernt Siddhārtha die Versenkung in die Sphäre der Nichtsheit (ākiñcaññāyatana) als Inbegriff seiner Heilslehre, während Uddaka Rāmaputta ihn darüber hinaus zu einem Zustand der Weder-Wahrnehmung-noch-Nicht-Wahrnehmung (nevasaññānasaññayatana) führt, die er aber beide als letztlich insuffiziente Vorstufen zum „unvergleichlichen Yoga-Frieden" (anuttara yogakkhema) in

---

43 Diese Episode entstammt ursprünglich einem Text über die sechs Buddhas der Vorzeit (pāli Mahāpadānasutta; skt. Mahāvadānasūtra) und bezieht sich hier nicht auf den historischen Buddha, sondern ist Teil der legendarischen Lebensbeschreibung des Buddha Vipassī (skt. Vipaśyin). Weitere Motive, die Siddhārtha den unterschiedlichen Fassungen der Buddhalegende zufolge zur Weltflucht bewegt haben sollen sowie Analogien und Differenzen der jeweiligen Lebensbeschreibungen untereinander diskutiert Klimkeit, H.-J., *Der Buddha. Leben und Lehre.* Kohlhammer, Suttgart 1990.

44 Vgl. Nidānakathā. In: Dutoit, J., Jātakam. *Das Buch der Erzählungen aus früheren Existenzen Buddhas. Siebenter Band.* Theosophisches Verlagshaus, Leipzig 1921, S. 106ff. Vgl. Lalitavistara. In: Waldschmidt, E., *Die Legende vom Leben des Buddha.* Dharma Edition, Hamburg 1991, S. 85ff.

45 Vgl. Ariyapariyesanāsutta (Majjhimanikāya 26). In: *Bodhi, The Middle Length Discourses*, S. 256–259. Vgl. Wynne, A., *The Origin of Buddhist Meditation.* Routledge, London und New York 2007, S. 8–23.

der „unbedingten Sphäre“[46] (asaṅkhatādhātu) des nirvāṇa ablehnt.[47] Das anhaftende Ergreifen und Festhalten (upādāna) dieses Zustands der Weder-Wahrnehmung-noch-Nicht-Wahrnehmung, dessen Verwirklichung lediglich zur körperlosen Wiedergeburt in der korrespondierenden Sphäre der reingeistigen Formlosigkeit (arūpāvacara/arūpaloka) im „Apex des Universums“ (bhavāgra) führt, wird der Buddha dann als letztes Hindernis zum Eingehen in das Todlose (amata) beschreiben, durch dessen Überschreitung man das nirvāṇa als letzte Befreiung des Geistes von jeglicher Anhaftung erlangt.[48]

In der systematisierten Form der buddhistischen Meditations- und Kontemplationslehre, wie sie in den späteren Lehrreden des Pāli-Kanons erscheint, tauchen beide vorbuddhistischen Stufen im Zusammenhang mit den sogenannten „formlosen“ bzw. „immateriellen Versenkungszuständen“ (arūpa-jhāna) allerdings wieder auf. Über die Unendlichkeit des als feinstofflich vorgestellten Raumäthers (ākāsanañcayatana) führt der Weg sukzessiver Entleerung und gradueller Vereinfachung zur Unendlichkeit des Bewusstseins (viññānañcāyatana), das nach der darauffolgenden Erkenntnis der Nichtsheit als letztmöglichem Objekt nun selbst erlischt und im Durchgang durch eine Phase der Weder-Wahrnehmung-noch-Nicht-Wahrnehmung in dem abschließenden Trancezustand der vollendeten Unterdrückung aller Wahrnehmungen und Empfindungen (saññā-vedayita-nirodha-samāpatti) endet, der im Aṅguttaranikāya nicht nur als das „Ende der Welt“[49] (lokassa anta), sondern zudem explizit mit der leibhaftigen Verwirklichung des nirvāṇa identifiziert wird.[50] Hier sind dem Cūḷavedallasutta zufolge alle sprachlichen, körperlichen

46 Vgl. Bahudhātukasutta (Majjhimanikāya 115). In: *Bodhi, The Middle Length Discourses,* S. 927.

47 Vgl. Buddhacarita XII:20–21, 63–65, 85. In: Olivelle, P., *Life of the Buddha by Aśvaghoṣa.* New York University Press, New York 2008, S. 335, 349, 357.

48 Vgl. Āneñjasappāyasutta (Majjhimanikāya 106). In: Bodhi, *The Middle Length Discourses,* S. 872f. Zur buddhistischen Kosmographie, insbesondere in Bezug auf den arūpaloka, sh. Kirfel, W., *Die Kosmographie der Inder nach den Quellen dargestellt.* Olms, Hildesheim 1990, S. 190–198, 207. Zum Parallelismus von Versenkungsstufen und kosmischen Sphären siehe Kottkamp, H., *Der Stūpa als Repräsentation des buddhistischen Heilsweges. Untersuchungen zur Entstehung und Entwicklung architektonischer Symbolik.* Harrassowitz, Wiesbaden 1992, S. 242–245. Vgl. fernerhin die Ausführungen zur unkörperlichen Sphäre in Buddhaghosas Kommentar (Atthasālinī) zur Dhammasaṅgaṇī (6). In: *Ñāṇaponika, Darlegung der Bedeutung (Atthasālinī). Der Kommetar zur Dhammasaṅgaṇi.* Übersetzt v. Bhikkhu Nyanaponika. The Pali Text Society, Oxford 2005, S. 321–340.

49 Lokāyatikasutta (Aṅguttaranikāya 9:39). In: Ñāṇaponika, *Aṅguttara-Nikāya,* a.a.O., Bd. 4, S. 227.

50 Vgl. Anupadasutta (Majjhimanikāya 111). In: Bodhi, *The Middle Length Discourses,*

und geistigen Gestaltungen und Bildekräfte (vacī-/kāya-/citta-saṅkhāra) zu Ende gekommen.[51] Auch im frühbuddhistischen Suttanipāta finden sich eine Reihe von Versen, in denen der „Beruhigung aller Willensäußerungen" (sabba-saṃkhāra-samatha), der „Hemmung aller Wahrnehmungen" (saññaṃ uparodhana) sowie dem „Zurruhekommen des (intentionalen) Bewusstseins" (viññānūpasama) die vollkommene Befreiung des nirvāṇa korrespondiert.[52] Dieser quasi-katatonische Zustand, in dem der Asket den Texten zufolge einem toten Stück Holz gleicht, unterscheidet sich vom Zustand eines Toten nur insoweit, als die Lebenskraft (āyu) nicht aufgezehrt, die Körperwärme (usmā) nicht erloschen und die Sinne (indriyāni) zwar gestillt, aber nicht gebrochen sind.[53] Eine konkrete Schilderung dieser todesgleichen Trance bietet das Māratajjanīyasutta, wonach der Mönch mit dem sprechenden Namen Sañjīva (der „Wiederbelebte") immer wieder mühelos in die nirodhasamāpatti eingetreten sein soll. Bei einer dieser Begebenheiten wurde er von zufällig vorbeiziehenden Bauern (kassakā), Kuh- (gopālakā) und Viehhirten (pasupālakā) am Fuße eines Baumes sitzend entdeckt, die ihn übereinstimmend für tot erklärten und, nachdem sie aus Gras, Holz und Kuhmist einen Scheiterhaufen errichtet hatten, Feuer legten und sich entfernten. Offenbar geschützt durch die Kraft der Versenkung erhob sich Sañjīva am nächsten Morgen unversehrt aus der nirodhasamāpatti, schüttelte seine Kleidungsstücke aus und ging mit Mönchsgewand und Bettelschale ins naheliegende Dorf. Als ihn die Bauern, Kuh- und Viehhirten so sahen, riefen sie aus: „Seltsam! Wunderbar! Dieser Bettel-Asket, der im Sitzen gestorben ist, der ist wieder lebendig geworden."[54]

S. 900–902; Diṭṭhadhammanibbāna (Aṅguttaranikāya 9:51). In: Nāṇaponika, *Aṅguttara-Nikāya*, a.a.O., Bd. 4, S. 236. Vgl. Kāśyapaparivarta 144: „Für einen Mönch, der den Zustand erreichte, [der in] der Vernichtung von Vorstellung und Gefühl [besteht], ist darüber hinaus nichts zu tun, so sagen wir." Weller, F., *Zum Kāśyapaparivarta*. Heft 2. Verdeutschung des sanskrit-tibetischen Textes. Akademie Verlag, Berlin 1965, S. 148.

51 Das erste Erfassen eines Gedankens (vitakka) und das daran anschließende diskursive Denken (vicārā) wird als vacī-saṅkhāra, das Ein- und Ausatmen (assāsapassāsā) als kāya-saṅkhāra sowie Empfindung (vedanā) und Wahrnehmung (saññā) als citta-saṅkhāra definiert. Vgl. Cūḷavedallasutta (Majjhimanikāya 44: 1321). In: Bodhi, *The Middle Length Discourses,* a.a.O., S. 399f.

52 Vgl. Dvayatānupassanāsutta (Suttanipāta 3:12:732 und 735). In: Nāṇaponika, *Sutta-Nipāta. Frühbuddhistische Lehrdichtungen.* Beyerlein & Steinschulte, Stammbach 1996, S. 162f.

53 Vgl. Mahāvedallasutta (Majjhimanikāya 43). In: Langer, R., *Das Bewusstsein als Träger des Lebens. Einige weniger beachtete Aspekte des viññāṇa im Pālikanon.* Arbeitskreis für tibetische und buddhistische Studien, Wien 2001, S. 39-40.

54 Māratajjanīyasutta (Majjhimanikāya 50). In: Nowotny, F., *Der Pāli-Kanon.* Eigenverlag,

4. Zwischen Gnosis und Mystik: Frühbuddhistische Zeugnisse zur nirodhasamāpatti

In seinen beiden wegweisenden Beiträgen *Extase et Spéculation* (Dhyāna et Prajñā) (1929) und *Musīla et Nārada: Le chemin du Nirvāṇa* (1937) hatte der belgische Sanskritist und Buddhologe Louis de La Vallée-Poussin (1869–1938) in den frühkanonischen Texten zwei divergierende und miteinander konfligierende Erlösungswege zum nirvāṇa voneinander unterschieden und damit eine bis heute andauernde Kontroverse über Ursprung, Entwicklung und Verhältnis frühbuddhistischer Meditations- und Kontemplationspraktiken angestoßen.[55] Neben einer „gnostischen" Konzeption der Befreiung als einer aus „Weisheit" (paññā) und „richtiger Erkenntnis" (vipassanā) der vier Edlen Wahrheiten erwachsenden „Einsicht" (aññā) fand La Vallée-Poussin in den Quellen einen alternativen „mystischen" Pfad zum Erwachen bezeugt, der die Befreiung an eine aus der „Versenkung" (samādhi) und kontemplativen „Gemütsruhe" (samatha) gewonnene Einswerdung mit der „todlosen Sphäre" (amata-dhātu) des nirvāṇa in der todesgleichen Trance der nirodhasamāpatti knüpft.[56] Er berief sich dabei vor allem auf das Mahācundasutta, das eine Rivalität zwischen kontemplativ gesinnten und dogmatisch orientierten Mönchen (jhāyī/dhammayogā bhikkhū) innerhalb des frühbuddhistischen saṅgha dokumentiert. Während die einen sich als überlegen wähnen, weil sie die „todlose Sphäre" (amata-dhātu) in der inhalts- und bestimmungslosen Enstase mit „dem Körper berührt haben" (kāyena phusitvā viharanti) und intellektuelle Anstrengungen als leere Scholastik denunzieren, rühmen sich die anderen Mönche, das nirvāṇa mit „Weisheit durchdrungen" (paññāya ativijjha passantī) und damit das allein heilskonstitutive Wissen verwirklicht zu haben.[57] In einem im Kosambī-sutta überlieferten Gespräch der titelgebenden Protagonisten Musīla und Nārada mit

Köln 1976, S. 90.

55 Vgl. La Vallée-Poussin, L. d., *Exstase et Spéculation (Dhyāna et Prajñā)*, in: Indian Studies. In Honor of Charles Rockwell Lanman. Harvard University Press, Cambridge 1929, S. 135. Eine umfassende Darstellung des Forschungsdiskurses würde den Rahmen der vorliegenden Abhandlung überschreiten. Eine erste Übersicht bietet die Replik auf die Kritik an Vallée-Poussins Kritikern von Alexander Wynne bei Anālayo, B., *On the Two Paths Theory: Replies to Criticism*, in: Journal of Buddhist Studies. Vol. 15, 2018, S. 1–22.

56 Vgl. La Vallée-Poussin, L. d., *Musīla et Nārada. Le Chemin du Nirvāṇa*, in: Mélanges Chinois et Bouddhiques. Vol. 5 (1937), S. 190f.

57 Vgl. Mahācundasutta (Aṅguttaranikāya 6:46). In: Ñāṇaponika, *Aṅguttara-Nikāya*, a.a.O., Bd. 3, S. 207–208.

dem Mönch Saviṭṭha fand Vallée-Poussin einen weiteren Beleg für diese wechselseitig miteinander rivalisierenden Heilsexklusivismen intrareligiöser Provenienz. Während Musīla gegenüber Saviṭṭha erklärt, dass er aus eigener Erkenntnis und Einsicht darum wisse (aham etaṃ jānāmi aham etaṃ passāmi), dass das nirvāṇa die „Aufhebung des Werdens" (bhava-nirodho nibbānaṃ) sei und die Bemerkung Saviṭṭhas, dann müsse er ein „Heiliger" (arahant) sein, durch Schweigen bestätigt, erklärt Nārada, dass er ebenfalls aus eigener Erkenntnis und Einsicht um die „Aufhebung des Werdens" im nirvāṇa wisse, aber dennoch kein „Heiliger" (arahant) sei.[58] Als Erklärung gibt Nārada das folgende Gleichnis:

> *„Gerade so, Verehrter, wie wenn da am Wege durch eine Wildnis ein Brunnen wäre. Es wäre da aber kein Wasserkrug mit einem Seil. Und es käme da ein Mann herbei, von Hitze gequält, von Hitze erschöpft, ermüdet, lechzend, durstig. Der erblickte den Brunnen, und er wüßte auch: es ist Wasser drinnen; aber er vermöchte es doch nicht mit dem Körper zu berühren. Ganz ebenso, Verehrter, habe ich, daß Aufhebung des Werdens Nirvana ist, der Wirklichkeit gemäß in richtiger Erkenntniswohl gesehen; aber ich bin kein Arahant, bei dem die weltlichen Einflüsse vernichtet sind."*[59]

Im Anschluss an Vallée-Poussins „Theorie der zwei Pfade" hat Richard Gombrich der vermeintlichen Polemik mystisch gesinnter Mönche das Susīmaparibbājakasutta als Gegenrede der rationalistisch ausgerichteten Mönche entgegengestellt.[60] Der Text berichtet, wie der in die Hauslosigkeit ausgezogene Susīma (pabbajita) sich

58 Die kanonischen Texte unterscheiden mit dem „in den Strom Eingetretenen" (sotāpanna), dem „Einmalwiederkehrenden" (sakadāgāmī), dem „Niewiederkehrenden" (anāgāmī) sowie dem „Vollkommen-Heiligen" (arahant) insgesamt vier Heiligkeitsgrade voneinander. Vgl. Schmidt-Leukel, P., *Reinkarnation und spiritueller Fortschritt im traditionellen Buddhismus*, in: Die Idee der Reinkarnation in Ost und West. Hrsg. v. P. Schmidt-Leukel. Diederichs, München 1996, S. 43–51. Allein dem Anāgāmī und Arahant ist es den Quellen zufolge überhaupt möglich, die nirodhasamāpatti kontemplativ zu verwirklichen. Vgl. die entsprechende Darstellung im Abhidhammatthasaṅgaha 240. In: Ñāṇatiloka, *Handbuch der Buddhistischen Philosophie (Abhidhammata-Saṅgaha)*. Jhana, Uttenbühl 1995, S. 153f.

59 Kosambī-sutta (Saṃyuttanikāya 12:86). In: Geiger, W., *Buch I. Sagātha-Vagga. Buch II. Nidāna-Vagga*; in: Die Reden des Buddha. Gruppierte Sammlung. Saṃyutta-Nikāya. Beyerlein & Steinschulte, Herrnschrot 2003, S. 163f. Siehe dagegen mit weiterführenden Literaturhinweisen Bodhi, B., *Susīma's Conversation with the Buddha: A Second Study of the Susīma-sutta*, in: The Journal of the Pali Text Society. Vol. 30 (2009), S. 33–80; Anālayo, B., *Early Buddhist Meditation Studies*. Barre Center for Buddhist Studies, Barre 2017, S. 90–101.

60 Vgl. Gombrich, R. F., *How Buddhism Began. The conditioned genesis of the early teachings*. Routledge, London 2006, S. 96–133. Vgl. Susimaparibbājakasutta (Saṃyuttanikāya 12:70). In: Geiger, *Die Reden des Buddha*, a.a.O., S. 165–178.

in betrügerischer Absicht dem Orden des Buddha anschließt, um durch den „Diebstahl der buddhistischen Lehre“ (dhammatthenaka) das Ansehen seiner eigenen Gruppe bei den Dorfbewohnern zu steigern, auf dass sie fortan ebenso gut versorgt werde wie die buddhistische Gemeinde. Nach seiner erfolgreichen Aufnahme in den saṅgha wohnt er zahlreichen Mönchen bei, die gegenüber dem Buddha selbstbewusst ihre Befreiung proklamieren. Auf seine anschließende Frage, ob sie auch über die Arahants zugesprochenen Geisteskräfte (abhiññā) verfügen und immaterielle Versenkungsstufen gemeistert haben, verneinen diese die Notwendigkeit beider zur Erlangung der Befreiung und erklären, dass sie „Wissenserlöste“ seien (paññāvimuttā kho mayaṃ).[61] Irritiert wendet sich Susīma an den Buddha, der die Befreiung der Mönche bestätigt und ihn anhand einer Lehrrede über das „Entstehen in Abhängigkeit“ (paṭicca-samuppāda) selbst zu einer ersten Erkenntnis der befreienden Wahrheit unabhängig übernatürlicher Geisteskräfte und immaterieller Vertiefungen führt, die ihn zur Bekenntnis seiner Schuld und reuevollen Umkehr bewegt.[62] Die buddhistische Lehre (dhamma) zu hören und von ihr wie Susīma unmittelbar verständig ergriffen zu werden, erscheint dann auch als eine der fünf in den Lehrreden beschriebenen „Sphären der Befreiung“ (pañca vimuttāyatanāni), die zu intensiver Freude (pīti) führt, infolge derer wiederum der Körper zur Ruhe gelangt (passaddhakāya), die Empfindung von Glück entsteht (sukha) und sich der Geist eint und konzentriert sammelt (cittaṃ samādhiyati).[63]

61 Zu den übernatürlichen Fähigkeiten zählen magische Kräfte (iddhi), das „himmlische Ohr“ (dibba-sota), das Wissen um die Gedanken anderer (parassa ceto-pariya-ñāna), die Erinnerung an frühere Geburten (pubbe nivāsānussati), das „himmlische Auge“ (dibba-cakkhu) sowie das Wissen um die Vernichtung der „unheilvollen Einströmungen“ (āsava-kkhaya). Vgl. Weber, C., *Wesen und Eigenschaften des Buddha in der Tradition des Hīnayāna-Buddhismus*. Harrassowith, Wiesbaden 1994, S. 52–57.

62 Vgl. Susimaparibbājakasutta (Saṃyuttanikāya 12:70). In: Geiger, *Die Reden des Buddha*, a.a.O., S. 174–178. Der paṭiccasamuppāda beschreibt das bedingte Entstehen existentieller Frustration (dukkha) anhand einer stereotypen Formel von zwölf, seltener zehn aufeinander folgender und kausal miteinander verknüpfter Glieder (nidāna), die sich über drei Wiedergeburten erstrecken und „mit dem Strich“ (anuloma = 1→12) oder „gegen den Strich“ (pratiloma = 1←12) gelesen werden können: Rückwärts gelesen werden Alter-und-Sterben (jarāmaraṇa) über Geburt (jāti), Werden (bhava), anhaftendes oder aneignendes Ergreifen (upādāna), Begehren (tanhā), Empfindung (vedanā), Eindruck bzw. „Berührtwerden“ (phassa), die sechsfache Basis der Sinnesvermögen (salāyatana), Name-und-Form (nāmarūpa), intentionales Bewusstseins (viññana) und Willensregungen (sankhāra) auf das Nichtwissen (avijjā) zurückgeführt.

63 Vgl. Vimuttāyatanasutta (Aṅguttaranikāya 5:26). In: Nāṇaponika, *Aṅguttara-Nikāya*, Bd. 3, a.a.O., S. 19f. Die fünf Möglichkeiten zur Erlangung der Befreiung ergeben sich beim Hören des Dhamma, beim Lehren des Dhamma, beim Rezitieren des Dhamma, beim Meditieren des Dhamma und während der Durchdringung der Lehre mit Weisheit in der Versenkung.

Das Susīmaparibbājakasutta lässt allerdings offen, ob die von Susīma konfrontierten Wissenserlösten neben den immateriellen Versenkungszuständen (arūpa-jhānas) auch der im Zentrum frühbuddhistischer Spiritualität stehenden „formhaften" bzw. „feinkörperlichen Vertiefungen" (rūpa-jhāna) ermangeln, deren Verwirklichung als „rechte Versenkung" (sammā-samādhi) im Edlen achtfachen Pfad fest verankert und als integraler Bestandteil frühbuddhistischer Praxis normalerweise untrennbar mit der Erlangung der Befreiung verbunden ist.[64] Erst in der Kommentarliteratur wird mit dem Begriff des „auf bloße Erkenntnis Gestützten" (sukkhavipassaka) die Notwendigkeit aller Versenkungszustände (jhānas) für den „Wissenserlösten" (paññāvimutta) explizit verneint (nijjhānaka).[65] In den Nikāyas wird die Erlösung hingegen primär im Kontext der letzten der insgesamt vier feinkörperlichen Versenkungszustände (rūpa-jhānas) thematisch, die als emotionsloser Zustand überwachen Bewusstseins und maximaler Geistesklarheit charakterisiert wird, der es dem Meditierenden erlaubt, jeden beliebigen Erkenntnisgegenstand mit seinem durch die Vertiefung „gesammelten" (samāhita), „gereinigten" (parisuddha), „geläuterten" (pariyodāta), „makellosen" (anaṅgaṇa), „von Geistesbefleckungen freien" (vigatūpakkilesa), „geschmeidigen" (mudubhūta), „wirkungsfähigen" (kammaniya), „stetigen" (ṭhita) und „unerschütterlichen" (āneñjappatta) Geist (citta) in vollkommener Weise mit letztgültiger Evidenz zu erkennen und zu sehen, „wie er wirklich ist" (yathābhūta-ñāṇadassana). Der überklare Geist wird hier auf die erlösende Erkenntnis der vier Edlen Wahrheiten der existentiellen Frustration (dukkha), ihres Ursprungs (samudaya), ihrer Vernichtung (nirodha) und des zu ihrer Vernichtung führenden Pfades (magga) gerichtet, wodurch die erlösungskonstitutiven Grundlehren der buddhistischen Daseinsanalyse nicht nur theoretisch mit beglückender Gewissheit wahrheitsgemäß erkannt, sondern durch das begrifflich nicht mehr strukturierte Erlebnis der transzendenten Wirklichkeit des nirvāṇa als

---

Vgl. Anālayo, B., *Vom Verlangen zur Befreiung. Exkursionen in die Gedankenwelt der Pāli-Lehrreden*. Beyerlein & Steinschulte, Stammbach 2012, S. 149–152.

64 Vgl. Mahāsatipaṭṭhānasutta (Dīghanikāya 22). In: Walshe, M., *The Long Discourses of the Buddha*. A Translation of the Dīgha Nikāya. Wisdom Publications, Boston 1995, S. 349.

65 So heißt es in der Sāratthappakāsinī (Saṃyuttanikāya-aṭṭhakathā 2:127) zur Selbstbezeichnung der Mönche als Wissenserlöste: „We are without jhāna [nijjhānakā], dry-insight meditators [sukkhavipassakā] liberated simply by wisdom only." Bodhi B., *The Susīma-sutta and the Wisdom-Liberated Arahant*; in: The Journal of the Pali Text Society. Vol 29, 2007, S. 51–75. Eine umfassende Studie des sukkhavipassaka bietet Wen, T., *A Study of Sukkhavipassaka in Pāli Buddhism*. Dissertation, University of Queensland 2009. Ob damit tatsächlich jegliche Form spiritueller Praxis ausgeschlossen werden soll, kann mit Anālayo zurecht bezweifelt werden. Vgl. Anālayo, *Early Buddhist Meditation Studies*, S. 94.

der eigentlichen und „höchsten edlen Wahrheit“[66] (parama ariyasacca) existentiell verbindlich zur gelebten Wirklichkeit werden.[67] Die „karmisch unheilsame Wurzel“[68] (akusalamūla) wird ausgerissen und der Geist frei von den Befleckungen der Begierde (kāmāsava), des Werdens (bhavāsava) und des Nichtwissens (avijjāsava), wobei im post-enstatischen Wissen um deren Vernichtung (āsavakkhayaññāṇa) das Wissen um die Erlösung entsteht: „Vernichtet ist die Wiedergeburt, vollendet der heilige Wandel, erfüllt die Pflicht, keine Rückkehr gibt es mehr in diese Welt.“[69]

Eine Ausnahme bildet das Jhānasutta, demzufolge alle vier feinkörperlichen (rūpa-) sowie die ersten drei immateriellen (arūpa-) Versenkungszustände (jhānas) als Grundlage für das Erlangen der erlösenden Erkenntnis und die Vernichtung der Befleckungen (āsavanirodha) dienen können. Der Zustand der Weder-Wahrnehmung-noch-Nicht-Wahrnehmung sowie die nirodhasamāpatti werden von dieser Möglichkeit allerdings explizit ausgenommen, weil ein „Durchstoßen zur erlösenden Einsicht“ (aññāpaṭivedha) nur in einer „mit Wahrnehmung verbundenen Versenkung“ (saññāsamāpatti) möglich sei.[70]

---

[66] Vgl. Dhātuvibhaṅgasutta (Majjhimanikāya 140). In: Bodhi, *The Middle Length Discourses*, S. 1093.

[67] Vgl. Jhānābhiññasutta (Saṃyuttanikāya 16). In: Geiger, *Die Reden des Buddha*, S. 270–276. Bhikkhu Anālayo zufolge handelt es sich bei der vierfachen Wahrheit um das Ergebnis einer retrospektiven Reflexion auf die singuläre Wahrheit des nirvāṇa: „[T]he proper place of insightful conceptualization in terms of the four truths appears to be before and after the actual realization of the one truth of cessation.“ Anālayo, B., *The Signless and the Deathless. On the Realization of Nirvana*. Foreword by Bhante Gunaratana. Wisdom Publications, New York 2023, S. 89.

[68] Vgl. Akusalamūlasutta (Aṅguttaranikāya 3:69). In: Ñāṇaponika, *Aṅguttara-Nikāya*, a.a.O., Bd. 1, S. 176.

[69] Cūḷahatthipadopamasutta (Majjhimanikāya 27:25–26). In: Kottkamp, *Der Stūpa als Repräsentation des buddhistischen Heilsweges*, a.a.O., S. 249.

[70] Vgl. Jhānasutta (Aṅguttaranikāya 9:36). In: Ñāṇaponika, *Aṅguttara-Nikāya*, a.a.O., Bd. 4, S. 224. Das Aṭṭhakanāgarasutta (Majjhimanikāya 52) fügt dieser Liste noch die vier „göttlichen Verweilungszustände“ (brahmavihāra) bzw. „Unermesslichen“ (appamāṇa) hinzu und spricht von insgesamt „elf Toren zum Todlosen“ (ekādasa amatadvārāni). Vgl. Bodhi, *The Middle Length Discourses*, a.a.O., S. 454–459. Zu den vier brahmavihāras, i.e. Wohlwollen bzw. Güte (mettā), Mitfreude (muditā), Mitleid (karuṇā) und Gleichmut (upekkhā), siehe Maithrimurthi, M., *Wohlwollen, Mitleid, Freude und Gleichmut. Eine ideengeschichtliche Untersuchung der vier apramāṇas in der buddhistischen Ethik und Spiritualität von den Anfängen bis hin zum frühen Yogācāra*. Franz Steiner, Suttgart 1999.

In den im Kanon mehrfach überlieferten Listen der „acht Befreiungen“[71] (aṭṭha vimokkhā) und neun „nacheinander erreichbaren Verweilungszustände“[72] (anupubba-vihāra) werden uns die beiden Wege zum nirvāṇa hingegen nicht als alternativ konkurrierende, sondern komplementäre Optionen präsentiert und die nirodhasamāpatti als ein Zustand, der allein durch die kombinierte Meisterschaft in richtiger Erkenntnis (vipassanā) und kontemplativer Gemütsruhe (samatha) erlangt werden kann.[73] Die in der Einwärtswendung zum Todlosen verwirklichten vier immateriellen Versenkungszustände (arūpa-jhānas) werden hier häufig unmittelbar an die vier feinkörperlichen Versenkungszustände (rūpa-jhānas) angeschlossen, sodass eine einzige Sequenz von insgesamt acht sukzessiven Versenkungsstufen entsteht, wobei die überweltliche Wesenheit der Denken, Fühlen und Wollen restlos aufhebenden nirodhasamāpatti als neunte Stufe an jeweils letzter Stelle erscheint und damit den unübersteigbaren Kulminationspunkt markiert.

---

71 Eine stereotype Formulierung der acht Erlösungen findet sich im Vimokkhasutta (Aṅguttaranikāya 8:66): Zu ihnen zählen der Reihe nach „das Sehen materieller Formen, während man materielle Form besitzt“ (rūpī rūpāni passati), „das Sehen äußerer Formen, während innerlich keine Körperlichkeit wahrgenommen wird“ (ajjhattaṃ arūpasaññī bahiddhā rūpāni passati), „zur Wahrnehmung des Schönen geneigt sein“ (subhanteva adhimutto hoti), das Erreichen des Gebietes des Raumäthers, der Bewusstseinsunendlichkeit, der Nichtsheit, der Weder-Wahrnehmung-noch-Nichtwahrnehmung sowie das Erreichen der nirodhasamāpatti. Vgl. Anālayo, *Vom Verlangen zur Befreiung*, a.a.O., S. 136.

72 Die neun „nacheinander erreichbaren Verweilungszustände“ bzw. „Erlöschungen“ (anupubba-nirodha) umfassen die vier rūpa- und vier arūpa-jhānas sowie die nirodhasamāpatti. Vgl. Anupubbanirodha-, Anupubbavihāra- und Anupubbavihārasamāpattisutta (Aṅguttaranikāya 9:31–33). In: Nāṇaponika, *Aṅguttara-Nikāya*, Bd. 4, a.a.O., S. 217–220.

73 Zur Synthese von vipassanā und samatha als Voraussetzung der nirodhasamāpatti vgl. Nirodhasamāpattikathā (Visuddhimagga 23:703). In: Nāṇatiloka, *Visuddhi-Magga oder der Weg zur Reinheit. Die Grösste und älteste systematische Darstellung des Buddhismus.* Verlag Christiani, Konstanz 1975, S. 844. Wie Daniel Malinowksi Stuart anhand einer Analyse des Rahogatakasutta (Saṃyuttanikāya 36:11), des Uppaṭipāṭikasutta (Saṃyuttanikāya 48:40) sowie des Poṭṭhapādasutta (Dīghanikāya 9:17) und seiner Parallelen (Pṛṣṭhapālasūtra; Bùzhāpólóujīng) wahrscheinlich gemacht hat, folgte in einer frühen Beschreibung des buddhistischen Heilspfades der Erlöschungszustand unmittelbar auf das vierte rūpa-jhāna, was gegen die ursprünglich von Friedrich Heiler (1892–1967) und im Anschluss an Heiler u. a. von Johannes Bronkhorst, Winston King (1907–2000) und Tilmann Vetter (1937–2012) vertretene These sprechen würde, die Verbindung der rūpa-jhānas mit der nirodhasamāpatti sei eine nachträgliche Synthese ursprünglich heterogener Heilswege. Vgl. Bronkhorst, J., *The Two Traditions of Meditation in Ancient India.* Steiner, Stuttgart 1986, S. 75–89; Heiler, F., *Die Buddhistische Versenkung. Eine religionsgeschichtliche Untersuchung.* Verlag von Ernst Reinhardt, München 1922, S. 28f.; King, W. L., *Theravāda Meditation: The Buddhist Transformation of Yoga.* Pennsylvania State University Press, University Park 1980, S. 15; Stuart, D. M., *Thinking about Cessation. The Pṛṣṭhapālasūtra of the Dīrghāgama in Context.* Arbeitskreis für Tibetische und Buddhistische Studien, Wien 2013, S. 20–45; Vetter, T., *The Ideas and Meditative Practices of Early Buddhism.* Brill, Leiden 1988, S. xxi–xxii, 63–71.

Dem Rahogataka- und Uppaṭipāṭikasutta zufolge werden auf diesem reduktiven Weg fortschreitender Verinnerlichung und progressiver Selbstentwerdung gezielt alle eintrübenden Gefühls- (vedanā) und Willensregungen (saṅkhāra) nacheinander eliminiert, um schließlich jede wahrnehmungs- und empfindungsbezogene Entzweiung des Geistes zu transzendieren. In der ersten feinkörperlichen Versenkungsstufe (rūpa-jhāna) kommen zunächst die Sprache (vācā) und das körperliche Schmerzempfinden (dukkha) zur Ruhe, während auf der zweiten und dritten Stufe fortgeschrittener Vertiefung auch noch die subtilsten Formen geistiger Aktivität (vitakka/vicārā) ein Ende finden und beim Erreichen der vierten Stufe zusammen mit der aus der Abgeschiedenheit (vivekaja) entstandenen Erfahrung intensiver Freude (pīti), dem Kummer (domanassa) und dem körperlichen Wohlbefinden (sukha) hinter sich gelassen werden. Auf der vierten Ebene werden auch noch die Atmung (assāsapassāsā) und die letzten Reste geistigen Frohsinns (somanassa) inhibiert, woraufhin der Geist in die „Sphäre des unbegrenzten leeren Raumäthers" als der ersten form- und gestaltlosen Vertiefung eintritt. Im Durchgang durch die drei folgenden immateriellen Versenkungszustände (arūpa-jhānas) wird schließlich der Gleichmut (upekkha) als einzig verbliebener Gemütszustand unterdrückt, bis mit dem unvermittelten Eintritt in die differenzlose Einfachheit und Einheit der nirodhasamāpatti die kontemplationsimmanente Abschluss- und Vollendungsgestalt erreicht ist.[74]

Damit ist der zur unzerstörbaren und todlosen Essenz des eigenen Wesens und zur „Vernichtung der Welt führende Pfad"[75] (lokanirodhagāminī paṭipadā) durchschritten, wie es im Lokasutta des Itivuttaka treffend heißt und es ist diese kontemplative Auslöschung der Werdewelt, die es dem Kaccānagottasutta zufolge in der post-enstatischen Reflexion „der Wirklichkeit gemäß mit richtigem Verständnis"[76] (yathābhūtaṃ sammappaññāya) zu betrachten gilt.[77] Auf die Frage

74 Vgl. Rahogataka- und Uppaṭipāṭikasutta (Saṃyuttanikāya 36:11; 48:40). In: Hecker, *Die Reden des Buddha*, a.a.O., S. 129f.; 324ff.

75 Vgl. Lokasutta (Itivuttaka 112). In: Seidenstücker, K., Itivuttaka. *Das Buch der Herrnworte. Eine kanonische Schrift des Pāli-Buddhismus.* Altmann, Leipzig 1922, S. 75.

76 Vgl. Kaccānagottasutta (Saṃyuttanikāya 12:15). In: Geiger, *Die Reden des Buddha,* a.a.O., S. 24.

77 Angesichts der berechtigten Frage von Dan Lusthaus – „[H]ow does superior knowledge emerge from the utter absence of any cognition?" – kann es sich hier nur um eine retrospektive Reflexion handeln, da in der nirodhasamāpatti selbst keine näher spezifizierbare Erkenntnis möglich ist. Lusthaus, D., *Buddhist Phenomenology. A Philosophical Investigation of Yogācāra Buddhism and the Ch'eng Wei-shih lun.* RoutledgeCurzon, London und New York 2006, S. 130. Vgl. Griffiths, P. J., *On Being Mindless. Buddhist Meditation and the Mind-Body*

einer Gottheit (devatā), ob der Buddha die Erlösung (nimokkha), Loslösung (pamokkha) und innere Abgeschiedenheit (viveka) der Wesen (sattāna) kenne, erklärt er diese im Nimokkhasutta als die „vollständige Zerstörung der Freude am Werden“ (nandībhava-parikkhayā), als „Auflösung von Wahrnehmung und Bewusstsein“ (saññā-viññāṇa-saṅkhayā) und „Erlöschen und zur Ruhe Gelangen der Empfindungen“[78] (vedanānaṃ nirodhā upasamā). Es ist der Eingang in jenen weltenthobenen Zustand, von dem es im Poṭṭhapādasutta heißt, dass hier das intendierende und gestaltende Bewusstsein (ceteti/abhisaṅkharoti) restlos vernichtet (abhisaññānirodha) ist.[79] Diese mentale Selbstvernichtung wird nur noch von einem bei Prajñāvikrama (kor. Hyech'o; chin. Huìchāo; 704–787) überlieferten Fragment aus dem Mahākauṣṭhilasūtra übertroffen, das die aus dem Brahmanismus entlehnte Technik des „yogischen Suizids“ (utkrānti) als äußerste Option für den buddhistischen Yogī beschreibt, um ein vorzeitiges Eingehen in das restlose Erlöschen (parinirvāṇa) zu forcieren und irreversibel in die körper- und todlose Absolutheit zu sterben: „Der Arhat tritt in die Unterdrückungsversenkung ein, produziert sodann auf übernormale Weise (nirmā) Feuer, verbrennt [damit] seinen Leib und geht ins restlose Erlöschen ein.“[80]

Was bleibt? Einen ersten Hinweis bietet das Dutiyasikkhattayasutta. Dort heißt es, dass mit der Vernichtung des (intentionalen) Bewusstseins (viññāṇassa nirodhena) und befreit durch das Versiegen des Begehrens (taṇhākkhaya-vimuttino), gleichwie das Licht einer Lampe erlischt (pajjotass' eva nibbānaṃ), auch der Geist befreit wird (vimokkho hoti cetaso).[81] Der selbst unbedingte Geist wird durch das Erlö-

---

Problem. Open Court, La Salle 1986, S. 22.

78 Vgl. Nimokkhasutta (Saṃyuttanikāya 1:2). In: Geiger, *Die Reden des Buddha*, a.a.O., S. 2f.

79 Vgl. Poṭṭhapādasutta (Dīghanikāya 9:17). In: Walshe, *The Long Discourses of the Buddha*, a.a.O., S. 162f.

80 Chéng wéishí lùn liǎo yì dēng. In: Schmithausen, L., *Der Nirvāṇa-Abschnitt der Viniścayasaṃgrahaṇī der Yogācārabhūmiḥ*. Böhlau, Wien 1969, S. 124. Das Mahākauṣṭhilasūtra des Madhyamāgama der Sarvāstivāda-Schule entspricht dem Mahāvedallasutta (Majjhimanikāya 43) und wird von Prajñāvikrama in dessen Kommentar zu Xuánzàngs (ca. 600–664 n. Chr.) Vijñaptimātratāsiddhiśāstra zitiert. Zur realen Selbstvernichtung im „yogischen Suizid“ sh. ausführlich Völker, F., *„Die Stätte der Vernichtung unsrer selber in der Wurzel“ – Zur transzendentalen, mentalen und realen Selbstvernichtung am Absoluten*; in: Transzendentalität und Transkulturalität. Hrsg. v. M. Bunte u. F. Völker. WBG Academic 2024 (im Erscheinen). Zum Phänomen des (bewussten) „psychogenen Todes“, der ohne relevanten pathologisch-anatomischen Befund eintritt, sh. Schmid, G. B., *Tod durch Vorstellungskraft. Das Geheimnis psychogener Todesfälle*. Springer, Wien u. New York 2010.

81 Vgl. Dutiyasikkhattayasutta (Aṅguttaranikāya 3:90). In: Ñāṇaponika, *Aṅguttara-Nikāya*, a.a.O., Bd. 1, S. 204.

schen des bedingten Bewusstseins in der nirodhasamāpatti also nicht vernichtet, sondern lediglich transzendent, wie der Seher Bhṛgu die postmortale Existenzweise der Seele (jīva) bereits im Mahābhārata durch einen Vergleich mit einem Feuer bestimmt, dessen Brennstoff aufgezehrt ist. Die Seele (jīva) ist wie der ins nirvāṇa eingegangene Geist phänomenologisch (ontisch) nicht mehr „da" (na vidyate), gleichsam unsichtbar (na dṛśyate) und unfassbar (na gṛhyate) geworden, weil sie in der erfahrbaren Welt der Phänomenalität keine Stätte und Stütze (nirāśraya) mehr hat.[82] Der Brennstoff wird in der buddhistischen Adaption dieses Gleichnisses mit den fünf Daseinsgruppen (pañca-skandhā) der materiellen Form (rūpa), der Empfindungen (vedanā), der Wahrnehmung (saññā), der Willensregungen (saṅkhārā) und des Bewusstseins (viññāṇa) gleichgesetzt, aus denen sich die Totalität der menschlichen Persönlichkeit konstituiert und deren reziproke Interaktion die Illusion eines festgefügten und persistierenden Selbst (ātman) erzeugt. Frei von jeder Identifikation mit einer dieser Daseinsgruppen ist der im nirvāṇa erloschene Geist „tiefgründig, unermesslich und unergründlich wie das große Meer (gambhīro appameyyo duppariyogāḷho)."[83] Entsprechend heißt es über den Bewusstseinserloschenen im Suttanipāta, dass er wie eine erloschene Flamme „nicht mehr in Benennung eingeht" (na upeti saṅkhaṃ), denn mit der Aufhebung (samūhata) aller Dinge (dhammā) seien auch „aller Rede Pfade"[84] (vādapathāpi sabbe) abgetan.

Nach dem Erlöschen des Bewusstseins bleibt diesen frühbuddhistischen Textzeugnissen zufolge also ein irreduzibles, irreflexives und in der Absolutheit absorbiertes „Bewusstsein" übrig, das als unzerstörbares Residuum der Selbstvernichtung jede kategoriale Objektivierung innerweltlicher Erfahrung von sich ausschließt. Buddhaghosa identifiziert es in seinem Kommentar (Sumaṅgalavilāsinī) zum Kevaṭṭasutta explizit mit dem unverursachten nirvāṇa (nibbānassa nāmaṃ), während er das vernichtete viññāṇa davon als intentionales und zu überwindendes Bewusstsein

[82] Vgl. Bhṛgubharadvājasaṃvāda (Mahābhārata 12:180 [187 bei Deussen]: 5–6). In: Deussen, P., *Vier Philosophische Texte des Mahâbhâratam: Sanatsujâta-Parvan – Bhagavadgîtâ – Mokshadharma – Anugîtâ*. Brockhaus, Leipzig 1906, S. 159. Zur buddhistischen Feuermetaphorik siehe Ñāṇananda, B., *Concept and Reality in Early Buddhist Thought. An Essay on 'Papañca' and 'Papañca – Saññā – Saṅkhā'*. Buddhist Publication Society, Kandy 1976, S. 107–111 und Anālayo, *The Signless and the Deathless*, a.a.O., S. 105–109, 116–123.

[83] Vgl. Aggivacchagottasutta (Majjhimanikāya 72). In: Bodhi, *The Middle Length Discourses*, S. 593.

[84] Vgl. Upasīvamāṇavapucchā (Suttanipāta 5:6:1074–1076). In: Ñāṇaponika, a.a.O., *Sutta-Nipāta*, S. 217f.

unterscheidet (carimaka-viññāṇaṃ pi abhisaṅkhāra-viññāṇaṃ pi).[85] In jenem nirvāṇischen Bewusstsein, das „unsichtbar“ (anidassana), „grenzenlos“ (ananta) und „nach allen Seiten strahlend“ (sabbatopabha) ist, da haben „Name und Form“ (nāma-rūpa) als Inbegriff der Totalität des Wirklichen restlos aufgehört, wie der Buddha in einer Lehrverkündigung erklärt.[86] Dieses reine, von allen Bestimmungen freie und über Name und Form erhabene Bewusstsein ist existenzidentisch mit jener weltlosen Seinssphäre (āyatana) „ohne Grundlage“ (appatiṭṭha), „ohne Anfang“ (appavatta) und „ohne Objekt“ (anārammaṇa), die im Udāna nicht nur als Ende des Leides und nirvāṇa bestimmt, sondern auch jenseits der vier „immateriellen Versenkungszustände“ (arūpa-jhāna)“ verortet und auf diese Weise mit der durch die nirodhasamāpatti erlangten „Vernichtungssphäre“ (nirodha-dhātu) identifiziert wird.[87] Diese „Vernichtungssphäre“ erscheint im Sattadhātusutta wiederum als letzte von insgesamt sieben „Sphären“ (dhātu) und wird in kanonischen und postkanonischen Quellen zudem mit der „Nirvāṇa-Sphäre“ (nibbāna-dhātu) gleichgesetzt.[88] Der dem saṃsāra entrückte Geist, der an der „Allhaftigkeit von Allem“ (sabbassa sabbattena) nicht Anteil hat, ist also keineswegs „leer“ (ritta) und

---

[85] Vgl. Sumaṅgalavilāsinī (11:85). In: Stede, W., *The Sumaṅgala-Vilāsinī. Buddhaghosa's Commentary on the Dīgha-Nikāya. Part II (Suttas 8-20).* Luzac & Company, London 1931, S. 393f. Vgl. Bhaṭṭācārya, K., *Unity in Diversity: Anattā revisited*; in: Sanskrit Studies Centre Journal. Vol. 2, 2006, S. 1–7, S. 5.

[86] Vgl. Kevaṭṭasutta (Dīghanikāya 11). In: Langer, *Das Bewusstsein als Träger des Lebens,* S. 51.

[87] Vgl. Paṭhamanibbānapaṭisaṃyuttasutta (Udāna 8:1). In: Seidenstücker, K., *Udāna. Das Buch der feierlichen Worte des Erhabenen. Eine kanonische Schrift des Pāli-Buddhismus.* Schloss, München 1920, S. 90.

[88] Das Dhātusutta (Itivuttaka 51) identifiziert die Verwirklichung des nirodhadhātu mit der Realisierung der „todlosen Sphäre“ (amata-dhātu), wobei es sich um ein Synonym für den nibbānadhātu handelt. Vgl. Seidenstücker, *Itivuttaka,* a.a.O., S. 32. Die sieben dhātus sind der Reihe nach die Sphäre des Lichtes (ābhā), die Sphäre des Schönen (subha), die vier immateriellen Sphären sowie der abschließende nirodhadhātu, der als „Erreichungszustand des Erlöschens“ (nirodhasamāpatti pattabbā) nur durch die Unterdrückung jeglicher Gemütstätigkeit (citta-saṅkhāra) erlangt werden kann. Vgl. Sattadhātusutta (Saṃyuttanikāya 14:11). In: Geiger, *Die Reden des Buddha,* a.a.O., S. 203–206. In der Überlieferung des Textes zeigen sich in dieser Hinsicht allerdings signifikante Abweichungen, insofern die nirodhasamāpatti als Mittel zur Erlangung (prāptavya) des nirodhadhātu verschiedentlich durch eine „Versenkung des Erlöschens der Persönlichkeit“ (satkāya-nirodha-samāpatti) oder eine „reine“ (anāsrava) Versenkung ersetzt wird, während Harivarman (ca. 250–350 n. Chr.) die Verwirklichung des nirodhadhātu an eine Versenkung knüpft, in der „alle verursachten Daseinsfaktoren“ (sarvasaṃskṛta-dharma) vernichtet sind (nirodha). Vgl. dazu ausführlich Schmithausen, L., *„Beiträge zur Schulzugehörigkeit und Textgeschichte kanonischer und postkanonischer buddhistischer Materialien“; in: Zur Schulzugehörigkeit von Werken der Hīnayāna-Literatur.* Hrsg. von H. Bechert. Vandenhoeck & Ruprecht, Göttingen 1987, S. 344–377.

„nichtig“[89] (tuccha), sondern die transzendente Wirklichkeit des nirvāṇa selbst.[90] Als Folge dieses Erlöschens im nirvāṇischen Bewusstseinsgrund werden dem Mönch, der sich nach der psychophysischen Selbstaufgabe aus der nirodhasamāpatti erhebt und diese todesgleiche Trance in der retrospektiven Reflexion mit Weisheit durchdringt und erkenntnismäßig nachvollzieht, die Vernichtung der Befleckungen (āsavā) und die Erlösung in diesem Leib und Leben in Aussicht gestellt.[91]

Lambert Schmithausen hat das große Verdienst, anhand einer umfassenden Analyse des Sattadhātusutta und seiner Parallelen überzeugend herausgestellt zu haben, dass sich bereits in den ältesten Diskussionen der nirodhasamāpatti gravierende Textabweichungen mit weitreichenden dogmatischen Konsequenzen nachweisen lassen, da „der ursprüngliche Wortlaut des Sūtra“ für einen Teil der buddhistischen Schulen offenbar „inakzeptabel geworden war.“[92] Die einschlägigen kanonischen Texte geben ein beredtes Zeugnis dafür, dass der ursprüngliche Sinn in der Vorstellung bestand, dass der nirodhadhātu (= nirvāṇa) „durch den versenkungsmäßigen Eintritt in den Zustand, wo alles wahrnehmungs- und vorstellungsmäßige Bewußtsein und alle Empfindungen aufgehört haben, erreichbar“[93] sei. Diese Lehre sei im weiteren Verlauf der dogmatischen Entwicklung des Buddhismus aber zu einem überflüssigen „Fossil“ geworden, da man die Erlangung der Erlösung durch Einsicht (prajñā) privilegierte und die „mystisch-existentielle antizipierende Realisierung des Nirvāṇa-Zustandes“[94] als obsolet fallen ließ, sodass der mentalen Selbstvernichtung in der nirodhasamāpatti jede heilskonstitutive Funktion abgesprochen wurde. Die Vorstellung, dass der Eintritt in die todesgleiche Trance zum post-enstatischen Wissen um die Vernichtung der Leidenschaften (kṣayajñāna) und damit zur Befreiung führt, wird in späteren Werken nur noch als Position erinnert, die

---

89 Vgl. Brahmanimantaṇikasutta (Majjhimanikāya 49). In: Bodhi, *The Middle Length Discourses,* S. 428. Zum Vers viññāṇaṃ anidassanaṃ anantaṃ sabbato pabhaṃ im Kevaṭṭa- und Brahmanimantaṇikasutta vgl. Ñāṇananda, B., *Nibbāna – The Mind Stilled. Volume II (Sermons 6 – 10).* Kaṭukurunde Ñāṇananda Sadaham Senasun Bhāraya, Dammulla 2016, S. 150–206.

90 Vgl. Harvey, P., *Signless‘ Meditations in Pāli Buddhism*; in: The Journal of the International Association of Buddhist Studies 9 (1986), No. 1, S. 44; Ñāṇananda, B., *The Magic of the Mind. An Exposition of the Kālakārāma Sutta.* Buddhist Publication Society, Kandy 2011, S. 82.

91 Vgl. Sambādhasutta (Aṅguttaranikāya 9:42). In: Nāṇaponika, *Aṅguttara-Nikāya*, Bd. 4, S. 233f.

92 Schmithausen, *Beiträge zur Schulzugehörigkeit*, S. 349.

93 Ebd., S. 350.

94 Ebd., S. 351.

es zu widerlegen gilt.[95] So ist die nirodhasamāpatti Vasubandhus (ca. 350–450) Abhidharmakośabhāṣya zufolge dem nirvāṇa nur noch „ähnlich“ (sadṛśa) und führt nicht mehr zur „todlosen Sphäre“ (amata-dhātu) des nirvāṇa, sondern lediglich zu einer „ruhigen Stätte“[96] (śāntavihāra). Sie stellt auch keinen Überstieg über die immaterielle Welt (ārūpyadhātu) und den „Apex des Universums“ (bhavāgra) mehr dar, sondern nur noch eine Variante desselben.[97] Die Befreiung kann Vasubandhus Interpretation zufolge prinzipiell nur unterhalb des bhavāgra, also von der Sphäre der Nichtsheit (ākiñcaññāyatana) aus effektiv verwirklicht werden, weil – um noch einmal das Jhānasutta zu zitieren – ein „Durchstoßen zur erlösenden Einsicht“ (aññāpaṭivedha) nur in einer „mit Wahrnehmung verbundenen Versenkung“ (saññāsamāpatti) für möglich gehalten wird.[98] Für Buddhaghosa (5. Jh.) hat der nirodhadhātu an sich überhaupt keine Wirklichkeit (sabhāva) mehr, sondern bezeichnet nur noch die bloße Aufhebung von Wahrnehmung und Empfindung.[99] Indem der nirodhadhātu mit der nirodhasamāpatti identifiziert und nicht mehr als durch diese erreichbare Sphäre unbedingter Transzendenz charakterisiert wurde, wurde auch die im Sattadhātusutta explizite Differenz zwischen der nirodhasamāpatti als Mittel und dem nirodhadhātu als Ziel „gänzlich weginterpretiert“[100], wie Schmithausen schreibt. Durch diese „Desintegration des ursprünglichen Grundgedankens“[101] wurde die „Vernichtungssphäre“ (nirodha-dhātu) auf einen bloßen Versenkungszustand reduziert und jede Existenzidentität mit der „unverursachten Sphäre“ (asaṅkhatā dhātu) des nirvāṇa jenseits allen welthaften Daseins negiert.[102]

---

[95] Vasubandhu schreibt sie dem *Netrīpadaśāstra* von Sthavira Upagupta zu: „One who, after having given rise to the attainment of cessation, gives rises to the cognition of exhaustion, should be called a Tathāgata.“ Abhidharmakośabhāṣya 2:44d. In: La Vallée-Poussin, L. d., *Abhidharmakośa-Bhāṣya of Vasubandhu. The Treasury of the Abhidharma and its (Auto) commentary. Volume I–IV.* Motilal Banarsidass, Delhi 2012, S. 567.

[96] Abhidharmakośabhāṣya 2:44d. In: Ebd., S. 570f.

[97] Vgl. Abhidharmakośabhāṣya 2:43bd. In: Ebd., S. 565.

[98] Vgl. Jhānasutta (Aṅguttaranikāya 9:36). In: Nāṇaponika, *Aṅguttara-Nikāya*, a.a.O., Bd. 4, S. 224. Vgl. Abhidharmakośabhāṣya 8:20ab. In: La Vallée-Poussin, L. d., *Abhidharmakośa-Bhāṣya of Vasubandhu*, a.a.O., S. 2407f.

[99] Dhātuvitthārakathā (Visuddhimagga 15:486). In: Nāṇatiloka, Visuddhi-Magga, S. 564. Für eine ausführliche Erörterung der nirodhasamāpatti aus Sicht des Theravāda-Buddhismus vgl. Nirodhasamāpattikathā (Visuddhimagga 23:702–709). In: Nāṇatiloka, Visuddhi-Magga, a.a.O., S. 844–853.

[100] Schmithausen, *Beiträge zur Schulzugehörigkeit*, S. 358.

[101] Ebd., S. 359.

[102] Ebd., S. 344–377. Die ideengeschichtliche Entwicklung kann hier nicht weiter nachvollzogen

5 . Zur religionsphilosophischen Deutung der nirodhasamāpatti

Friedrich Heilers (1892-1967) klassischer Studie über *Die buddhistische Versenkung* (1918) zufolge ist die vorübergehende Trance der nirodhasamāpatti ein durch die „Kunst der Selbsthypnose" erzeugter „pathologischer Zustand der Bewußtseinsunterbrechung", der „die Lähmung des ganzen körperlichen und geistigen Lebens"[103] zur Folge hat. Es ist leicht, diese pathologisierende Interpretationslinie der nirodhasamāpatti von den Anfängen der westlichen Buddhismusrezeption bis zu ihrer Gegenwart nachzuweisen. So handelt es sich beim Erlöschungszustand auch für Paul J. Griffiths um eine „profunde kataleptische Trance, wie sie bei einigen psychotischen Patienten und bei Langzeit-Komapatienten"[104] auftrete, während Robert H. Sharf die Unterdrückungsversenkung als „meditativen Zustand" kennzeichnet, der mit einem „Wachkoma"[105] (vegetative coma) vergleichbar sei. Gegen diese naturalistischen Reduktionen und pathologisierenden Zuschreibungen lässt sich eine ebenso lange Tradition von Deutungen rekonstruieren, die der nirodhasamāpatti entweder eine positive Wirkung auf das psychophysische Befinden

werden. Für Harivarmans Erklärungen zur nirodhasamāpatti sh. Satyasiddhiśāstra 94; 171. In: Aiyaswami Sastri, N.: *Satyasiddhiśāstra of Harivarman. Vol. II. English Translation.* Oriental Institute, Baroda 1978, S. 187–190, 402–409. Xuánzàng diskutiert die nirodhasamāpatti ausführlich vom Standpunkt des Yogācāra-Buddhismus in seinem Vijñapatimātratāsiddhiśāstra 3:36–39; 4:19; 5:61. In: Cook, F. H., *Three Texts on Consciousness Only.* Numata Center for Buddhist Translation and Research, Berkeley 1999, S. 103–111, 149f., 222–226. Zur Frage, ob die nirodhasamāpatti ein Zustand (avastha) ist, in dem ein subtiler Geist (sūkṣmacitta) bzw. ein „Speicherbewusstsein" (ālayavijñāna) persistiert (sacittaka) oder gar kein Geist mehr vorhanden ist (acittaka), sh. Vasubandhus Karmasiddhiprakaraṇa 3:22–32. In: Lamotte, *É., Karmasiddhiprakaraṇa. The Treatise on Action by Vasubandhu.* Asian Humanities Press, Berkeley 1987, S. 58–65. Vgl. dazu auch den Vijñānavibhaṅga in Vasubandhus Pratītyasamutpādavyākhyā. In: Muroji, Y. G., *Vasubandhus Interpretation des Pratītyasamutpāda. Eine kritische Bearbeitung der Pratītyasamutpādavyākhyā (Saṃskāra- und Vijñānabhaṅga).* Steiner, Stuttgart 1993, S. 150–186. Zur nirodhasamāpatti und „wahrnehmungslosen Versenkung" (asaṃjñi-samāpatti), die vom „unerleuchteten Weltling" (pṛthagjana) kultiviert und fälschlicherweise mit der „Befreiung" (mokṣa) identifiziert wird, während sie der „Ehrwürdige" (ārya) als zu einer schlechten Wiedergeburt (apāyasthāna) führend meidet, sh Vasubandhus Abhidharmakośabhāṣya 2:200–214 (2:42a–45ab); 6:223 (643cd); 8:207 (8:33a). In: La Vallée-Poussin, *Abhidharmakośa-Bhāṣya of Vasubandhu,* S. 564–576, 1960, 2428.

[103] Heiler, *Die Buddhistische Versenkung,* S. 29.

[104] Vgl. Griffiths, *On Being Mindless,* S. 11.

[105] Sharf, R. H., *Is Nirvāṇa the Same as Insentience? Chinese Struggles with an Indian Buddhist Ideal;* in: India in the Chinese Imagination. Myth, Religion, and Thought. Hrsg. v. J. Kieschnick und M. Shahar. University of Pennsylvania Press, Philadelphia 2014, S. 144.

des Menschen attestieren oder dem Erlöschungszustand eine über jede bewusstseinspsychologische Begrenzung hinausreichende metaphysische Deutung geben. Während die nirodhasamāpatti für die einen der unzweideutige Ausdruck einer schweren Geisteskrankheit ist, pries bereits Wolfgang Bohn (1871 bis ca. 1942) in seinem *Buch für Nervöse und Gemütskranke* den buddhistischen Weg der Verinnerlichung und Vertiefung bis zum „Stand, wo Vorstellen und Empfinden aufhört"[106], als *Die Selbstheilung der kranken Seele durch Erkenntnis und Vertiefung* (1920). Hermann Mandel (1882–1946) würdigte die sukzessive Ausschaltung von Denken, Fühlen und Wollen in seiner *Metapsychologie* (1935) als „transzendentale Psychotechnik" einer quietiven „Selbstvertiefungsmystik", die der „Herausarbeitung jener überempirischen, überindividuellen, überkonkreten Absolutheit des Bewußtseins und Selbstes"[107] diene.

Die Zeugen für beide Interpretationslinien ließen sich beliebig vervielfachen. Wie lässt sich dieser Auslegungsstreit um die nirodhasamāpatti, in dem sich eine naturalistisch-pathologische Erklärung und eine realistisch-metaphysische Interpretation der Vernichtungsversenkung unvereinbar und unversöhnlich gegenüberstehen, sachlich begründet entscheiden? Vom Standpunkt einer transzendentalen Religionsphilosophie wäre mit Wilhelm Windelband (1848–1915), dem Begründer der Südwestdeutschen Schule des Neukantianismus, danach zu fragen, welche Stellung die Religion und sodann die Todesmystik der nirodhasamāpatti „in dem zweckvollen Zusammenhange der Funktionen des vernünftigen Bewußtseins"[108] einnimmt. Dabei ist die vermögenspsychologische Dreiteilung des Geisteslebens in die Elementarfunktionen „Denken", „Fühlen" und „Wollen", wie sie von Johann Georg Sulzer (1720–1779) und Moses Mendelssohn (1729–1786) wesentlich vorbereitet, von Johann Nicolaus Tetens (1736–1807) entscheidend durchgeführt und schließlich von Immanuel Kant (1724–1804) mit seinen drei Kritiken zur allgemeinen Anerkennung geführt wurde, auch im Neukantianismus für die geltungsregionale Gliederung des Systems der Philosophie maßgeblich geblieben.[109] Für Hermann

---

[106] Bohn, W., *Die Selbstheilung der kranken Seele durch Erkenntnis und Vertiefung. Ein Buch für Nervöse und Gemütskranke.* Altmann, Leipzig 1920, S. 98.

[107] Mandel, H., *Metapsychologie. Ein systematischer Beitrag zur Glaubens- und Religionsgeschichte der Menschheit.* Barth, Leipzig 1935, S. 106, 109, 117.

[108] Windelband, W., *Das Heilige (Skizze zur Religionsphilosophie)*, in: Windelband, W., Präludien. Aufsätze und Reden zur Philosophie und ihrer Geschichte. Zweiter Band. Mohr, Tübingen 1924, S. 295.

[109] „[D]asjenige, was in der Seele vorgeht, [ist] zusammen genommen, das Empfinden, das Denken, das Wollen." Tetens, J. N., *Philosophische Versuche über die menschliche Natur und*

Cohen (1842–1918), den Begründer der Marburger Schule des Neukantianismus, ist das System der Philosophie mit diesen drei Gliedern und den zugehörigen Geltungsgebieten des Wahren, Guten und Schönen sowie den darauf bezogenen Disziplinen der Logik, Ethik und Ästhetik geschlossen, weil alle „Richtungen des Bewußtseins, welche durch Erkenntnis, Wille und Gefühl [...] in Reinheit begriffen, erschöpft zu sein scheinen."[110] Da es für Cohen durchaus aussichtslos ist, eine weitere Bewusstseinspotenz zu erdenken und der Religion und Mystik damit eine eigene Wertsphäre zuzuweisen, wurde es zur religionsphilosophisch entscheidenden Frage innerhalb des Neukantianismus, wie sich die Religion in das System der Philosophie einfügen lässt.

Auch Windelband übernimmt die Dreiteilung der Philosophie in Logik, Ethik und Ästhetik und spricht der Religion kein „eignes Gebiet der Vernunftwerte"[111] zu, das neben dem Wahren, Guten und Schönen eine eigenständige Wertsphäre begründen würde. Das Ideal der Religion bezeichnet er dabei fünfzehn Jahre vor der Erstausgabe von Rudolf Ottos (1869–1937) gleichnamigen Klassiker als *Das Heilige* (1902), das er nicht als vierten Wertbereich, sondern inhaltlich als „Inbegriff der Normen" bestimmt, „die das logische, ethische und ästhetische Leben beherrschen."[112] Die Religion lässt sich aufgrund ihrer umfassenden Bedeutung für das menschliche Leben daher auch nicht einseitig der theoretischen, praktischen oder ästhetischen Vernunft zuschlagen und auf eine singuläre Form der Erkenntnis, Moral oder Gefühlsweise reduzieren, denn sie betrifft Windelbands religionsphilosophischer Reflexion zufolge alle transzendentalen Grundkomponenten gleichermaßen. Das Heilige ist die Einheit des Wahren, Guten und Schönen, weil diese Normen „das Höchste und Letzte" sind, das wir in dem gesamten Inhalt unseres Bewusstseins besitzen. Heilig werden diese Normen für uns, wenn wir sie nicht als „Produkte des einzelnen Seelenlebens" oder „Erzeugnisse des empirischen Gesellschaftsbewußtseins", sondern als „Wertinhalte einer höheren Vernunftwirklichkeit" betrachten, die „in den letzten Tiefen der Weltwirklichkeit selbst begründet ist."[113]

ihre Entwicklung. Zweyter Band. Weidmanns Erben und Reich, Leipzig 1777, S. 169f.

110 Cohen, H., *Der Begriff der Religion im System der Philosophie.* Töpelmann, Gießen 1915, S. 10. „Was könnte es noch Anderes geben außer der reinen Erkenntnis, dem reinen Willen, dem reinen Gefühle und der sie alle zusammenfassenden Einheit des Bewußtseins?" Ebd.,S. 15.

111 Windelband, W., *Kulturphilosophie und transzendentaler Idealismus*; in: Windelband, Präludien. Aufsätze und Reden zur Philosophie und ihrer Geschichte. Zweiter Band. Mohr, Tübingen 1924, S. 288.

112 Windelband, *Das Heilige (Skizze zur Religionsphilosophie)*, S. 305.

113 Ebd.

Das Heilige, so lautet Windelbands Bestimmung, ist „das Normalbewußtsein des Wahren, Guten und Schönen, erlebt als transzendente Wirklichkeit.“[114]

Indem die Normen dieser allgemeingültigen Vernunftwirklichkeit für uns zu Motiven werden, ist das Ziel unseres Erkennens, Wollens und Fühlens dasselbe, nämlich das Absolute, unterschieden lediglich in seiner kognitiven, affektiven und volitionalen Erscheinungsweise im Bewusstsein. Religion ist in ihrem wesentlichen „Hinausleben über die Erfahrung“ für Windelband entsprechend „transzendentes Leben“[115], untergliedert in seinen transzendenten Vollzügen anhand der Dreiteilung der psychischen Funktionen in transzendentes Denken, Fühlen und Wollen. Die Aufgabe der Religionsphilosophie ist es folglich, „systematisch darzustellen, welche Steigerungen die immanenten Funktionen des Seelenlebens dadurch erfahren, daß sie in dem transzendenten Leben der Religion auf das Überempirische bezogen werden.“[116] Dabei war sich Windelband bewusst, dass die „Vergleichgültigung gegen die empirischen Werte“ zu den „äußersten Folgerungen der Entsagung und Entweltlichung, schließlich zur vollen Selbstverleugnung und Selbstvernichtung, zur mystischen Hingabe der empirischen Individualität“[117] führen kann.

Wie lässt sich vor diesem Hintergrund die todesgleiche Trance der nirodhasamāpatti religionsphilosophisch einordnen und in ihrem Bezug auf unser Denken, Fühlen und Wollen näherhin bewerten? Der transzendente Realgrund des Buddhismus, auf den die kognitiven, affektiven und volitionalen Vollzüge des menschlichen Daseins als transzendentale Grundgestalten des Bewusstseins einheitlich ausgerichtet werden, ist das nirvāṇa und als solches das „Wahre“[118] (paramasacca), „Gute“[119] (paramakusala) und „Schöne“[120] (paramasukha).[121] Es

---

[114] Ebd.

[115] Ebd.

[116] Ebd., S. 306.

[117] Ebd., S. 319.

[118] Vgl. Dhātuvibhaṅgasutta (Majjhimanikāya 140). In: *Bodhi, The Middle Length Discourses*, S. 1093.

[119] Vgl. Samaṇamuṇḍikasutta (Majjhimanikāya 78). Ebd., S. 649.

[120] Vgl. Sukkhavagga (Dhammapada 15:203). In: Ñāṇatiloka, *Dhammapada. Wörtliche metrische Übersetzung der ältesten buddhistischen Spruchsammlung*. Jhana, Uttenbühl 2010, S. 59. Vgl. Nibbānasukhasutta (Aṅguttaranikāya 9:34). In: Ñāṇaponika, *Aṅguttara-Nikāya*, a.a.O., Bd. 4, 220f.

[121] Auch hier folge ich dem buddhistischen Selbstverständnis, wenn Bhikkhu Bodhi in einem Beitrag über das Wahre, Gute und Schöne im Buddhismus schreibt: „The realization of Nibbāna brings to fulfilment all three components of the goal, Goodness, Beauty, and Truth, merged into

ist das unausgesetzte Ziel des buddhistischen Strebens nach Weisheit (paññā), Sittlichkeit (sīla) und Vertiefung (samādhi), die zusammengenommen den Edlen Achtfachen Pfad konstituieren, den Menschen zu „rechter Ansicht“ (sammā diṭṭhi), „rechter Entschlossenheit“ (sammā sankappa), „rechter Rede“ (sammā vācā), „rechtem Handeln“ (sammā kammanta), „rechter Lebensführung“ (sammā ājīva), „rechter Anstrengung“ (sammā vāyāma), „rechter Achtsamkeit“ (sammā sati) und „rechter Vertiefung“ (sammā samādhi) zu führen und damit in einer integralen Sammlung zur Ganzheit zum sichtbaren Bild des nirvāṇa zu bilden und zu gestalten.[122] Dabei ist ein Beitrag der nirodhasamāpatti zur weisheitlichen Komponente des buddhistischen Heilspfades kategorisch auszuschließen, denn die todesgleiche Trance führt zu keiner inhaltlich bestimmten Erkenntnis. In ihrer formlosen Wesenheit ist sie namen- und begrifflos und kann als solche immer nur negativ charakterisiert werden. Ob es sich bei diesem transphänomenalen Versenkungszustand gemäß einer metaphysischen Interpretation um die postmortale Existenzidentität mit der welt- und selbsttranszendenten Sphäre des nirvāṇa handelt oder wir die nirodhasamāpatti gemäß einer naturalistischen Interpretation als artifiziell erzeugte Bewusstlosigkeit und Autohypnose pathologisieren sollten, erhellt sich nicht aus der Unterdrückungsversenkung selbst, sondern bleibt einer vernunftgeleiteten Metadiskussion dieser konkurrierenden Alternativen und ihrer jeweiligen Rechtfertigungsversuche vorbehalten.[123] Entsprechend ist auch ein konstruktiver Beitrag zur buddhistischen Ethik auszuschließen, denn die gestalt- und inhaltslose nirodhasamāpatti hat weder für die theoretische noch für die praktische Vernunft irgendeine gnoseologisch spezifizierbare Relevanz. Als phänomenales Nichts determiniert sie weder den propositionalen Gehalt ihrer eigenen Interpretation noch liefert sie irgendeinen rationalen Geltungsmaßstab für unser sinnenverhaftetes Wollen und Handeln.

Das scheint prima facie die rationalistischen Tendenzen innerhalb des Buddhismus zu legitimieren und den dhammayogā bhikkhū Recht zu geben, die der „Weisheit“ (paññā) und der „richtigen Erkenntnis“ (vipassanā) einen Vorrang gegenüber der „Versenkung“ (samādhi) und kontemplativen „Gemütsruhe“ (samatha)

---

a triadic unity, an indissoluble whole. This whole confers upon our lives peace, harmony, and the highest happiness, what the Buddha called the unshakable liberation of the heart.“ Bodhi, B., *The Good, the Beautiful, and the Truth*; in: Dhamma Reflections. Collected Essays of Bhikku Bodhi. Buddhist Publication Society, Kandy 2017, S. 280.

122 Vgl. Vibhaṅgasutta (Saṃyuttanikāya 45:8). In: Hecker, *Die Reden des Buddha*, S. 229.

123 Vgl. dazu Völker, *Methodologie und Mystik*, S. 360–363.

eingeräumt haben.[124] Für diejenigen Mönche und Nonnen, für die die buddhistische Reflexionstätigkeit allerdings gefühlsneutral bleibt, liegt der unbestreitbare Wert der Reihe formhafter und formloser Vertiefungen sowie der sie beschließenden nirodhasamāpatti aber zweifellos in ihrem affektiven Transformationspotential und der darin gesetzten Möglichkeit beschlossen, das verstandesmäßig Erkannte seinsmäßig zu aktualisieren und auf diese Weise die theoretisch erkannte Wahrheit des nirvāṇa in der postenstatischen Erfahrung innerlich zu fühlen und affektiv in Besitz zu nehmen. Das buddhistische Ideal ist weder der „Wissenserlöste" (paññāvimutta) noch der „Körperzeuge" (kāyasakkhī), sondern der „Beiderseitserlöste" (ubhatobhāgavimutta), der aufgrund seiner Meisterschaft in richtiger Erkenntnis (vipassanā) und kontemplativer Gemütsruhe (samatha) das nirvāṇa nicht nur mit „Weisheit durchdrungen" (paññāya ativijjha passantī), sondern in der nirodhasamāpatti auch mit „dem Körper berührt" (kāyena phusitvā viharanti) hat und damit kognitiv, affektiv und volitional vervollkommnet ist.[125]

Wie die abschließenden Reflexionen gezeigt haben, erschließt eine transzendentale Religionshermeneutik zweifellos konstruktive Erkenntnisperspektiven, an die es im Rahmen einer interreligiösen Transzendentaltheologie und transzendentalen Religionsphilosophie umfassend anzuschließen gilt, um die buddhistische Lehre in ihren mannigfachen Gehalten und Gestalten unter den pluralistischen Bedingungen der Moderne philosophisch auf den Begriff zu bringen und in ihrem immanenten Anspruch auf Geltung kritisch zu befragen.

---

124 Vgl. Mahācundasutta (Aṅguttaranikāya 6:46). In: Ñāṇaponika, *Aṅguttara-Nikāya*, a.a.O., Bd. 3, S. 207–208.

125 Vgl. Kāyasakkhī-, Paññāvimutta- und Ubhatobhāgavimuttasutta (Aṅguttaranikāya 9:43–45). In: Ñāṇaponika, *Aṅguttara-Nikāya*, Bd. 4, a.a.O., S. 235f. Aus der im Abhidhammapiṭaka überlieferten Puggalapaññatti, einer schematischen Auflistung scholastischer Definitionen von insgesamt 390 verschiedenen „Personen" (puggala), folgen dem „Beiderseitserlösten" (ubhatobhāgavimutta), „Wissenserlösten" (paññāvimutta) und „Körperzeugen" (kāyasakkhī) im Text in absteigender Reihenfolge noch der „Erkenntnisgereifte" (diṭṭhippatta), der „Glaubensbefreite" (saddhāvimutta), der „Dhammaergebene" (dhammānusāri) sowie der „Glaubensergebene" (saddhānusāri). Vgl. Puggalapaññatti 1:24–30. In: Santuṭṭho, B., *Abhidhamma-Piṭaka IV. Puggala Paññatti. Beschreibung der Personen*. Eigenverlag, Berlin 2016, S. 19–21. Vgl. die entsprechenden Ausführungen im Kīṭāgirisutta (Majjhimanikāya 70), in: Bodhi, *The Middle Length Discourses*, a.a.O., S. 580f. sowie die Diskussion der sieben „Edlen Menschen" im Visuddhimagga 21:8 in Ñāṇatiloka, Visuddhi-Magga, a.a.O., S. 787f.

6. Fazit: Nirvāṇische Ruhe inmitten saṃsārischer Unruhe

Der Mensch war für Peter Wust (1884–1940) das „ens inquietum" – das „Wesen der unendlichen Daseinsunruhe" –, dessen Geist ihn als „prinzipielles Beunruhigungsprinzip"[126] heimatlos, rastlos und ruhelos mache. Als solches hatte Ludwig Klages (1872–1956) die „Entstehung des Ichs" mit der „Austreibung aus dem Paradiese"[127] und den Geist als Widersacher der Seele (1929–1932) identifiziert, der als unterster „Grund aller Todesfurcht"[128] in uns den kontinuierlichen Wunsch nach einer Rückkehr zum überindividuellen Leben durch „Selbstverneinung des Ichs"[129] wecke und aufrechterhalte. Diese im spezifisch menschlichen Selbstbezug beschlossene „Unruhe" konsequent zu transzendieren, sich von der „Sorge um sich" bleibend zu dispensieren und das „Isoliertsein des menschlichen Selbstseins"[130] dauerhaft zu durchbrechen, war für Ernst Tugendhat (1930–2023) das entscheidende Motiv, von dem her es alle Mystik zu verstehen galt. Auch der hier rekonstruierten Todesmystik des Buddhismus geht es letztlich um einen nicht weiter radikalisierbaren Selbstüberstieg des in Gier (rāga), Hass (dveṣa) und Verblendung (avidyā) verstrickten Geistes sowie die erlösende Entwerdung alles Menschlichen in jener unvordenklichen und unaussprechlichen „Nirvāṇa-Sphäre" (nibbāna-dhātu). Doch im diametralen Gegensatz zu dem von Max Weber (1864–1920) unterstellten „asozialen Charakter" aller Mystik, der im Buddhismus zudem „auf das Maximum gesteigert"[131] sei, dient die kontemplative Privation der inneren und äußeren Erfahrung keinem Heilsegoismus und Eskapismus. In der nirodhasamāpatti wird einem Ausspruch Hermann Beckhs (1875–1937) zufolge zwar „die Axt an die Wurzel des Weltenseins"[132] gelegt, aber diese unerbittliche Daseinsrodung wurde unter dem

[126] Wust, P., *Der Mensch und die Philosophie. Einführung in die Hauptfragen der Existenzphilosophie.* Neu herausgegeben und mit einer Einleitung und Anmerkungen versehen v. W. Schüßler. LIT, Berlin 2014, S. 78–79.

[127] Klages, L., *Die Grundlagen der Charakterkunde.* Bouvier, Bonn 1951, S. 142.

[128] Ebd., S. 144.

[129] Ebd., S. 147.

[130] Tugendhat, E., *Egozentrizität und Mystik. Eine anthropologische Studie.* Beck, München 2004, S. 7.

[131] Weber, M., *Gesammelte Aufsätze zur Religionssoziologie. II. Hinduismus und Buddhismus.* Mohr, Tübingen 1923, S. 230.

[132] Beckh, H., *Buddhismus (Buddha und seine Lehre). II. Die Lehre.* Göschen'sche

wachsenden Einfluss des Bodhisattva-Ideals im Mahāyāna-Buddhismus bereits um die Zeitenwende konsequent in den selbstlosen Dienst an der Welt und die niemals endende Heilsbedürftigkeit der Lebewesen gestellt.[133] Denn erst durch die temporäre Auslöschung des Gemüts in der nirodhasamāpatti, bei der sich der buddhistische Mystiker mit der inneren Einheit von Denken, Fühlen und Wollen ganz in den immanenten Abgrund der Absolutheit versenkt, wird der Bodhisattva überhaupt erst frei zu wahrhaft selbstlosem und altruistischem Handeln in der unausgesetzten Unruhe des Daseinskreislaufes. Innerlich gegründet in die todlose Ruhe des Nirvāṇa hat der Bodhisattva Śāntidevas (ca. 7./8. Jh. n. Chr.) *Bodhicaryāvatāra* zufolge seinen Körper gleichgültig aufgegeben, den er nun unbekümmert wie ein „Werkzeug" zum Heil der Welt benutzen kann: „Alle meine Existenzen und Güter, das Gute, das ich auf allein drei Wegen erworben habe, gebe ich ohne Bedenken hin, um das Heil aller Wesen zu verwirklichen. Das Erlöschen ist das Aufgeben von allem: und mein Geist strebt nach dem Erlöschen. Wenn ich alles aufgeben soll, ist es besser, es den Wesen hinzugeben."[134] Denn wer ganz und gar zum Nutzen der Welt wirkt, den Glauben an ein Selbst (ātmadṛṣṭi) aufgegeben hat und aus Liebe zu allen Lebewesen „den Weg der Nichtdualität geht"[135] (advayamārgacārī), der wandelt trotz seiner Befreiung noch in dieser unruhigen Welt, wie es in dem Āryaśūra (4. Jh. n. Chr.) zugeschriebenen *Pāramitāsamāsa* heißt.

Verlagshandlung, Berlin u. Leipzig 1916, S. 118

133 Der Bodhisattva ist ein Wesen (sattva), das unermüdlich nach dem vollkommenen Erwachen (bodhi) der Buddhaschaft strebt, um möglichst effektiv für die Befreiung (pramokṣa) aller Wesen wirken zu können. In der Polemik des „großen Fahrzeugs" (mahā-yāna) gegenüber dem pejorativ als „kleines Fahrzeug" (hīna-yāna) bezeichneten älteren Buddhismus ist es die ausgezeichnete Eigenschaft eines Bodhisattvas, nicht wie der „hīnayānistische Heilige" (arahant) primär nach seinem eigenen Heil, seiner eigenen Vervollkommnung und einem möglichst baldigen Eingehen in das welttranszendente Nirvāṇa zu streben, sondern sein gesamtes Erlösungsstreben von Anfang an in den Dienst an allen bewusst empfindungsfähigen Lebewesen zu stellen.

134 Bodhicaryāvatāra 3:7–11; 8:184. In: Steinkellner, E., *Shantideva. Der Weg des Lebens zur Erleuchtung. Das Bodhicaryavatara.* Aus dem Sanskrit übertragen und mit einer Einleitung versehen von E. Steinkellner. Hugendubel, Kreuzlingen u. München 2005, S. 41, 124.

135 Pāramitāsamāsa 6:68. In: Saito, N., *Das Kompendium der moralischen Vollkommenheiten. Vairocanarakṣitas tibetische Übertragung von Āryaśūra Pāramitāsamāsa samt Neuausgabe des Sanskrittextes. Indica et Tibetica*, Marburg 2005, S. 314.

Bibliographie

Aiyaswami Sastri, N., *Satyasiddhiśāstra of Harivarman.* Vol. II. English Translation. Oriental Institute, Baroda 1978.

Anālayo, B., *The Signless and the Deathless. On the Realization of Nirvana. Foreword by Bhante Gunaratana.* Wisdom Publications, New York 2023.

Ders., *Daughters of the Buddha. Teachings by ancient Indian Women. Foreword by Bhikkhunī Dhammanandā.* Wisdom Publications, Somerville 2022.

Ders., *On the Two Paths Theory: Replies to Criticism*, in: Journal of Buddhist Studies. Vol. 15 (2018), S. 1-22.

Ders., *Early Buddhist Meditation Studies.* Barre Center for Buddhist Studies, Barre 2017.

Ders., *Vom Verlangen zur Befreiung. Exkursionen in die Gedankenwelt der Pāli-Lehrreden.* Beyerlein & Steinschulte, Stammbach 2012.

Beckh, H., *Buddhismus (Buddha und seine Lehre). II. Die Lehre.* Göschen'sche Verlagshandlung, Berlin u. Leipzig 1916

Bhaṭṭācārya, K., *Unity in Diversity: Anattā revisited*, in: Sanskrit Studies Centre Journal. Vol. 2 (2006), S. 1–7.

Bodhi, B., *The Good, the Beautiful, and the Truth*, in: Dhamma Reflections. Collected Essays of Bhikku Bodhi. Buddhist Publication Society, Kandy 2017, S. 267–280.

Ders., *The Susīma-sutta and the Wisdom-Liberated Arahant*; in: The Journal of the Pali Text Society. Vol 29, 2007, S. 51–75.

Ders. und B. Ñāṇamoli, *The Middle Length Discourses of the Buddha. A Translation of the Majjhima Nikāya.* Original Translation by Bhikkhu Ñāṇamoli. Translation edited and revised by Bhikkhu Bodhi. Wisdom Publications, Boston 2009.

Ders., *Susīma's Conversation with the Buddha: A Second Study of the Susīma-sutta;* in: The Journal of the Pali Text Society. Vol. 30 (2009), S. 33–80.

Bohn, W., *Die Selbstheilung der kranken Seele durch Erkenntnis und Vertiefung. Ein Buch für Nervöse und Gemütskranke.* Altmann, Leipzig 1920.

Boros, L., *Mysterium Mortis. Des Mensch in der letzten Entscheidung.* Walter, Olten u. Freiburg i.Br. 1968.

Bronkhorst, J., *The Two Traditions of Meditation in Ancient India.* Steiner Verlag, Stuttgart 1986.

Carus, P., *Mysticism*, in: The Monist. Vol 18, 1908, No. 1, S. 75-110.

Cohen, H., *Der Begriff der Religion im System der Philosophie.* Töpelmann, Gießen 1915.

Collett, A., *Lives of Early Buddhist Nuns. Biographies as History.* Oxford University Press, New Delhi 2016.

Cook, F. H., *Three Texts on Consciousness Only*. Numata Center for Buddhist Translation and Research, Berkeley 1999.

Denzinger, H., *Kompendium der Glaubensbekenntnisse und kirchlichen Lehrentscheidungen*. Verbessert, erweitert, ins Deutsche übertragen und unter Mitarbeit von H. Hoping hrsg. v. P. Hünermann. Herder, Freiburg 2009.

Deussen, P., *Vier Philosophische Texte des Mahâbhâratam: Sanatsujâta-Parvan – Bhagavadgîtâ – Mokshadharma – Anugîtâ*. Brockhaus, Leipzig 1906.

Dutoit, J., Jātakam. *Das Buch der Erzählungen aus früheren Existenzen Buddhas. Siebenter Band*. Theosophisches Verlagshaus, Leipzig 1921.

Früchtel, E., *Das Gespräch mit Herakleides und dessen Bischofskollegen über Vater, Sohn und Seele. Die Aufforderung zum Martyrium*. Hiersemann, Stuttgart 1974.

Geiger, W., *Buch I. Sagātha-Vagga. Buch II. Nidāna-Vagga*, in: *Die Reden des Buddha*. Gruppierte Sammlung. Saṃyutta-Nikāya. Beyerlein & Steinschulte, Herrnschrot 2003.

Gombrich, R. F., *How Buddhism Began. The conditioned genesis of the early teachings. Routledge*, London 2006.

Griffiths, P. J., *On Being Mindless. Buddhist Meditation and the Mind-Body Problem*. Open Court, La Salle 1986.

Grimm, G., *Ist die Lehre des Buddha Wissenschaft?*, in: Buddhistischer Weltspiegel. Monatsschrift für Buddhismus und religiöse Kultur auf buddhistischer Grundlage. II. Jahrgang; November-Dezember (1920), 5./6. Heft; Januar-Februar (1921), 7./8. Heft, S. 145–176; 217–253.

Haas, A. M., *Mors mystica: Thanatologie der Mystik, insbesondere der Deutschen Mystik*, in: Freiburger Zeitschrift für Philosophie und Theologie. Vol. 23 (1976), No. 3, S. 304–392.

Harvey, P., *„Signless" Meditations in Pāli Buddhism*, in: The Journal of the International Association of Buddhist Studies 9 (1986), No. 1, S. 25–52.

Hecker, H., *Buch IV. Salāyatana-Vagga. Buch V. Mahā-Vagga*, in: *Die Reden des Buddha. Gruppierte Sammlung*. Saṃyutta-Nikāya. Beyerlein & Steinschulte, Herrnschrot 2003.

Heiler, F., *Die Buddhistische Versenkung. Eine religionsgeschichtliche Untersuchung*. Reinhardt, München 1922.

Heinemann, I., *Allegorische Erklärung des heiligen Gesetzbuches, Buch I–III";* in: Die Werke Philos von Alexandria in Deutscher Übersetzung. Dritter Teil. Hrsg. v. L. Cohn. Marcus, Breslau 1919, S. 1–165.

Huhn, J., *Ambrosius von Mailand. Der Tod – Ein Gut*. Johannes, Freiburg 1992.

Jasink, B., *Die Mystik des Buddhismus*. Altmann, Leipzig 1922.

Keller-Grimm, M., *Buddhistische Mystik*, in: Yāna. Zeitschrift für Buddhismus und religiöse Kultur auf buddhistischer Grundlage. Vol. 31 (1978), Heft 4, S. 131–139.

King, W. L., *Theravāda Meditation: The Buddhist Transformation of Yoga.* Pennsylvania State University Press, University Park 1980.

Kirfel, W., *Die Kosmographie der Inder nach den Quellen dargestellt.* Olms, Hildesheim 1990.

Klages, L., *Die Grundlagen der Charakterkunde.* Bouvier, Bonn 1951.

Klimkeit, H.-J., *Der Buddha. Leben und Lehre.* Kohlhammer, Stuttgart 1990.

Kobusch, T., Freiheit und Tod. *Die Tradition der „mors mystica" und ihre Vollendung in Hegels Philosophie,* in: Theologische Quartalschrift. Vol. 164, (1984), S. 185–203.

Ders., *Selbstentäußerung: Ein Grundgedanke der Mystik und seine Rezeption im deutschen Idealismus,* in: Mystik und Idealismus: Eine Lichtung des deutschen Waldes. Hrsg. v. A. Quero-Sánchez. Brill, Leiden 2020, S. 160-173.

Kottkamp, H., *Der Stūpa als Repräsentation des buddhistischen Heilsweges. Untersuchungen zur Entstehung und Entwicklung architektonischer Symbolik.* Harrassowitz, Wiesbaden 1992.

Lamotte, É., *Karmasiddhiprakaraṇa. The Treatise on Action by Vasubandhu.* Asian Humanities Press, Berkeley 1987.

La Vallée-Poussin, L. d., *Abhidharmakośa-Bhāṣya of Vasubandhu. The Treasury of the Abhidharma and its (Auto) commentary. Volume I–IV.* Motilal Banarsidass, Delhi 2012.

Ders, L. d., *„Musīla et Nārada. Le Chemin du Nirvāṇa"*; in: Mélanges Chinois et Bouddhiques. Vol. 5, 1937, S. 189–222.

Ders., L. d., *Exstase et Spéculation (Dhyāna et Prajñā),* in: Indian Studies. In Honor of Charles Rockwell Lanman. Harvard University Press, Cambridge 1929, S. 135–136.

Langer, R., *Das Bewusstsein als Träger des Lebens. Einige weniger beachtete Aspekte des viññāṇa im Pālikanon.* Arbeitskreis für tibetische und buddhistische Studien, Wien 2001.

Laukkonen, R. E. u. a., *Cessations of Consciousness in Meditation: Advancing a Scientific Understanding of nirodha samāpatti,* in: Progress in Brain Research. Neurophysiology of Silence Part B: Theory and Review. Hrsg. von T. D. Ben-Soussan, J. Glicksohn und N. Srinivasan. Elsevier, Amsterdam 2023, S. 61–87.

Leuba, J. H., *The Psychology of Religious Mysticism.* Kegan Paul, New York 1925.

Lusthaus, D., *Buddhist Phenomenology. A Philosophical Investigation of Yogācāra Buddhism and the Ch'eng Wei-shih lun.* RoutledgeCurzon, London und New York 2006.

Maithrimurthi, M., *Wohlwollen, Mitleid, Freude und Gleichmut. Eine ideengeschichtliche Untersuchung der vier apramāṇas in der buddhistischen Ethik und Spiritualität von den Anfängen bis hin zum frühen Yogācāra.* Steiner, Suttgart 1999.

Mandel, H., *Metapsychologie. Ein systematischer Beitrag zur Glaubens- und Religionsgeschichte der Menschheit.* Barth, Leipzig 1935.

Molinos, M. d., *Geistliches Weggeleit zur vollkommenen Kontemplation und zum inneren Frieden*. Hrsg. von M. Delgado. Herder, Freiburg i Br. 2018.

Münch, F., *Erlebnis und Geltung. Eine systematische Untersuchung zur Transzendentalphilosophie als Weltanschauung*. Reuther & Reichard, Berlin 1913.

Muroji, Y. G., *Vasubandhus Interpretation des Pratītyasamutpāda. Eine kritische Bearbeitung der Pratītyasamutpādavyākhyā (Saṃskāra- und Vijñānabhaṅga)*. Steiner, Stuttgart 1993.

Ñāṇananda, B., *Concept and Reality in Early Buddhist Thought. An Essay on 'Papañca' and 'Papañca – Saññā – Saṅkhā'*. Buddhist Publication Society, Kandy 1976.

Ders., *The Magic of the Mind. An Exposition of the Kālakārāma Sutta*. Buddhist Publication Society, Kandy 2011.

Ders., *Nibbāna – The Mind Stilled. Volume II (Sermons 6 – 10)*. Kaṭukurunde Ñāṇananda Sadaham Senasun Bhāraya, Dammulla 2016.

Niederhuber, J. E., *Ambrosius von Mailand. Lukaskommentar mit Ausschluss der Leidensgeschichte*. Kösel, Kempten 1915.

Nowotny, F., *Der Pāli-Kanon*. Eigenverlag, Köln 1976.

Nāṇaponika, *Darlegung der Bedeutung (Atthasālinī). Der Kommetar zur Dhammasaṅgaṇi. Übers. v. Bhikkhu Nyanaponika*. The Pali Text Society, Oxford 2005.

Ders., *Sutta-Nipāta. Frühbuddhistische Lehrdichtungen*. Beyerlein & Steinschulte, Stammbach 1996.

Ders., *Die Lehrreden des Buddha aus der Angereihten Sammlung. Aṅguttara-Nikāya*. Aus dem Pāli übersetzt von Nyanatiloka. Überarb. u. hrsg. v, Nyanaponika. Neue Gesamtausgabe in fünf Bänden. Aurum, Braunschweig 1993.

Ders., *Dhammapada. Wörtliche metrische Übersetzung der ältesten buddhistischen Spruchsammlung*. Jhana, Uttenbühl 2010.

Ders., *Handbuch der Buddhistischen Philosophie (Abhidhammata-Saṅgaha)*. Jhana, Uttenbühl 1995.

Ders., *Visuddhi-Magga oder der Weg zur Reinheit. Die Grösste und älteste systematische Darstellung des Buddhismus*. Verlag Christiani, Konstanz 1975.

Olivelle, P., *Life of the Buddha by Aśvaghoṣa*. New York University Press, New York 2008.

Saito, N., *Das Kompendium der moralischen Vollkommenheiten. Vairocanarakṣitas tibetische Übertragung von Āryaśūra Pāramitāsamāsa samt Neuausgabe des Sanskrittextes*. Indica et Tibetica, Marburg 2005

Santuṭṭho, B., *Abhidhamma-Piṭaka IV. Puggala Paññatti. Beschreibung der Personen*. Eigenverlag, Berlin 2016.

Scheler, M., *Tod und Fortleben*, in: Scheler, M., Zur Ethik und Erkenntnistheorie. Schriften aus dem Nachlass. Band I. Neue Geist, 1933, S. 3-51.

Ders., M., *Vom Sinn des Leides,* in: Scheler, M., Schriften zur Soziologie und Weltanschauungslehre. Gesammelte Werke. Band 6. Francke, Bern 1963, S. 36-72.

Schmid, G. B., *Tod durch Vorstellungskraft. Das Geheimnis psychogener Todesfälle.* Springer, Wien u. New York 2010.

Schmidt, K., *Mystik im Buddhismus? Buddhalehre und Theosophie,* in: Leer ist die Welt. Buddhistische Studien. Christiani, Konstanz 1953, S. 96-100.

Schmidt-Leukel, P., *Reinkarnation und spiritueller Fortschritt im traditionellen Buddhismus,* in: Die Idee der Reinkarnation in Ost und West. Hrsg. v. P. Schmidt-Leukel. Diederichs, München 1996, S. 29-56.

Ders., *Die Bedeutung des Todes für das menschliche Selbstverständnis im Pali-Buddhismus.* EOS, München 1984.

Schmithausen, L., *Beiträge zur Schulzugehörigkeit und Textgeschichte kanonischer und postkanonischer buddhistischer Materialien,* in: *Zur Schulzugehörigkeit von Werken der Hīnayāna-Literatur.* Hrsg. v. H. Bechert. Vandenhoeck & Ruprecht, Göttingen 1987, S. 304-406.

Ders., *Der Nirvāṇa-Abschnitt der Viniścayasaṃgrahaṇī der Yogācārabhūmiḥ.* Böhlau, Wien 1969.

Seeck, G. A., *Platons Gorgias. Einführende Übersetzung und Kommentar.* Meiner, Hamburg 2020.

Seidenstücker, K., *Udāna. Das Buch der feierlichen Worte des Erhabenen. Eine kanonische Schrift des Pāli-Buddhismus.* Oskar Schloss, München 1920.

Ders., *Itivuttaka. Das Buch der Herrnworte. Eine kanonische Schrift des Pāli-Buddhismus.* Altmann, Leipzig 1922.

Sharf, R. H., *Is Nirvāṇa the Same as Insentience? Chinese Struggles with an Indian Buddhist Ideal,* in: India in the Chinese Imagination. Myth, Religion, and Thought. Hrsg. v. J. Kieschnick und M. Shahar. University of Pennsylvania Press, Philadelphia 2014, S. 141-170.

Stede, W., *The Sumaṅgala-Vilāsinī. Buddhaghosa's Commentary on the Dīgha-Nikāya. Part II (Suttas 8-20).* Luzac & Company, London 1931.

Steinkellner, E., *Shantideva. Der Weg des Lebens zur Erleuchtung. Das Bodhicaryavatara. Aus dem Sanskrit übertragen und mit einer Einleitung versehen von Ernst Steinkellner.* Hugendubel, Kreuzlingen und München 2005

Stuart, D. M., *Thinking about Cessation. The Pṛṣṭhapālasūtra of the Dīrghāgama in Context.* Arbeitskreis für Tibetische und Buddhistische Studien, Wien 2013.

Tetens, J. N., *Philosophische Versuche über die menschliche Natur und ihre Entwicklung. Zweyter Band.* Weidmanns Erben und Reich, Leipzig 1777.

Tugendhat, E., *Egozentrizität und Mystik. Eine anthropologische Studie.* Beck, München 2004.

Vetter, T., *The Ideas and Meditative Practices of Early Buddhism.* Brill, Leiden 1988.

Völker, F., *Die Stätte der Vernichtung unsrer selber in der Wurzel – Zur transzendentalen, mentalen und realen Selbstvernichtung am Absoluten*, in: Transzendentalität und Transkulturalität. Hrsg. von M. Bunte u. F. Völker. WBG Academic 2024 (im Erscheinen).

Ders., *Methodologie und Mystik. Plädoyer für eine integrale Religionswissenschaft,* in: Wissen um Religion: Erkenntnis – Interesse. Epistemologie und Episteme in Religionswissenschaft und Interkultureller Theologie. Hrsg. v. K. Hock. Evangelische Verlagsanstalt, Leipzig 2020, S. 343–366.

Waldschmidt, E., *Die Legende vom Leben des Buddha.* Dharma Edition, Hamburg 1991.

Walshe, M., *The Long Discourses of the Buddha. A Translation of the Dīgha Nikāya.* Wisdom Publications, Boston 1995.

Weber, C., *Wesen und Eigenschaften des Buddha in der Tradition des Hīnayāna-Buddhismus.* Harrassowith, Wiesbaden 1994.

Weber, M., *Gesammelte Aufsätze zur Religionssoziologie. II. Hinduismus und Buddhismus.* Mohr, Tübingen 1923, S. 230

Weller, F., *Zum Kāśyapaparivarta. Heft 2. Verdeutschung des sanskrit-tibetischen Textes.* Akademie Verlag, Berlin 1965.

Wen, T., *A Study of Sukkhavipassaka in Pāli Buddhism.* Dissertation, University of Queensland 2009.

Windelband, W., *Das Heilige (Skizze zur Religionsphilosophie),* in: Windelband, W., Präludien. Aufsätze und Reden zur Philosophie und ihrer Geschichte. Zweiter Band. Mohr, Tübingen 1924, S. 295–332.

Ders., *Kulturphilosophie und transzendentaler Idealismus,* in: Windelband, W., Präludien. Aufsätze und Reden zur Philosophie und ihrer Geschichte. Zweiter Band. Mohr, Tübingen 1924, S. 279–294.

Wust, P., *Der Mensch und die Philosophie. Einführung in die Hauptfragen der Existenzphilosophie.* Neu herausgegeben und mit einer Einleitung und Anmerkungen versehen von W. Schüßler. LIT, Berlin 2014.

Wynne, A., *The Origin of Buddhist Meditation.* Routledge, London u. New York 2007.

Von der geistigen Meditation zum Gottesbewusstsein: ein Prozess der Achtsamkeit in der islamischen Mystik

Reza Hajatpour

Das Ziel spiritueller Wanderschaft in der islamischen Mystik ist die Nähe zu Gott. In der sufischen Sprache wird dies folgendermaßen bezeichnet: Die Erlangung von Gottes Gegenwart (*wuṣūl*). Was genau unter der Erlangung von Gottes Gegenwart zu verstehen ist, wird von islamischen Mystikern unterschiedlich erläutert. Insgesamt spricht man von der Vereinigung (*ittiḥād*) mit, Nähe (*qurb*) zu, Entwerdung (*fanā'*) in bzw. dem sich Verweilen (*baqā'*) bei Gott oder auch Inkarnieren (*ḥulūl*) in Gott.[1] Der Weg dahin führe in die praktische Versenkung, die sich eine Mystikerin oder ein Mystiker auf dem spirituellen Pfad (*sulūk/ṭarīqa*) aneignen kann.

Somit beinhaltet der spirituelle Pfad verschiedene Rituale bzw. Praktiken (*maqāmāt*) und Versenkungszustände (*aḥwāl*). Mit der spirituellen Achtsamkeit, Askese und Meditation beabsichtigt die Mystik das Endziel zu erreichen, das in der christlichen Lehre als unmittelbare Begegnung mit dem Göttlichen verstanden wird und sogar mit dem Ausdruck *Unio Mystica*, Vereinigung mit Gott, zum Ausdruck kommt.[2] Schließlich geht es um das Gottesbewusstsein.

Dieses Bewusstsein beschreibt nicht nur eine Erkenntnis: Die Mystikerin oder der Mystiker versteht darunter eine permanente Gottesanwesenheit, die durch das Gedenken Gottes herbeigeführt wird. Innerhalb der islamischen Literatur bezeichnet *zikr* (auch *ḏikr*) als integraler Begriff dieses Gedenken. Dieser Begriff kommt bereits im Koran vor. So heißt es dort: „Wenn ihr das Gebet ausgeführt

---

[1] Vgl. al-Ghazālī, Abū Ḥāmid Muḥammad, *Der Erretter aus dem Irrtum*. Hrsg. u. übers. v. Abd-Elsamd Abd-Elhamid Elschazli. Meiner, Hamburg, 1988, S. 47.

[2] Vgl. McGinn, B., u.a., *Mystical Union in Judaism, Christianity, and Islam und Mysticism*. In: Encyclopedia of Religion. 2. Aufl., Bd 9, Thomson Gale, Detroit 2005, S. 6334–6359; vgl. auch Idel, M. u. McGinn, Bd. (Hg.), *Mystical Union in Judaism, Christianity, and Islam*. An Ecumenical Dialogue. Bloomsbury Academic, London u.a. 2016.

habt, gedenkt dann Gottes im Stehen und Sitzen oder Liegen..."[3] An einer anderen Stelle heißt es „ja, finden nicht die Herzen im Gedenken Gottes Ruhe?..."[4] In dem letzteren Vers besteht eine unmittelbare Verbindung zwischen dem Gedenken Gottes und der Ruhe. Dies bedeutet, dass das Gedenken Gottes die Seele vom Leiden an der Unruhe heilt. Auch das rituelle Gebet wird als ein Heilmittel gegen Unruhe angesehen.[5] Im dritten koranischen Vers kommt der Akt des Gedenkens Gottes im Zusammenhang mit dem Denken (*tafakkur,* auch Nachdenken) und den Einsichtigen (*ulī al-bāb*) vor. Ferner lassen sich in der islamischen Tradition zahlreiche Überlieferungen finden, in denen das Gedenken Gottes zu einer der wichtigsten religiösen Praktiken zählt. So verbindet man das Gedenken Gottes vor allem mit tugendhaften Charaktereigenschaften.[6]

Es gibt jedoch in der sufischen Literatur weitere Begriffe, die analog zu *zikr* eine vergleichbare Bedeutung aufweisen. Nachdenken bzw. Kontemplation (*taffakur*)[7] und Selbstbeobachtung (*murāqaba*) sind dabei zentrale Ansätze, die zwei außergewöhnliche Formen des Gedenkens Gottes innerhalb eines sufischen Meditationssystems darstellen. In dem vorliegenden Beitrag sollen diese drei Begriffe analysiert werden um deren Beziehung zueinander sowie deren Bezug zu einem Zustand der spirituellen Ruhe und Unruhe in der islamischen Mystik zu eruieren. In der vorliegenden Darstellung wird angenommen, dass es sich bei allen drei Formen des Gedenkens um einen epistemologischen Vorgang handelt, der über die bloße Erkenntnis hinausgeht. *Zikr, taffakur* und *murāqaba* sind somit drei Wege zur Erlangung der Selbsterkenntnis und tragen auf diese Weise zum Prozess der existenziellen und spirituellen Bewusstwerdung bei.

3 Koran 4:103.

4 Ebd., 13:28; 2:152, 2:200, 17:110, 33:41 57:16, 73:8.

5 Vgl. Ibn Rassoul, Muḥammad Ibn Aḥmad, *Aṣ-Ṣalāh, Das Gebet im Islam.* Hrsg. von Parcel-media, Köln, 1983, S. 8–11.

6 Vgl. Makāram Šīrāzī, Nāṣir, *Aḫlāq dar Qurān. Bd. I.* Madrisa al-Imām ʿAlīibn Abī Ṭālib, Qum, 1377/1998, S. 361.

7 Sh. Badri, M., Contemplation, *An Islamic Psychospiritual Study. With an Introduction by Jeremy Henzell-Thomas Translated from Abdul-wahid lu'lu'a.* London/Washington 2000.

1. *Zikr*: Eine verbale Meditation?

Zikr gilt in vielen religiösen Traditionen als wichtiger Aspekt des spirituellen Lebens. Im Islam wurde *zikr* besondere Beachtung geschenkt. Wie bereits oben erwähnt, kommt der Begriff *zikr* im Koran häufig vor und wird grundsätzlich als ein Akt der „Erinnerung" bzw. „Anrufung" verstanden. Auch Begriffe wie „Erwähnung" und „Andacht" sind zutreffend. So wird *zikr* vordergründig auf das Gebet, die Lobpreisungen und auf die Erinnerung an Gott mit Worten bezogen. Dennoch kann sich dieser Begriff darüber hinaus auch auf Gedanken oder Handlungen beziehen. Wörtlich wird *zikr* als „mahnen", bzw. „beachten" übersetzt[8] bzw. als Anwesenheit einer Erinnerung oder von etwas Erkanntem in der Seele.[9]

Doch die häufigste Verwendung kommt im Zusammenhang mit Gott, als „Erwähnung Gottes" bzw. als „an etwas denken" vor. Beispielsweise wird der Mensch im Koran dazu aufgefordert, daran zu denken, dass Gott ihn erschuf und er vorher Nichts war.[10] Sogar der Koran selbst wird als das Wort Gottes in Form einer Lesung und damit als Erinnerung angesehen.[11] Für Sufis dient *zikr* jedoch als ein Schlüsselbegriff für Meditation bzw. Ruhe. *Zikr* kann unterschiedliche Formen annehmen: Er kann sich laut (*ǧalī*) oder leise (*ẖafī*) vollziehen. „[Es gibt] das Gedenken der Zunge [*ḏikru-l-lisān*] und das Gedenken des Herzens [*ḏikru-l-qalb*]. Durch das Gedenken der Zunge gelangt der Mensch zum immerwährenden Gedenken des Herzens".

Der laute *zikr* wird allgemein bei der gemeinsamen Versammlung der Sufi vorgenommen und endet in der Wiederholung des letzten Buchstabens „h" von Allah. Der im Schweigen vollzogene *zikr* kann nur in einer stillen Atmosphäre vorgenommen werden.[12] Diese schweigsame Meditation stellt eine spirituelle Reise durch die Buchstaben des Wortes „Allah" dar. Im Grunde handelt es sich hierbei um einen Akt der Verinnerlichung. Hinter den Worten und Namen glaubt der

8 Sh. Stoddart, W., *Das Sufitum. Geistige Lehre und mystischer Weg*. Aurum, Freiburg i.Br. 1979, S. 47.

9 Sh. ar-Rāġib al-Iṣfahānī, *Muʿǧam mufradāt li-alfāẓ al-Qurān*. Hrsg. v. Nadīm Marʿašlī. Dar al-maʿrifa, Beirut, q1392/1972, S. 179.

10 Koran 19:67.

11 Ebd., 17:46.

12 Näheres zum Begriff „*zikr*" in der islamischen Mystik siehe z.B.: Al-Daghistani, R., *Invoking God's name – Sufi Teaching and Practice of Dhikr*. In: Routledge Handbook of Islamic Ritual and Practice, edited by Oliver Leaman, Routledge London 2022, S. 185-199. Sh. auch Schimmel, A., *Mystische Dimensionen des Islams*. Köln, Diedrichs 1985, S. 238-253.

Novize eine verborgene göttliche magische Kraft zu erkennen, durch die der Meditierende gewissermaßen von dem lichtvollen Kreis dieses Schluss-h umgeben ist.[13] Dadurch erhofft sich der Novize, sich Gott nähern zu können.

Zikr ist nicht nur eine reine Wiederholung von Namen bzw. verbalen Meditationen, ob laut oder leise, sondern er durchdringt den gesamten Körper und die gesamte Seele. Mit *zikr* soll ein spiritueller Zustand (*ḥāl*) erreicht werden, dem sich der Sufi mit ständigen Übungen annähert. Daher soll diese Meditation nicht willkürlich durchgeführt werden. Dafür bedarf der Novize eines erfahrenen Meisters, der weiß, wie die Herzen der Novizen am besten gereinigt werden können.[14] Es geht also um das „Polieren des Herzensspiegels mit dem Gedenken".[15]

Denn *zikr* ist nur ein Mittel, wodurch das Herz geübt wird, um sich vom Rost weltlicher Beschäftigungen und Gedanken zu befreien. Dafür muss der Novize mit Hilfe von *zikr* einen Reinigungsprozess durchlaufen, um das Herz von allen Gedanken – außer von denen an Gott – zu säubern. Sobald der Sufi diese spirituelle Reinheit erreicht hat, wird er empfänglich für das Licht Gottes, so dass sein Herz die göttliche Schönheit reflektieren kann. *Zikr* nimmt damit eine Übungsfunktion ein und gilt als instrumentaler Bestandteil der Achtsamkeit im sufischen asketischen Leben. In diesem spirituellen Akt sehen Sufis die Möglichkeit, in eine stärkere Verbindung mit dem Göttlichen einzugehen, das Bewusstsein für die Gegenwart Gottes im täglichen Leben zu steigern und in ihrem Inneren die Ruhe zu finden.

Mustamlī Buḫārī (gest. 1043) beschriebt in seinem Werk *Šarḥ at-Taʿrruf li-maḏhab at-taṣawwuf* die verschiedenen Stationen von *zikr*. Er fasst *zikr* insgesamt in drei Stationen zusammen: Gott in Erinnerung rufen, die Erinnerung bewahren und sich von den beiden Stationen zu lösen. Die erste Station ist willentlich (*iḫtiyār*), die zweite ist Erstaunen (*ḥairat*) und die dritte ist Aufgehen (*fanā*). In dieser Station verwandelt sich *zikr* in Schau, die nicht durch Erzählen und Hören, sondern nur durch Sehen und Schmecken erfassbar wird.[16]

---

[13] Möglicherweise wird mit dem Buchstaben „h" in dem Wort „Allah" das verborgene Geheimnis des Namens Gottes bezeichnet, dem eine magische Kraft innerwohnen würde. Auch handelt es sich um eine Verkürzung von „hu" ER. Sh. Ebd., S. 250.

[14] Sh. Schimmel, A., *Sufi. Liebe zu dem Einen: Texte aus der mystischen Tradition des Islam.* Heyne, München 1993, S. 23-24.

[15] Meier, F., *Vom Wesen der islamischen Mystik.* Schwabe, Basel 1943, S. 11.

[16] Vgl. Mustamlī Buḫārī, Ibrāhīm Ismāʿil bin Muḥammad, *Šarḥ at-Taʿrruf li-maḏhab at-taṣawwuf.* Hrsg. v. Muḥammad Rūšan. Bd. III. Asāṭīr, Teheran 1984, S. 1343-1347.

Mit *zikr* verbindet der Sufi verschiedene Praktiken, wie das Rezitieren des Namens Gottes, Gebete und Aussprüche des Propheten, sowie das Lesen des Korans und das Reflektieren darüber. Es existieren zwar verschiedene Invokationsformen, aber häufig werden in anfänglichen Stadien Aussprüche wie *„Subḥān al-lāh“* („Gepriesen sei Gott“), *„al-ḥamdu lillāh“* („Lob sei Gott“) und *„Allāhu Akbar“* („Gott ist der Größte“) verwendet. Jedoch finden auch komplexere Formeln und Meditationen in fortschrittlichen Stadien Ausdruck, wie *„laisa al-lāhu illā hū“* („es gibt Nichts außer Ihn“).

Zikr findet je nach Situation sowohl in Gruppen als auch allein statt, sei es in einer Moschee oder zu Hause. Er kann zu festgelegten Zeiten oder spontan praktiziert werden. Mit dem meditativen Aussprechen dieser Formen beabsichtigt der Sufi, das Ego und den Geist zu reinigen, die Seele zu beruhigen und das Bewusstsein für die göttliche Präsenz im alltäglichen Leben zu intensivieren.

Die Praxis von *zikr*, die in einer mantrischen gedanklichen Wiederholung göttlicher Namen Ausdruck findet, spiegelt sich ebenso in rhythmisch-musikalisch schwingenden Klängen wider.[17] Denn der Sinn von *zikr* liegt in der Verwandlung der Seele, der Annäherung und der Inkorporation der göttlichen Präsenz in den Herzen der Gläubigen. Ein Beispiel dafür finden wir in Äußerungen von Ǧalāl ad-Dīn Muhammad Balḫī Rūmī (gest. 1273). Er sah in der Musik den Ton zur Öffnung der Türen des Paradieses, wie dies poetisch von Friedrich Rückert wiedergegeben wird:

Einst sprach unser Herr Dschalaluddin dieses:
„Die Musik ist das Knarren der Pforten des Paradieses!“

Darauf sprach einer von den dumm-dreisten Narren:

„Nicht gefällt mir von Pforten das Knarren.“
Sprach unser Herr Dschalaluddin drauf:
„Ich höre die Pforten, sie tun sich auf,
doch wie die Türen sich tun zu,
das hörest du!“[18]

[17] Sh. Hajatpour, R., *Sufismus und Theologie. Grenze und Grenzüberschreitung in der islamischen Glaubensdeutung*. Alber, Freiburg i.Br. 2017, S. 60.

[18] Zit. nach Schimmel, *Mystische Dimensionen*, a.a.O., S. 261.

So gesehen ist *zikr*, in welcher Form auch immer er ausgeführt wird, ein Mittel der Bewusstwerdung Gottes. In diesem Sinne kommt *zikr* eine besondere Funktion zu, die, anders als das rituelle Gebet, in jeder beliebigen Zeit und Form durchgeführt werden kann und darüber hinaus einen freiwilligen Akt darstellt, der einen meditativen Charakter innehat. Das melodische Rezitieren des Korans und die akustische Vertonung der koranischen Verse bzw. göttlicher Namen zählen ebenso als ein Akt des rituellen Gedenkens Gottes. *Zikr* bzw. alle anderen Formen des Gedenkens an Gott gelten als eine notwendige Vorbereitung dafür, dass der Novize während der Rezitation und dem Nachsinnen über die rezitierten Koranverse die innere Bedeutung der Verse in sein Herz aufnehmen kann. Dieser Vorgang ist vergleichbar mit der Offenbarung, die der Prophet in seinem Gedenken Gottes empfing. Der Mystiker bezeichnet diesen Akt als *kašf* („Enthüllung") bzw. *ilhām* („Inspiration").[19]

Mit anderen Worten ist das rituelle Gebet weder an äußere Worte noch an eine bestimmte Form gebunden. Zwar besteht das Gebet genauso wie zikr aus einer äußeren Form, aber der Kern des Gebetes führt gleichermaßen zur Befreiung des Bewusstseins von jenen äußeren Formen. Wie Rumi es treffend formuliert: „Gebet bedeutet das Versinken und das Unbewusstsein der Seele, so dass alle diese Formen draußen bleiben."[20] So gesehen ist das Gedenken Gottes eine Form des Gebetes. Dennoch stellt der Koran *zikr* über das Gebet,[21] wie Brodersen hervorhebt.[22] Denn das rituelle Gebet ist eine obligatorische Pflicht, die ein (religiöses) Gebot erfüllt, womit der Gläubige seinen Gehorsam gegenüber Gott ausdrückt. Anders als das Gebet ist *zikr* ein Gebot des Herzens, da der Sufi sich nach Gottes Anwesenheit in seinem Leben sehnt und die Möglichkeit offen hält, dass Gott ihm entgegenkommt und er dadurch etwas zurückerhält.[23] Der Sufi hat also die Aufgabe, „jeden Moment sein Herz zu polieren und jeden Atemzug in der Erinnerung

---

19 Vgl. Çınar, H. İ, *Koranwissenschaften und Koranexegese. Eine Einführung*. Institut für islamische Studien und interkulturelle Zusammenarbeit (IFIS&IZ Publications), Mannheim 2017, S. 379. Sh. auch Al-Daghistani, R., *Epistemologie des Herzens: Erkenntnisaspekte der islamischen Mystik*. Ditib, Köln. 2017.

20 Sh. Rumi nach Schimmel, *Mystische Dimensionen*, a.a.O., S. 234.

21 Koran 29:45.

22 Vgl. Brodersen, A., Art. *Remembrance*, in: Encyclopaedia of the Qur'ān 4, Brill u.a., Leiden 2004, S. 424.

23 Koran 2:152

Gottes zu sein".[24] Denn diese Erinnerung bzw. die Anwesenheit Gottes in seinem Leben führt dazu, seine Seele rein zu halten und sie vor den niedrigen Eigenschaften zu schützen.[25]

Der islamische Philosoph Ibn Sīnā (gest. 1037) ist der Meinung, dass das rituelle Gebet so wie die Enthaltsamkeit (*zuhd*) Werkzeuge sind, mit denen der Mensch seinen Willen stärkt. Askese (*zuhd*) und meditative seelische Übungen (*riyāḍā rūḥiyya*) sind daher Anstrengungen zur Läuterung der Seele von der Unterjochung der Triebseele und damit die Vorbereitung der Seele auf das höhere Bewusstsein. *Zikr* stellt somit in Verbindung mit der Askese und den Gottesdiensten im Sinne Ibn Sīnās eine meditative Maßnahme dar, die den Asketen zu Gott führt. Daher sind die Gottesdienste Ibn Sīnā zufolge mit dem Denken (*al-ʿibāda al-mašfūʿa bi al-fikra*) verbunden, also mit Besinnung und Bewusstsein.[26]

Inwiefern das Gedenken Gottes mit dem Nachdenken über Gott einhergeht, exemplifiziert ein Gedicht von Rumi:

Und denke so inständig Gottes, bis selber du dich ganz vergisst,
Dass du im Gerufenen aufgehst,
wo Rufer und Ruf nicht mehr ist.[27]

Ob das Denken einen Aspekt von *zikr* bildet und ob eine Verbindung zwischen Gebet und Denken besteht, zeigen wir im folgenden Kapitel.

2. *Fikr*: eine geistige Vertiefung

Der Begriff *fikr* wird normalerweise für rationales Denken verwendet. Vor allem finden wir diesen Begriff in vielen philosophischen, theologischen und literarischen Traditionen vor. Es handelt sich dabei um das kognitive Erfassen der Welt.

24 Makowski, R. Samsam u. Makowski, S., *Sufismus für Frauen. Zugänge zur islamischen Mystik*. Benziger, Zürich 1996, S. 26.

25 Sh. Narrāqī, Aḥmad: *Miʿrāǧ as-saʿāda*. Hrsg. v. Riḍā Marandī, Teheran ²1379/2000, S. 65.

26 Vgl. Ibn Sīnā, Abū ʿAlī al-Ḥusain Ibn ʿAbdallāh, *al-Išārāt wa-t-tanbīhāt*. Mit den Kommentaren v. Naṣīr ad-Dīn aṭ-Ṭūsī u. Quṭb ad-Dīn ar-Rāzī. Bd. III. Hrsg. v. Našr al-balāġa, Ghom 1375/1996, S. 378-380.

27 Schimmel, A.: *Rumi: Leben und Werk des großen Mystikers*. Diederichs, Düsseldorf/Köln 1980, S. 167

Er wird seit der Aufklärung häufig als Äquivalent für die Vernunft, aber inzwischen auch als Synonym für religiöse Reformisten, die sich intellektuell mit der Religion auseinandersetzen, verwendet.[28] In diesem Sinne findet *fikr* in verschiedenen Kontexten einer modernen Gesellschaft Anwendungen.

Im philosophischen Kontext gilt *fikr* als ein Produkt der Vernunft und die Vernunft erscheint als Tätigkeit des menschlichen Geistes. Da bei manchen religiösen Denkern Gott als reiner Geist *(ʿaql)* verstanden bzw. der Intellekt als etwas Transzendentales betrachtet wird, scheint *fikr* als eine Tätigkeit der Seele erachtet zu werden. In der islamischen Philosophie spricht man von der „Vernunftseele", die von Gott als Manifestation seiner Geschöpfe Kreation und als „Lehrling seiner kosmogenetischen Namen" im Menschen verankert ist. Diese Kraft wird mit einer Werkstatt (pers. *kārḫānah*, wörtl. „Firma", „Fabrik") des Geistesvermögens (pers. *quwwa-yi fikrī*, „die geistigen Kräfte") verglichen, wodurch abertausende Werke (pers. *maṣnūʿ*, „Kunstwerk", „Produkt") zustande gebracht werden.[29] *Fikr* wird auch als ein Instrument für rein logisches Denken angesehen. Es bezieht sich vor allem auf eine tiefe Reflexion, um komplexe Konzepte zu analysieren und zwischen dem Wahren und Falschen zu unterscheiden. Darüber hinaus wird *fikr* auch für Nachdenken im alltäglichen Leben gebraucht.

Im religiösen Kontext steht *fikr* einerseits für eine Reflexion über Gott, seine Schöpfung und sein Wirken in der Schöpfung und andererseits für spirituelle Erweckung. Dadurch können die Gläubigen Gottes Zeichen und die göttliche Allmacht in der existierenden Welt erkennen.[30] Für die islamische Gelehrsamkeit ist *fikr* ein wichtiges Instrument für ein dialektisches Vorgehen, um die Glaubensüberzeugungen zu verteidigen und die religiösen Texte entsprechend dem Glaubensverständnis auszulegen. Denken ist daher mit Nachdenken, Überlegung und Beobachtung verbunden, damit das Wahre und Falsche bzw., „dessen Bedeutung und Bedeutungslosigkeit offenkundig werden".[31]

Fikr kommt zwar im Koran häufig vor, steht dabei aber in einem religiösen Kontext und wird damit weniger als ein rationales bzw. kritisches Denken

---

28 Sh. Amirpur, K., *Den Islam neu denken. Der Dschihad für Demokratie, Freiheit und Frauenrechte.* Beck, München 2013.

29 Sh. Ilāhī Qumšaʾī, Muḥyi ad-Dīn Mahdī, *Ḥikmat-i ilāhī. Ḫāṣṣ wa ʿāmm.* Hrsg. v. Hurmuz Būšahrīpūr. Našr-i rūzana, Teheran 1379/2000, S. 147.

30 Sh. z.B. Koran 3:191, 10:24, 16:69.

31 Hajatpour, R., *Iranische Geistlichkeit zwischen Utopie und Realismus. Zum Diskurs über Herrschafts- und Staatsdenken im 20. Jahrhundert.* Reichert, Wiesbaden, 2002, S. 142.

wahrgenommen, sondern vielmehr als spirituelle Reflexion. Dafür verwendet der Koran unterschiedliche Begriffe: „Verstehen" (*tafakkur*, wörtlich Nachdenken), Bewusstsein (*šuʿūr*), die Einsichtsvollen (*ulil-albāb*), Unterweisung (*tafaqquh*) bzw. Verstehen (*fiqh̩* d.h. auch islamisches Recht). Alle diese Ausdrucksformen haben im religiösen Kontext im Großen und Ganzen die gleiche Bedeutung wie „Vernunft" bzw. „Denken" (*ʿaql*). Vor allem stehen fikr und Vernunft jedoch in einer korrespondierenden Beziehung zueinander. Oft weist der Koran den Menschen auf Selbstbesinnung, Nachdenken und vernünftige Überlegung (*yaqulun* bzw. yatadabbirn usw.) hin. Diese Beratungsfunktion wird auch in einigen Versen ersichtlich.[32]

Fikr in der Bedeutung Denken nimmt jedoch im theologischen Kontext eine epistemische Funktion ein. Für den ašaritischen Gelehrten Abū Ḥāmid al-Ġazālī (gest. 1111) wird damit diejenige geistige Fähigkeit des Menschen bezeichnet, die ihn gegenüber allen anderen Lebewesen charakterisiert.[33] Dennoch geht al-Ġazālī einen Schritt weiter und stellt das Denken als einen Vorgang der Erziehung dar. Er betont in einer Art mystischer Pädagogik eine praktisch-ritualistische Maßnahme zu erkennen, mit deren Hilfe er ein praktisches Resultat im Denken und Handeln erwartet. Nicht intellektuell, sondern durch praktische Erarbeitung, ständige seelische Hingabe und Hinwendung und Gehorsam Gott gegenüber sowie durch die Erfüllung der göttlichen Gebote sollen das Gute und die Seligkeit erreicht werden:

> *Du weißt nun aus jenen beiden Anekdoten, daß Du nicht [so sehr] das Vermehren des Wissens benötigst. Ich werde Dir nun deutlich machen, wozu der [mystische] Novize in Bezug auf den Weg der Wahrheit [Gottesweg] verpflichtet ist. Wisse, daß es unerläßlich für den Novizen ist, einen Scheich zu haben, der Wegweiser [muršid, mystischer Anleiter] und Erzieher [murabban] ist, um den bösen Charakter durch seine Erziehung aus ihm herauszuholen und dessen Stelle mit einem guten Charakter zu ersetzen.*[34]

Eine ähnliche mystische Reflexion ziehen auch antike Philosophen vor. In der stoischen Lehre vom moralischen Denken kommen vor allem mystische Tendenzen

---

32 Sh. Koran 7:62, 68, 79, 93.

33 Vgl. al-Ġazālī, Abū Ḥāmid, *Iḥyā al-ʿulūm ad-Dīn*. Hrsg. v. Ḥusain Ḫadīw Ǧam. Übertragen aus dem Arabischen ins Persische Muʾayid- ad-Dīn Muḥammad Ḫwārazmī. Intišārā-i ʿilmī wa farhangī, Teheran 1972, S. 17.

34 Ebd., S. 128.

wie Bedürfnislosigkeit, leidenschaftliche Seelenruhe und Selbstbeherrschung als Ziel der Ethik zum Ausdruck.[35]

Der islamische Mystiker und Dichter Ǧalāl ad-Dīn Rūmī (gest. 1273) sieht das Wesen des Menschen ausschließlich im „Denken“ (pers. *andiša*).[36] Auch alles weitere in der Welt ist nichts anderes als reines Denken, denn sie wird von Gott, der das absolute Denken ist, gedacht, und so ist es auch mit dem „identisch“, der es hervorbringt. Diese neuplatonische Auffassung vom Intellekt ist bei vielen muslimischen Denkern und Philosophen in einer Einheitsvorstellung eingebettet. Die neuplatonischen Vertreter im Islam gehen von der Einheit des Gedachten, dem Denkenden und dem Denken aus. Dies können wir dem folgenden Gedicht deutlich entnehmen:

> *Diese Welt ist ein Gedachtes [Gedankengebilde] der absoluten Vernunft, die Abgesandten sind die Formen und der König ist die Vernunft. Die erste Vernunft lenkt die zweite Vernunft. Dem Fisch wird der Kopf abgenommen [kandih], nicht der Schwanz. [Der Fisch wird am Kopf dicker/ kugelförmiger [gundah], nicht am Schwanz.]*[37]

In spirituellen Reflexionen ist *fikr* ein Mittel für die ethische Veredelung der Seele und Annäherung an Gott. Mit dem Denken ist hier keineswegs ein rationales und demonstratives Vorgehen gemeint, sondern eine meditative Selbstbeobachtung und Selbstkontrolle. Wie ʿAbd al-Karīm al-Ǧīlī (gest. 1428) hervorhebt, kann Denken in seiner rationalen Funktion negative Folgen haben, es sei jedoch in seiner asketischen Form ein Mittel zur Schau der verborgenen Welt *„fa-hūwa miftāḥ min mafātiḥ al-ġaib“* (es handelt sich um einen Schlüssel zum Verborgenen).[38]

---

35 Sh. Rohls, J., *Geschichte der Ethik*. Mohr, Tübingen ²1999, S. 74-75.

36 „O Bruder, du bist ganz und gar Gedanke, das Übrige seist du Knochen und Strunk (*riša*) nur“. Ḫāʷǧa Ayyūb: Asrār al-Ġuyūb, *Šarḥ maṯnawī mʿanawī*. Bd. I. Hrsg. u. editiert v. Muḥammad Ǧawād Šarīʿat. Asāṭir,Teheran, 1377/2000, S. 322; Vgl. Maulawī Rūmī, Ǧalāl ad-Dīn, *Maṯnawī mʿanawī*. Hrsg. V. Reynold A. Nicholson. Suruš, Teheran 1982/2003, S. 192.

37 Sh. Raḍī, Hāšim, *Ḥikmat-i Ḫusrawānī. Ḥikmat-i išrāq wa ʿirfān az Zartušt tā Suhrawardī*. Intišārā-i Bahǧat,Teheran, ²1379/2000, S. 258. Wie auch immer man diesen Vers liest, sind der Fisch, sein Kopf und sein Schwanz ein Gleichnis für das Verhältnis von der ersten Vernunft bzw. Seele zur zweiten Vernunft bzw. Seele. Demnach wird die Welt des a posteriori auf die Welt des a priori zurückgeführt. So ist die Welt der Formen ein Abbild der wahren Welt, nämlich der Welt des ersten Intelligiblen.

38 Vgl. al-Ǧīlī, ʿAbd al-Karīm, *al-Insān al-kāmil fi maʿrifat al-awāḫir wa-l-awāʾil. Bd. I-II.* Eingel. u. hrsg. v. Raǧab ʿAbd al-Munṣif ʿAbd al-Fattāḥ al-Mutanāwī (q1419/ 1999).

Im Grunde geht es hierbei um einen Akt der Vertiefung des Selbst. Es ist nicht einmal ein moralisches Denken, denn es handelt sich um eine intellekthafte Reflexion über das eigene Handeln und dessen Beurteilung als gut oder böse. Moralisches Denken setzt feste Kategorien und Maßstäbe des Handelns voraus. Der Koran erachtet an einigen Stellen das moralische Denken als Voraussetzung für das Gedenken Gottes. Zum Beispiel wird in folgendem Vers zuerst von einem moralischen Verhalten gesprochen, als Mahnung für diejenigen, die Gott gedenken:

> *Und verrichte das Gebet an den beiden Enden des Tages, und in den Stunden der Nacht (die dem Tage näher sind). Wahrlich, die guten Werke vertreiben die bösen. Das ist eine Mahnung für diejenigen, die Gottes gedenken.*[39]

Fikr im Sinne von *tafakkur* bezeichnet im spirituellen Kontext einen Zustand, in dem der Mystiker das höchste Bewusstsein erreicht. Zunächst steht *fikr* für ein individuelles Bewusstsein über sich selbst. Es geht dabei um das wahre Wesen. Von der Selbsterkenntnis aus führt der Weg zur Gotteserkenntnis, wie manche Mystiker wie z. B. al-Ġazālī betonen. „Wer sich selbst [seine Seele bzw. sein Ich] erkennt, hat seinen Herrn erkannt" (*man ʿarafa nafsahū faqad ʿarafa rabbahū*).[40] Diese Überlieferung, die wir in vielen mystischen bzw. ethischen Werken im Islam finden, weist gewisse Ähnlichkeiten mit dem sokratischen Satz „Erkenne Dich selbst" auf. Hier wie auch im islamischen Kontext wird der Mensch als denkendes Wesen vorgeführt, das mit einer Selbstreflexion bzw. mit Selbstbewusstsein oder Ichbewusstsein einhergeht. Die Ähnlichkeiten zwischen diesen Formulierungen veranlassen einige Denker dazu, das selbsterkennende Ichbewusstsein des Menschen, das bei Ibn Sīnā bzw. al-Ġazālī vorkommt, teilweise cartesianisch zu verstehen, nämlich im Sinne von „Ich denke, also bin ich".[41]

Maktaba Zaharn, Kairo, Bd. II. S. 47.

39 Koran 11:114

40 Vgl. al-Ġazālī, Abū Ḥāmid Muḥammad, *Kīmīyā-yi saʿādat. Bd. I, II.* Hrsg. v. Ḥusain Ḫadīw Ǧam. Teheran 81378/1999, S. 13.

41 Sh. Iqbal, Muhammad, *Development of Metaphysics in Persia.* Luzac & Company, London 1908, S. 73.

Im spirituellen Kontext gibt es jedoch Kein „Ich". Denn das „Ich" stellt einen Schleier dar, der zwischen dem Geschöpf und der Wahrheit steht.[42] Im Aufgehen in Gott als Endstadium (*fanā'*) und in der Erlangung der Einheit liegt dann die Überwindung des eigenen begrenzten Ichs und somit das Erreichen des erweiterten Bewusstseins.

Die Selbstachtsamkeit gilt damit als die Öffnung der Seele zu einem höheren Bewusstsein hin. Einige Mystiker sind der Meinung, dass der spirituelle Weg mit dem Nachdenken (*tafakkur*) beginnt. Doch dieses Nachdenken bezeichnet keinen rationalen Vorgang, sondern eine ans Herz gebundene Reflexion (*tafakkur-i dil*).[43] Sie glauben, dass die Vernunft keinen Zugang zu einem tieferen Bewusstsein haben kann. Daher sprechen sie vom Herz (*dil* bzw. *qalb*).[44] Denn die wahre Erkenntnis, die als eine seelische Kraft gelte, sei unmittelbar. Aus mystischer Sicht beginnt die Suche nach der Wahrheit durch die willentliche Hingabe auf dem spirituellen Pfad durch Meditation, asketische Achtsamkeit und Selbstreflexion. Rationale Instrumente wie die Vernunft gewähren keinen Zugang zur wahren Erkenntnis, denn dies geschieht nur über die meditative Selbstreflexion und die Vertiefung des Selbst. Im Reich der Einheit existiert also nur ein ewiges Bewusstsein.

Tafakkur als rationaler Akt ist nicht identisch mit dem *tafakkur* im meditativen Zustand der Seele. Als rationale Reflexion stellt er ein prüfendes Nachdenken in Begriffen und beobachtende Vernunfterkenntnisse dar. Als eine Art Kontemplation beinhaltet er eine konzentrierte innere Vertiefung und Versenkung. Denn die Seele, die in der Philosophie als rational denkende Kraft gilt, ist für die Mystiker ein Ort der spirituellen Erkenntnis, der erst durch Askese und Achtsamkeit, also durch eine ständige Beobachtung, gefunden werden kann. Das Nachdenken des Verstandes mag zwar eine Vorstufe zu einem Nachdenken des Herzens sein, aber eine Mystikerin oder ein Mystiker muss den Verstand verlassen um zum ständigen Nachdenken und Gedenken des Herzens zu gelangen.[45] In diesem Sinne versteht die Mystik unter *tafakkur* eine spirituelle Reise, von einem

---

42 Sh. Baqlī Šīrāzī, Rūzbihān, *Kitāb ʿAbhar al-ʿāšiqīn*. Hrsg. v. H. Corbin u. M. Muʿīn. Paris u. Teheran. ³1366/1987, S. 37.

43 ʿIbādī, Quṭb ad-Dīn, *Ṣūfi-Nāmah. Taṣḥīḥ Ġulām-Ḥusein Yūsifi. Intišarat-i ʿIlmī*. Teheran 1368/1999, S. 160.

44 Hajatpour, *Sufismus und Theologie*, a.a.O., 2017, S. 30, 62, 86-87.

45 Sh. Abbāsī, Wallīullāh, Tafakkur dar andīsh-i ʿirfānī, in: Pižūhišhā-yi ʿulūm-i insānī wa mutāliʿāt-i farhangi. https://ensani.ir/fa/article/89049/%D8%AA, aufgerufen 25.04.2024.

äußeren Zustand in einen inneren Zustand, von der Schöpfung zum Schöpfer, von der Vielfalt zur Einheit und von der diesseitigen Welt zur jenseitigen Welt. Die Vereinigung bzw. das Aufgehen in Gott (*fanā'*) gilt dabei als das Ziel dieser spirituellen Reise.[46]

So führt *tafakkur* im philosophischen Sinne zu einem permanenten geistigen Zustand, der durch geistige Vertiefung der existentiellen Erkenntnisse, also durch eine Reflektion über die Schöpfung, Natur und die Existenz, die Fähigkeiten des menschlichen Denkens, der Wahrnehmung und des Bewusstseins schärfen möchte, um dadurch die Weisheit zu erlangen.

Ġulām Ḥusein Ibrāhimī Dīnānī ist der Auffassung, dass *zikr* und *fikr* zwei Aspekte eines Aktes darstellen. Für den Menschen führt *zikr* ohne *fikr* zu keinem sinnvollen Ergebnis und ebenso verhindert *fikr* ohne *zikr* die Erlangungen des höchsten Zieles.[47] Als Grund nennt der Religionsphilosoph Dīnānī die Harmonie zwischen Herz und Vernunft. In der islamischen Mystik stehe seiner Meinung nach die Vernunft nicht im Gegensatz zum Herzen, sie seien zwei Aspekte ein und desselben Vermögens im Menschen. In Anlehnung an Naǧm ad-Dīn Rāzī (gest. 1261) sieht er „das Herz als Ort der Manifestation der Vernunft."[48]

Naǧm ad-Dīn Rāzī ist der Auffassung, dass die Vernunft souverän sei und die prophetische Rechtleitung nicht benötige. Mit der Vernunft ist nicht der menschliche Verstand gemeint, sondern der Geist, der alles verkörpert. Dieser ist auch ein Aspekt der Seele und kann sich vervollkommnen. Naǧm ad-Dīn Rāzī vertritt die Meinung, dass mit dieser Vernunft viele Menschen und Denker eine Höherentwicklung in den Wissenschaften erreicht haben. Dennoch ist diese Vernunft nicht dazu geeignet, sich souverän die göttlichen Wissenschaften anzueignen. Dafür benötigt der Mensch die unmittelbare Gnade.[49]

---

[46] Wenn die Kontemplation (*tafakkur*) im Grunde die epistemische Suche nach der Nähe Gottes ist, ist die Invokation (*zikr*) das metaphysische Eintreten in diese. Dementsprechend räumt ʿAbdallāh al-Anṣārī tazakkur eine höhere Stellung als *tafakkur* ein; „denn die Kontemplation ist Suchen, doch die Invokation ist Finden (*fa-inna-t-tafakkar ṭalabun wa-t-taḏakkar wuǧūdun*)." Al-Anṣārī, ʿAbdullāh, Manāzil as-sāʾirīn, Stations of the Wayfarers. Paris 2001, S. 54. Vgl. auch Al-Daghistani Raid. E*pistemologie des Herzens: Erkenntnisaspekte der islamischen Mystik*. Köln: Ditibverlag. 2017, Kap. 2.4.7 „*tafakkur und tadhakkur*".

[47] Sh. Ibrāhimī Dīnānī, Ġulām Ḥusein, *Daftar-i ʿaql wa āyāt-i ʿišq. Bd. 1, Ṭarḥ-i nū*. Teheran 2001, S. 15.

[48] Ebd., S. 16.

[49] Vgl. Rāzī Dāya, Naǧm ad-Dīn, *Risāla-yi ʿišq wa ʿaql (Miʿyār aṣ-ṣidq fī miṣdāq al-ʿišq)*. Hrsg. und ediert v. Taqī Tafaḍḍulī. Bungāh-i tarǧuma wa Kitāb, Teheran 1345/1966, S. 45-47.

Dīnānī hebt hervor, dass es auch Mystiker gibt, die das Denken über die Askese (*zuhd*) und strengdisziplinierte Läuterung (*riyāḍa*) stellen. Diese Art des Denkens ist nichts anderes als eine ständige Selbstbeobachtung. Jedoch zieht er Beispiele heran, die weniger als Teil der Mystik zu verstehen sind. Für seine Behauptung nennt er eher Philosophen wie al-Fārābī (gest. 951) oder Zakariyā ar-Rāzī (gest. 925).[50] Lāhīǧī wäre in diesem Zusammenhang besser gewählt, da er dem Denken gegenüber dem Gottesdienst Priorität einräumt.[51]

Die islamischen Philosophen sind in der Regel danach bestrebt, eine Verbindung zwischen Spiritualität und Rationalität herzustellen, jedoch gilt die Erkenntnis im philosophischen Kontext der Anhänger der peripatetischen Schule als ein kognitiver Vorgang der Seele. Die enge Verzahnung zwischen Mystik und Philosophie einerseits und Ethik und Philosophie andererseits tritt vor allem seit Šahāb ad-Dīn Suhrawardī (gest. 1191) in Erscheinung und wurde seit der Isfahaner Schule und den Anhängern der Existenzphilosophie Ṣadr ad-Dīn Muḥammad Šīrāzīs (gest. 1635, bekannt als Mullā Ṣadrā) weiter vorangetrieben. Philosophenmystiker wie Maḥmūd Šabistarī (gest. 1340) sehen, laut Abbāsī, im Denken bzw. Nachdenken die Enthüllung der Wahrheit, wodurch die Erkenntnis unmittelbar erfasst wird.

Denken ist somit ein meditativer Prozess, eine asketische Übung, die den Novizen auf dem Weg zur Enthüllung der Wahrheit begleitet.[52] In diesem Sinne stellt Saʿd ad-Dīn Ḥammūya (gest. 1252) zikr und fikr nebeneinander, da diese den Weg zu Gott aufzeigen. Denn zikr und fikr seien aus dem Leben (ḥayāt) hervorgegangen, wie Ḥammūya hervorhebt, sowie das Leben aus dem Geist (rūḥ) und der Geist aus der erhabenen Welt der Transzendenz (subbūḥ).[53]

---

50 Vgl. Ibrāhimī Dīnānī, *Daftar-i ʿaql.* a.a.O., S. 135-144.

51 Sh Lāhīǧī, M., *Šarḥ-i Gulšan-i rāz.* Sʿadī, Teheran 1992, S. 302.

52 Sh. Abbāsī, *Tafakkur dar andīsh-i ʿirfānī*, a.a.O..

53 Vgl. Ḥammūya, Saʿd ad-Dīn, *Al-Miṣbāḥ fī t-taṣawwuf.* Hrsg. v. Naǧīb Māyil Hirawī (1362/1983). Maulā, Teheran, S. 73.

3. *Murāqaba*: Achtsamkeit durch asketische Selbstbeobachtung

Der Begriff *murāqaba* wird ebenfalls als eine meditative Achtsamkeit gegenüber den eigenen Handlungen verstanden. Auch wenn manche Mystiker diesen Begriff zu den Stationen (*maqāmāt*) zählen,[54] wird er jedoch von anderen vor allem in Zusammenhang mit spirituellen Zuständen verwendet.[55] Wie es zu dieser Verwechselung kam, erklärt Šahāb ad-Dīn Suhrawardī in seinem Werk ʿAwārif al-maʿārif.[56]

Wörtlich stammt *murāqaba* aus *raqab*, was so viel bedeutet wie *raṣada* (besichtigen). Das eigentliche Wort steht eher für „beobachten". In der Sprache der Sufis wird er jedoch als ein Akt der Kontemplation verstanden. Kontemplation kann einmal der Seele (*nafs*), einmal dem Herzen (*qalb*) und einmal Gott (*ḥaqq*) gewidmet sein.[57]

Auf dem spirituellen Pfad verpflichtet sich der Sufi die verschiedenen Stationen (*maqāmāt*) der Askese durch eigene willentliche Anstrengungen zu erwerben. Durch die Erfahrungen innerhalb der Stationen (wenn diese gut erfüllt werden) durchläuft der Sufi gewisse Zustände. *Murāqaba* bezeichnet einen Zustand, der dem Sufi die Fähigkeit verleiht, seine Seele zu analysieren. Somit gilt *murāqaba* als ein Zustand der bewussten Achtsamkeit und Wachsamkeit,[58] wobei der Sufi dadurch die Gabe erhält, gegenüber den Einfällen und sonstigen äußeren und inneren Gedanken sowie Gefühlen wachsam zu sein.

Der angemessenere Begriff wäre meines Erachtens eine achtsame Selbstanalyse bzw. Seelenanalyse im mystischen Sinne. Dem Sufi jedoch wird diese Gabe zuteil, wenn er sich erfolgreich der Askese unterzogen und die edlen Eigenschaften

---

54 Sh. Ǧandī, Muyyad ad-Dīn, *Nafḫat ar-rūḥ wa tuḥfat al-futūḥ*. Hrsg. v. Naǧīb Māyil Herawī Maula, Teheran, 1362/1983, S.138.

55 Sh. z. B. Suhrawardī, Abū al-Naǧīb Ḍiyā ad-Dīn, *Ādāb al-murīdīn*. Übertr. v. ʿUmar bin Muḥammad bin Aḥmad Šīrkān. Hrsg. v. Naǧīb Māyil Herawī. Ārin, Teheran 1984, S. 76.

56 Vgl. Suhrawardī, Šahāb ad-Dīn, *ʿAwārif al-maʿārif*. Übertr. ins Persische v. Abū Manṣūr ʿAbd al-Muʾmin Iṣfahānī. Hrsg. v. Qāsim Anṣārī. Teheran 1364/1985, S. 282.

57 Vgl. Al-Gilani, Abd al-Qadir Muhammad bin Sina: *Abwab at-tasawwuf (maqamatuhu wa afatuhu)*. Dar al-kutub al-ilmiyya, Beirut, 2010, S. 257-258; ar-Rāzī, Muḥammad Ibn Abī Bakr Ibn ʿAbd al-qādir: Muḫtār aṣ-ṣiḥāḥ. Eingel. und hrsg. v. Maḥmūd Ḥātir . Beirut 1999, S. 126.

58 Sh. dazu Al-Daghistani, Raid, *Impulse für eine spirituelle Umweltresonanz aus dem Geiste des Sufismus*. Hrsg. v. P. Zimmerling. Sonderausgabe des Heftes der Gesellschaft der Freunde christlicher Mystik e.V. (Eigenverlag), Neunkirchen-Seelscheid 2024, S. 85.

erlangt hat. Unter *murāqaba* kann auch Versenkung bzw. Kontemplation verstanden werden, da der Sufi durch intensive Seelenanalyse einen Zustand erreicht, in welchem dem Asketen eine betrachtende Versenkung in die Geheimnisse ermöglicht wird. Hierbei handelt es sich nicht um eine bloße Achtsamkeit oder Beobachtung, sondern darüber hinaus auch um eine Selbstfundamentierung. Der Novize wird in einem Zustand des „völligen Gesammeltseins in der Kontemplation“[59] vertieft und ergründet sein inneres Selbst. Dieser Akt der Achtsamkeit gegenüber sich selbst ist der Weg zu Gott. Denn der Sufi sieht in diesem auf sich selbst gerichteten Blick die Reinheit seiner Gewissheit (*ṣafā-i yaqīn*), wie es Abū al-Naǧīb Suhrawardī (gest. 1168) interpretiert.[60] Mit *murāqaba* übt der Sufi Kontrolle über sein Gedenken und sein Denken aus. Die Anwesenheit Gottes findet in der Selbstanwesenheit statt, denn mit der Selbstanwesenheit sind Selbstfokussierung, Selbstanalyse, Selbstvertiefung und Selbstfundamentierung gemeint.

Einige religiöse Gelehrte sehen in *murāqaba* eine Steigerung von *zikr* und *fikr*. Gedenken und Reflektieren sollen sogar von dem Akt der *murāqaba* begleitet werden. Dies setzt jedoch voraus, dass *murāqaba* kein Zustand ist, sondern eher zu den Stationen gehört, und daher bewusst trainiert wird. In diesem Sinne stellt *murāqaba* eine reine Meditation dar. Jedoch entdecken manche Gelehrte in der Praxis der *murāqaba* mehr als nur reine Meditation. Ḥuseinī Ṭihirānī (gest. 1995) stuft *murāqaba* in verschiedenen Etappen ein: So verlangt *murāqaba* zuerst, dass die formalen Gottesdienste erfüllt werden. Die nächste Stufe führt den Sufi zu einer klaren Fähigkeit (*tamakkun*), sodass er alles tut um Gott zufrieden zu stellen und sich nicht ablenken lässt, bis die Enthaltung gegenüber der materiellen Welt zum Habitus wird. Die dritte Stufe verankert das Bewusstsein, sodass Gott in allen seinen Taten und Zuständen anwesend ist. Die letzte Stufe öffnet eine kontemplative Schau (*mušāhada*), sodass der Sufi die Schönheit Gottes betrachtet. In diesem Zustand blickt er zu Gott und Gott wiederum blickt ihn an, denn der Novize ist über den formalen Gottesdienst hinausgewachsen, da er in einer Weise zu Gott betet, als ob er ihn sehen würde.[61] Das Ziel von *murāqaba* ist die Steigerung des Bewusstseins und die innere Ruhe. Die innere Ruhe erlangt der Novize durch die Selbstbeherrschung, die durch ständige geistige und verbale

59 Schimmel, *Mystische Dimensionen*, 1985, a.a.O., S. 206.

60 Vgl. Suhrawardī, Abū al-Naǧīb Ḍiyā ad-Dīn, *Ādāb al-murīdīn*. Übertr. v. ʿUmar bin Muḥammad bin Aḥmad Šīrkān. Hrsg. v. Naǧīb Māyil Herawī. Ārin, Teheran 1984, S. 76.

61 Vgl. Ḥuseinī Ṭihirānī, M. Ḥ., *Risāla Lub al-labāb dar seyr sulūk-i uli al-bāb*. intišarāt-i ʿAllama Ṭabātabāʾī, Teheran 1426/2005, S. 144-145.

Mediation erfolgt. Im koranischen Sinne ist diese Form von *murāqaba* nach Ansicht Ḥuseinī Ṭihirānīs eine *Selbstsorge*, ganz im koranischen Sinne:

> *O die ihr glaubt, wacht über euch selbst (Sorgt für euch selbst)! Wer vom Weg abirrt, bedeutet für euch keinen Schaden, wenn ihr rechtgeleitet seid. Zu Allah wird eure aller Rückkehr sein, und dann wird Er kundtun, was ihr zu tun pflegtet. (Koran 5:105)*

Durch die tiefe Verbindung mit dem Göttlichen sucht der Novize die absolute Ruhe, die nach dem Koran als Seelenruhe bezeichnet werden kann. *Murāqaba* ist daher eine umfassende spirituelle Geisteshaltung, die in allen Situationen stattfinden kann, im Alltag, bei der Arbeit, beim Beten usw. Mit *murāqaba* möchte der Sufi-Novize eine Brücke aufbauen, die im Sinne von ʿAzīz-ad-Dīn Nasafī (gest. 1281) alle mystischen Erkenntnisse umfasst, von *zikr* zu *fikr* und dann zu *ilhām* (Inspiration) und letzten Endes zur Wesensschau (*iʿyān*), die das Stadium der (inneren, sowohl existenziellen als auch epistemischen) Stabilität (*tamkīn*) darstellt.[62] Insgesamt gilt *murāqaba* als eine Vertiefung von *zikr*. Es geht um eine ständige Anwesenheit Gottes im Leben eines Mystikers, begleitet mit Selbstanalyse (*muḥāsiba*), indem er, wie Muḥammad Buḫārī (gest. v. 1328) es versteht, sich mit seinem ganzen Wesen im Angesicht Gottes bewusst ist.[63]

Fazit

Insgesamt ist erkennbar, dass dem meditativen Akt von *zikr* und *fikr* eine vorbereitende Funktion zugeschrieben wird, um das Herz von äußeren und materiellen Einflüssen zu befreien und es mit Gottesanwesenheit zu erfüllen. Das ständige Gedenken und Reflektieren sollen dem Novizen die Fähigkeit verleihen, Kontrolle über seine Gedanken auszuüben und sich ein tiefes Bewusstsein anzueignen. Diese Art ist keine Meditation, wie sie von den heutigen kommerziell orientierten Esoteriken praktiziert wird, also eine die dazu beiträgt, Stress abzubauen, die mentale Gesundheit zu verbessern und Frieden und ein tieferes Gefühl der Zufriedenheit im Leben zu fördern. Die meditative *zikr*-Praxis und die geistige

[62] Vgl. Ridgeon, L. V. J. , *Aziz Nasafi*. Routledge, Richmond 1998, S. 206-208.

[63] Vgl. Buḫārī, M., *Minhāǧ aṭ-ṭālibīn wa masālik aṣ-ṣādiqīn*. Hrsg. v. Naǧīb Māyil Hirawī. Mūlā, Teheran 1364/1985, S. 184.

Reflexion (*tafakkur*) dienen vielmehr dazu, eine tiefe Beziehung zum Urquell des Seins bzw. des Lebens aufzubauen. Es geht ferner um die Erlangung der spirituellen Freiheit, um sich von materiellen Abhängigkeiten zu lösen und um die Aneignung derjenigen Eigenschaften, die der Mystikerin oder dem Mystiker eine stabile Haltung gewähren, um sein höchstes Ziel zu erreichen. Der Sufi versucht durch diese Läuterungsübungen in einen tiefen Zustand überzugehen, indem er sich nicht nur vor materiellen Ablenkungen schützt, sondern darüber hinaus seelische Stabilität bzw. Seelenruhe erlangen kann. Diese Ruhe kann er ohne göttliche Anwesenheit nicht erreichen.

Asketisch-kontemplative Übungen rüsten den Sufi damit aus, sodass er seine innere seelische Befindlichkeit bewusst zu kontrollieren vermag. Dafür betreibt er eine „Seelenanalyse" (*muḥāsaba*), um über sich selbst zu verfügen und seine Gedanken und Taten vor zufälligen Verführungen und Abhängigkeiten zu schützen. Durch ständige Anwesenheit vor Gott (*murāqaba*) lernt der Sufi achtsam seine Lebensweise nach dem höchsten und erhabenen Ziel zu richten. Dieses Ziel liegt für manche in der Vervollkommnung, für andere in der Einheit mit Gott und für andere wiederum in der Erlangung der Seelenruhe im Angesicht Gottes. Der Sufi glaubt, nur durch Achtsamkeit und ständige Übung das höchste Ziel zu erlangen.

An dieser Stelle kommt *murāqaba* eine zentrale Funktion zu, denn hierbei handelt es sich um das Tor zur Enthüllung und zur unmittelbaren Schau der Ewigkeit. Durch Selbstveredelung und strenge asketische Übungen wird der Weg zur Selbstbeherrschung geebnet. Die ständige Wachsamkeit vertreibt die innere Unruhe und lässt die Selbststeigerung bzw. Selbstoptimierung zu. Dieser Akt führt zu einer tiefen Selbsterkenntnis. So liegt darin die wahre Selbstfindung, wodurch man den Zustand der seelischen Erleuchtung und der existentiellen und schöpferischen Selbstbegründung erlangt. Das wahre Wesen des Menschen liegt im Sinne einiger Mystiker im göttlichen Licht, das sich enthüllt, wenn das Herz die Unruhe in Ruhe umwandelt und seine Wohnstätte zur göttlichen Manifestation erklärt. Selbstfindung ist Gottfindung, denn Ihn soll man nicht in den Bergen oder in der Wüste suchen, sondern in sich selbst: *„Suchst du Laila* (göttliche Wirklichkeit), *wenn sie in dir kundgetan ist? Du hältst sie für etwas anderes, doch sie ist nichts anderes als Du"*.[64]

[64] Mohammed al-Harraq; zit. nach: Stoddart, *Das Sufitum*, a.a.O., S. 95.

Bibliografie

Abbāsī, Wallīullāh, *Tafakkur dar andīsh-i ʿirfānī.* In: *Pižūhišhā-yi ʿulūm-i insānī wa mutāliʿāt-i farhangi.* https://ensani.ir/fa/article/89049/%D8%AA, aufgerufen 25.04.2024

Amirpur, K., *Den Islam neu denken. Der Dschihad für Demokratie, Freiheit und Frauenrechte.* Beck, München 2013.

Al-Anṣārī, ʿAbdullāh, *Manāzil as-sāʾirīn, Stations of the Wayfarers.* Albouraq éditions, Paris 2001.

Badri, M., *Contemplation: An Islamic Psychospiritual Study.* With an Introduction by Jeremy Henzell-Thomas Translated from Abdul-wahid lu'lu'a. International Institute of Islamic Thought, New Edition, London u.Washington 2000.

Baqlī Šīrāzī, Rūzbihān, *Kitāb ʿAbhar al-ʿāšiqīn.* Hrsg. v. Henry Corbin u. Muḥammad Muʿīn . Institute Iran-France, Paris u. Teheran. [3]1366/1987.

Brodersen, A., Art. „Remembrance", in: *Encyclopaedia of the Qur'ān 4,* Brill u.a., Leiden, 2004.

Buḫārī, M., *Minhāǧ aṭ-ṭālibīn wa masālik aṣ-ṣādiqīn.* Hrsg. v. Naǧīb Māyil Hirawī. Mūlā, Teheran, 1364/1985.

Çınar, H. İ., *Koranwissenschaften und Koranexegese. Eine Einführung.* Institut für islamische Studien und interkult. Zusammenarbeit (IFIS&IZ Publications), Mannheim 2017.

Al-Daghistani R., *Epistemologie des Herzens: Erkenntnisaspekte der islamischen Mystik.* Ditib, Köln. 2017.

Ders., „Invoking God's name – Sufi Teaching and Practice of Dhikr." In: *Routledge Handbook of Islamic Ritual and Practice,* ed. by Oliver Leaman, 185–199. Routledge London 2022.

Ders., *Impulse für eine spirituelle Umweltresonanz aus dem Geiste des Sufismus.* Hrsg. v. P. Zimmerling. Sonderausgabe des Heftes der Gesellschaft der Freunde christlicher Mystik e.V. (Eigenverlag), Neunkirchen-Seelscheid, 2024.

Ǧandī, muyyad ad-Dīn, *Nafḫat ar-rūḥ wa tuḥfat al-futūḥ.* Hrsg. v. Naǧīb Māyil Herawī. Maula, Teheran 1362/1983.

al-Ġazālī, Abū Ḥāmid, *Iḥyā al-ʿulūm ad-Dīn.* Hrsg. v. Ḥusain Ḫadīw Ǧam. Übertragen aus dem Arabischen ins Persische Muʾayid- ad-Dīn Muḥammad Ḫwārazmī. Intišārā-i ʿilmī wa farhangī, Teheran 1972 (mehrere Ausgaben)

al-Ǧīlī, ʿAbd al-Karīm, *al-Insān al-kāmil fī maʿrifat al-awāḫir wa-l-awāʾil. Bd. I-II.* Eingel. u. hrsg. v. Raǧab ʿAbd al-Munṣif ʿAbd al-Fattāḥ al-Mutanāwī. Maktaba Zaharn, Kairo Bd. II. q1419/ 1999.

Al-Ǧīlānī, ʿAbd al-Qādir Muḥammad bin Sīnā, *Abwāb at-taṣawwuf (maqāmātuhū wa āfātuhū).* Dar al-kutub al-ʿilmiyya, Beirut, 2010.

Ḫāwǧa Ayyūb: Asrār al-Ġuyūb, *Šarḥ maṯnawī mʿanawī. Bd. I.* Hrsg. u. editiert v. Muḥammad Ǧawād Šarīʿat. Asāṭir,Teheran, 1377/2000.

Hajatpour, R., *Iranische Geistlichkeit zwischen Utopie und Realismus. Zum Diskurs über Herrschafts- und Staatsdenken im 20. Jahrhundert.* Reichert, Wiesbaden, 2002.

Ders., *Sufismus und Theologie. Grenze und Grenzüberschreitung in der islamischen Glaubensdeutung.* Alber, Freiburg i.Br. 2017.

Ḥammūya, Saʿd ad-Dīn, *Al-Miṣbāḥ fī t-taṣawwuf.* Hrsg. v. Naǧīb Māyil Hirawī. Maulā, Teheran 1362/1983.

Ḥuseinī Ṭihirānī, Muḥammad Ḥusein, *Risāla Lub al-labāb dar seyr sulūk-i uli albāb.* Teheran, intišarāt-i ʿAllama Ṭabātabāʾī, 1426/2005.

McGinn, B. u.a., *Mystical Union in Judaism, Christianity, and Islam und Mysticism.* In: Encyclopedia of religion. 2. Aufl., Bd. 9, Thomson Gale, Detroit 2005.

ʿIbādī, Quṭb ad-Dīn, *Ṣūfī-Nāmah.* Taṣḥīḥ Ġulām-Ḥusein Yūsifi. Intišarat-i ʿIlmī. Teheran 1368/1999.

Ibn Sīnā, Abū ʿAlī al-Ḥusain Ibn ʿAbdallāh, *al-Išārāt wa-t-tanbīhāt.* Mit den Kommentaren v. Naṣīr ad-Dīn aṭ-Ṭūsī u. Quṭb ad-Dīn ar-Rāzī. Bd. III. Hrsg. v. Našr al-balāġa, Ghom 1375/1996.

Ibn Rassoul, Muḥammad Ibn Aḥmad, *Aṣ-Ṣalāh: Das Gebet im Islam.* Hrsg. von ſ arcelmedia, Köln 1983.

Idel, M. u. McGinn, B. (Hg.), *Mystical Union in Judaism, Christianity, and Islam. An Ecumenical Dialogue.* Bloomsbury Academic, London u.a. 2016.

Ibrāhimī Dīnānī, Ġulām Ḥusein, *Daftar-i ʿaql wa āyāt-i ʿišq.* Bd. 1, Ṭarḥ-i nū, Teheran 2001.

Ilāhī Qumšaʾī, Muḥyi ad-Dīn Mahdī, *Ḥikmat-i ilāhī. Ḫāṣṣ wa ʿāmm.* Hrsg. v. Hurmuz Būšahrīpūr. Našr-i rūzana, Teheran, 1379/2000.

Iqbal, M., *Development of Metaphysics in Persia.* Luzac & Company, London 1908.

Lāhīǧī, M., *Šarḥ-i Gulšan-i rāz. Sʿadī,* Teheran 1992.

Makāram Šīrāzī, N., *Aḫlāq dar Qurān.* Bd. I. Madrisa al-Imām ʿAlīibn Abī Ṭālib, Qum 1377/1998.

Makowski, R. S. u. Makowski, S., *Sufismus für Frauen. Zugänge zur islamischen Mystik.* Benziger, Zürich 1996.

Maulawī Rūmī, Ǧalāl ad-Dīn, *Maṯnawī mʿanawī.* Hrsg. V. R. A. Nicholson. Suruš, Teheran, 1982/2003.

Meier, F., *Vom Wesen der islamischen Mystik.* Schwabe, Basel 1943.

Mustamlī Buḫārī, Ibrāhīm Ismāʾil bin Muḥammad, *Šarḥ at-Taʿrruf li-maḏhab at-taṣawwuf*. Hrsg. v. Muḥammad Rūšan. Bd. III. Asāṭīr, Teheran 1984.

Narrāqī, Aḥmad, *Miʿrāǧ as-saʿāda*. Hrsg. v. Riḍā Marandī. Teheran ²1379/2000.

al-Qušayrī, Abū l-Qāsim, *Das Sendschreiben über das Sufitum*, Übers. v. R. Gramlich. Steiner, Wiesbaden 1989.

ar-Rāġib al-Iṣfahānī, *Muʿǧam mufradāt li-alfāẓ al-Qurān*. Hrsg. v. Nadīm Marʿašlī . Dar al-maʿrifa, Beirut, q1392/1972.

Raḍī, Hāšim, *Ḥikmat-i Ḫusrawānī. Ḥikmat-i išrāq wa ʿirfān az Zartušt tā Suhrawardī*. Intišārā-i Bahǧat,Teheran, ²1379/2000.

ar-Rāzī, Muḥammad Ibn Abī Bakr Ibn ʿAbd al-qādir, *Muḫtār aṣ-ṣiḥāḥ*. Eingel. und hrsg. v. Maḥmūd Ḥātir, Beirut 1999.

Rāzī Dāya, Naǧm ad-Dīn, *Risāla-yi ʿišq wa ʿaql (Miʿyār aṣ-ṣidq fi miṣdāq al-ʿišq)*. Hrsg. und ediert v. Taqī Tafaḍḍulī. Bungāh-i tarǧuma wa Kitāb, Teheran, 1345/1966.

Ridgeon, L. V. J., *Aziz Nasafi*. Routledge, Richmond 1998.

Rohls, J., *Geschichte der Ethik*. Mohr, Tübingen ²1999.

Schimmel, Annemarie, *Mystische Dimensionen des Islams*. Diedrichs, Köln 1985.

Dies., *Sufi. Liebe zu dem Einen: Texte aus der mystischen Tradition des Islam*. Heyne, München,1993.

Dies., *Rumi: Leben und Werk des großen Mystikers*. Diederichs, Düsseldorf/Köln ²1980.

Stoddart, W., *Das Sufitum. Geistige Lehre und mystischer Weg*. Aurum, Freiburg i.Br., 1979.

Suhrawardī, Šahāb ad-Dīn, *ʿAwārif al-maʿārif*. Übertr. ins Persische v. Abū Manṣūr ʿAbd al-Muʾmin Iṣfahānī. Hrsg. v. Qāsim Anṣārī . Teheran 1364/1985.

Suhrawardī, Abū al-Naǧīb Ḍiyā ad-Dīn, *Ādāb al-murīdīn*. Übertr. v. ʿUmar bin Muḥammad bin Aḥmad Šīrkān. Hrsg. v. Naǧīb Māyil Herawī. Ārin, Teheran 1984.

Franz Kafkas Judentum im Spannungsfeld von Unruhe und Ruhe

Hans Dieter Zimmermann (Berlin)

Die Texte Franz Kafkas wirken auf ihre Leserinnen und Leser oft in hohem Maße beunruhigend. Tatsächlich schlägt sich darin nieder, dass Kafka seiner existentiellen Unruhe selbst nicht aus dem Weg gegangen ist. Was von den Kafka-Forschern und -Experten in der Regel aber – zum Teil sogar bewusst – übersehen wurde, ist, dass Kafka dieser Erfahrung von Unruhe auf der Grundlage seiner jüdischen Religion und Mystik begegnet.[1] *Einer, der diese Seite Kafkas besonders beleuchtet hat, ist der international renommierte Kafka-Forscher Hans Dieter Zimmermann. Den nachfolgenden diesbezüglich frühen Aufsatz (von 1985*[2]*) drucken wir hier – mit Blick auf unser Thema leicht verändert – nochmals ab.*

Franz Kafka war Jude und sah sich als Jude. Aus religionssoziologischen Untersuchungen wissen wir, dass in Familien über Generationen hin die für ein religiöses Bekenntnis typischen Lebensformen erhalten bleiben, auch wenn die Familie sich nicht mehr zu dem religiösen Glauben der Vorväter bekennt. Bestimmte Denk- und Verhaltensweisen durch die Konfession bleiben bestehen, auch ohne ihren ursprünglichen religiösen Inhalt. Kafka war Jude und wäre auch Jude gewesen, wenn er sich nicht ausdrücklich zu seinem Judentum bekannt hätte. Das tat er aber immer wieder.

In diesem Zusammenhang erscheint eine Tagebuch-Eintragung vom 1. Juli 1913 über den Schriftsteller und Arzt Ernst Weiß beachtlich: „Jüdischer Arzt, Jude von der Art, die dem Typus des westeuropäischen Juden am nächsten ist und dem man sich deshalb sogleich nahe fühlt. Der ungeheure Vorteil der Christen, die im

[1] Insbes. die Texte aus Kafkas Zürauer Zeit im Jahre 1917/18 zeigen einen Kafka, der sich in aller weltlich unhintergehbaren Unuhe „immer“ gehalten weiß von einer immerwärenden „paradiesischen“ Ruhe. Vgl. dazu auch: Grube, A., *Im Paradies wie immer. Eine poetische Philosophie Franz Kafkas.* Onomato, Düsseldorf 2023.

[2] Zimmermann, H. D., *Franz Kafka und das Judentum.* In: Strauss, H. A. u. Hoffmann, Ch. (Hg.), Juden und Judentum in der Literatur. Dtv, München 1985, S. 237-253. Zimmermann zu diesem Beitrag: „Den hier dargelegten Gedankengang führe ich weiter aus in dem Kapitel ‚Kafka und das Judentum‘ in meinem Buch: *Der babylonische Dolmetscher. Zu Franz Kafka und Robert Walser.* Suhrkamp, Frankfurt a.M. 1985.“

allgemeinen Verkehr die glcichen Gefühle der Nähe immerfort haben und genießen, zum Beispiel christlicher Tscheche unter christlichen Tschechen."[3] Das ist eine Selbstcharakteristik in der Charakteristik von Ernst Weiß: Kafka sieht sich als Jude und zwar als westeuropäischer Jude — im Gegensatz zu den osteuropäischen, dem Glauben und der Tradition stärker verbundenen Juden —, und er sieht sich als Angehöriger einer Minderheit, einer Minderheit von Juden unter Christen und zwar christlichen Tschechen, er war aber ein deutsch schreibender Schriftsteller.

Kafka hatte Sympathie für die Tschechen, doch er fühlte sich ihnen nicht zugehörig. Als Deutscher oder Österreicher fühlte er sich auch nicht; zu Deutschen hatte er keine Beziehungen, die über das Geschäftliche hinausgegangen wären, wenn sie nicht Juden waren. Und doch gehörte er zur deutschen Literatur und fühlte sich ihr zugehörig. Er schrieb in deutscher Sprache. Wenn der Begriff „deutsche Literatur" sinnvoll definiert werden kann, dann nur durch die Sprache: deutsche Literatur ist alle Literatur in deutscher Sprache. So beschwert sich Kafka einmnal über Goethe im Tagebuch, dessen überragendes Vorbild die deutsche Sprache ungut festgelegt habe. Und über die „kleine" tschechische und jiddische Literatur schreibt er eine kurze soziologische Studie im Tagebuch, woraus wenigstens so viel hervorgeht, dass er sich diesen Literaturen nicht zugehörig fühlte, sondern einer im Unterschied zu diesen „großen", also der deutschsprachigen Literatur.[4] „Groß" ist natürlich nur quantitativ gemeint: eine Literatur in einem Land mit zahlreicher Bevölkerung.

Gerade das fehlte ihm aber als Schriftsteller: er lebte nicht in einer Bevölkerung, die deutsch sprach. Sein Wunsch, von Prag wegzugehen, endlich wegzukommen, ging deshalb auf eine deutschsprachige Stadt, eben wegen der Sprache. Als er endlich fähig war, ihn zu erfüllen, fähig auch, mit einer Frau zusammenzuleben oder sie gar zu heiraten, war er schon todkrank: seine letzten Monate vor dem Sanatoriumsaufenthalt verbrachte er mit Dora Dymand (dt. auch Dora Diamant)[5] in Berlin. Und gerade in dieser letzten Zeit widmete er sich besonders dem Studium des Judentums an der Berliner jüdischen Hochschule. Franz Kafka war ein jüdischer Schriftsteller in deutscher Sprache, der inmitten von Tschechen lebte; das dürfte ihn wohl am besten charakterisieren.

---

3 Kafka, F., *Tagebücher*. In: Ders., Gesammelte Werke. 7 Bde. Hrsg. von M. Brod. Fischer, Frankfurt a. M. 1979, Bd. 7, S. 224 (Tagebuch, 1. Juli 1913; Dienstag 1 VII 13).

4 Ebd., S. 154.

5 Vgl dazu auch: Diamant, K., *Dora Diamant — Kafkas letzte Liebe. Die Biografie Dora Diamants*. Mit einem Vorwort v. R. Stach. Onomato, Düsseldorf 2013.

Insofern wäre auch eine Bemerkung von Gershom Scholem in einem Brief an Walter Benjamin vom 1. August 1931 zu korrigieren: „Meine ‚Separatgedanken' über Kafka betreffen freilich nicht Kafkas Stellung in dem Kontinuum des deutschen (in dem er keinerlei Stellung hat, worüber er selbst sich übrigens nicht im mindesten zweifelhaft war; er war wie du wohl weißt Zionist), sondern des jüdischen Schrifttums ..."[6] Als deutsch-sprachiger Schriftsteller gehört Kafka natürlich, ob Scholem das will oder nicht, zum Kontinuum der deutschsprachigen Literatur, einfach dadurch, dass er deutsch schreibt. Zudem wurde Kafka vor allem durch deutsche Schriftsteller beeinflußt, sicher durch Kleist, wahrscheinlich durch Hoffmann; Werke von Claudius, Hebel, Stifter liebte er. Er las und schätzte auch französische und russische Literatur; in einem Brief an Felice Bauer vom 2. November 1913 spricht er von seinen vier „Blutsverwandten", unter denen Kleist ihm am nächsten sei: „Sieh, von den vier Menschen, die ich (ohne an Kraft und Umfassung mich ihnen nahe zu stellen je als meine eigentlichen Blutsverwandten fühle, von Grillparzer, Dostojewski, Kleist und Flaubert, hat nur Dostojewski geheiratet, und vielleicht nur Kleist, als er sich im Gedrädnge äußerer und innerer Not am Wannsee erschoß, den richtigen Ausweg gefunden."[7]

Kafka sah sich als modernen europäischen Schriftsteller und verglich sich immer mit modernen europäischen Schriftstellern, nie mit jüdischen oder hebräischen. Auch Zionist war Kafka nicht, wie Scholem meint. In einer Aufzeichnung im dritten Oktavheft, die Scholem wohl nicht kannte, schreibt er: „Ich bin nicht von der allerdings schon schwer sinkenden Hand des Christentums ins Leben geführt worden wie Kierkegaard und habe nicht den letzten Zipfel des davonfliegenden jüdischen Gebetsmantels noch gefangen wie die Zionisten. Ich bin Ende oder Anfang."[8]

Kafka sieht also eine Nähe, eine Nähe zu den Zionisten, doch auch eine Nähe zu Kierkegaard, mit dem die Zionisten sich wohl nicht verwandt fühlen dürften, aber zugleich trotz der Nähe zu beiden eine Differenz, und die ist das Entscheidende: Weder als das eine noch als das andere sieht er sich selbst. Gerade hier in dieser Aufzeichnung und in einer anderen im Tagebuch zu Beginn des Jahres 1922

---

6 Zit. nach Mosès, St., *Das Kafka-Bild Gershom Scholems*. In: Merkur, Heft 9. 33. Jahrgang (1979), S. 862-867, 863.

7 Kafka, F., *Briefe an Felice Bauer und andere Kerrespondenz aus der Verlobungszeit*. Hrsg. v. E. Heller u. J. Born, Fischer, Frankfurt a.M. 1976, S. 460.

8 Kafka, F., *Hochzeitsvorbereitungen auf dem Lande und andere Prosa. aus dem Nachlaß*. In: Ders., *Gesammelte Werke*, a.a.O. Bd. 6, S. 89 (83 Franz Kafka - BdM, FfM 1994, Oktavheft H, S. 215).

bestimmt Kafka auch sein eigenes Verhältnis zur Tradition; jedenfalls ist er nicht Zionist; im Tagebuch sieht er im Zionismus sogar ein Hindernis seiner literarischen Arbeit. Kafka ist Jude und jüdischer Schriftsteller auf seine besondere Weise und keiner Gruppe einzuordnen; er ist „zügelloser Individualist", wie er einmal schreibt. Darf man dieses Unbehaust-Sein als eine Unruhe Kafkas bezeichnen? Es spricht einiges dafür!

Im wichtigsten Punkt aber hat Gershom Scholem recht, und das ist für die Auslegung Kafkas außerordentlich bedeutsam. Scholem hat in seiner Deutung Kafkas recht, weil Kafka selbst ihm recht gibt — in Äußerungen, die Scholem offensichtlich nicht kannte. Der entscheidende Satz Scholems in diesem Brief von 1931 lautet: „Hier ist einmal die Welt zur Sprache gebracht, in der Erlösung nicht vorweggenommen werden kann — geh hin und mach das den Gojim klar!"[9]

Ich gehöre zu diesen *Gojim*, den Ungläubigen, den Nicht-Juden. Meine fortdauernden Schwierigkeiten bei der Interpretation von Kafkas Büchern führte mich zu dem Ergebnis, dass ich mit meiner vom Christentum geprägten Vorstellungswelt, die Kafkas nicht erfassen kann. Meine Vermutung war, dass der Grund dieser Dunkelheit von Kafkas Texten wenigstens teilweise in der mir unbekannten jüdischen Tradition liegen muß. Hierin bestätigten mich die Äußerungen Scholems. Dass die Dunkelheit ihren Grund nicht allein in der jüdischen Tradition hat, sondern in Kafkas besonderem Verhältnis zu dieser, ist mir dann erst nach und nach klar geworden.

Ich spreche so offen über meine Situation als Interpret, weil das auch anderen nichtjüdischen Interpreten Kafkas hilfreich sein könnte: ohne Grundkenntnisse des Judentums, wie sie etwa in den Schriften des Religionswissenschaftlers Gershom Scholem geboten werden, ist eine Interpretation Kafkas möglich, jedenfalls eine Interpretation, die Kafkas Absichten herausarbeiten will. Aber was soll eine Interpretation sonst? Interpretationen, die den Text des Autors ihrer eigenen Weltanschauung unterwerfen, bringen den Gegenstand der Untersuchung, um dessentwillen sie Aufmerksamkeit erwarten, zum Verschwinden. Aber nicht die Weltanschauung der Interpreten, die Kafkas interessiert uns doch.

Wenn Gershom Scholem, dcr die Geschichte der jüdischen Mystik, die vorher weitgehend unbekannt war, überhaupt erst schrieb, Elemente dieser Mystik bei Kafka entdeckt und diese Entdeckung durch Äußerungen von Kafka selbst – die Scholem offensichtlich nicht gekannt hat — bestätigt werden, ist dies ein Gesichtspunkt, der bei keiner Interpretation Kafkas vernachlässigt werden kann. Es ist der

9 Zit. nach: Stéphane Mosès, *Das Kafka-Bild*, a.a.O.

Gesichtspunkt, der die Struktur Kafkaschen Werke am besten erkläre kann und der einzige, der sie in Übereinstimmung mit den expliziten Äußerungen des Autors erklären kann.

Wie nah Scholem die Verwandtschaft Kafkas zur Mystik sieht, hat Stéphane Mosès in einem Satz zusammengefaßt:

> *Einerseits benutzt Scholem Begriffe der jüdischen Mystik zur Entzifferung von Kafkas Welt; andererseits ist es gerade die Lektüre von Kafkas Schriften, die dem heutigen Mensch Zugang zur Symbolwelt dcr Kabbala, der jüdischen Mystik am besten erschließen.* [10]

In der Tat enden Scholems *Zehn unhistorische Sätze über Kabbala*, also über die jüdische Mystik mit Ausführungen über Kafka:

> *Hundert Jahre vor Kafka schrieb Jonas Wehle (durchs Medium seines Schwiegersohns Löw von Hönigsberg) seine nie gedruckten und von frankistischen Schülern dann vorsichtig wieder eingesammelten Briefe und Schriften. Er schrieb für die letzten Adepten einer ins Häretische umgeschlagenen Kabbala, eines nihilistischen Messianismus, der die Sprache der Aufklärung zu sprechen suchte. Er ist der erste, der sich die Frage vorgelegt (und bejaht) hat, ob das Paradies mit der Vertreibung des Menschen nicht mehr verloren hat, als der Mensch selber. Diese Seite der Sache ist bisher entschieden zu kurz gekommen. Ist es nun Sympathie der Seelen, die hundert Jahre später Kafka auf damit tief kommunizierende Gedanken gebracht hat? Vielleicht weil weil wir nicht wissen, was mit dem Paradies geschehen ist, hat er jene Erwägungen darüber angestellt, warum das Gute ‚in gewissem Sinne trostlos' sei. Erwägungen, die fürwahr einer häretischen Kabbala entsprungen zu sein scheinen. Denn unübertroffen hat er die Grenze zwischen Religion und Nihilismus zum Ausdruck gebracht. Darum haben seine Schriften, die säkularisierte Darstellung des (ihm selber unbekannten) kabbalistischen Weltgefühls für manchen heutigen Leser etwas von dem strengen Glanze des Kanonischen — des Vollkommenen, das zerbricht.* [11]

„Ihm selber unbekannten": hier irrt Scholem. Es handelt sich nicht um „Sympathie der Seelen", wenigstens nicht nur, es lag auch eine Kenntnis Kafkas vor. Scholem

---

[10] Ebd., S. 862.

[11] Ebd., S. 865.

hat wohl die Tagebücher und Oktavhefte Kafkas nicht gekannt, sodass er zu dieser Behauptung kommen konnte. Um so besser, muß man sagen, denn dadurch läßt sich Scholems Vermutung, zu der er nach der Lektüre der Romane und Erzählungen und unbeeinflußt von Kafkas philosophischen Notizen kam, anhand dieser Notizen überprüfen und bestätigen. Zu Beginn des Jahres 1922 schreibt Kafka in sein Tagebuch:

> *Dieses Jagen nimmt die Richtung aus der Menschheit. Die Einsamkeit, die mir zum größten Teil seit jeher aufgezwungen war, zum Teil von mir gesucht wurde - doch was war auch dies anderes als Zwang - wird jetzt ganz unzweideutig und geht auf das Äußerste. Wohin führt sie? Sie kann, dies scheint am Zwingendsten, zum Irrsinn führen, darüber kann nichts weiter ausgesagt werden, die Jagd geht durch mich und zerreißt mich. Oder aber ich kann - ich kann? - sei es auch nur zum winzigsten Teil mich aufrechterhalten, lasse mich also von der Jagd tragen. Wohin komme ich dann? „Jagd“ ist ja nur ein Bild, ich kann auch sagen „Ansturm gegen die letzte irdische Grenze“ undzwar Ansturm von unten, von den Menschen her und kann, da auch dies nur ein Bild ist, es ersetzen durch das Bild des Ansturmes von oben, zu mir herab. Diese ganze Litteratur ist Ansturm gegen die Grenze und sie hätte sich, wenn nicht der Zionismus dazwischen gekommen wäre, leicht zu einer neuen Geheimlehre, einer Kabbala entwickeln können. Ansätze dazu bestehn. Allerdings ein wie unbegreifliches Genie wird hier verlangt, das neu seine Wurzeln in die alten Jahrhunderte treibt oder die alten Jahrhunderte neu erschafft und mit dem allen sich nicht ausgibt, sondern jetzt erst sich auszugeben beginnt...*[12]

Hier ist zunächst noch einmal die Bestätigung, dass Kafka nicht nur nicht Zionist war, sondern den Zionismus sogar als Hindernis für seine Literatur sah, wohl deshalb, weil der Zionismus zu einer tätigen Verwirklichung des Judentums als Staat und Nation drängtc, während Kafkas Werk die Unmöglichkeit jeder vernünftigen Verwirklichung hier und heute voraussetzte. Zum andern stehen hier die Worte „Kabbala“ und „Geheimlehre“, und sie sind nicht nebenher erwähnt, sie bezeichnen das Ziel seiner, Kafkas schriftstellerischer Arbeit, die er hier 1922 überblickt. Das ist seine Intention: Anrennen gegen die irdische Grenze und Erneuerung einer jahrhundertealten Tradition. Genau das, was Scholem vermutet, wird durch Kafka bestätigt!

---

[12] Kafka, *Tagebücher*, a.a.O., S. 405 (Tagebücher, 1914 - 1923, FfM 1994, S. 199).

Freilich ist Kafkas Erneuerung der Tradition alles andere als konservativ. Und in diesem Punkt haben alle, die sich entschieden gegen Max Brods „lineare“ theologische Deutung gewandt haben, recht: Brod simplifiziert. Aber er hat nicht vollkommen unrecht. Schließlich hat er ein Plus auf seiner Seite; er war der intimste Freund Kafkas. Kaum einer von Kafkas germanistischen Interpreten würde es zu dieser Freundschaft gebracht haben. Was Brod schreibt, kann nicht mit einer Handbewegung beiseite gefegt werden; andererseits kann es auch nicht unbefragt übernommen werden. Die Informationen, die Brod aus erster Hand liefert, müssen von seinen eigenen Bewertungen getrennt werden. Die Informationen sind wichtig, viele sind richtig, weil sie in Kafkas Texten bestätigt werden, etwa die Nähe zu Kierkegaard und: Kafka *als religiöser Schriftsteller*. Nur die Bewertungen Brods sind grob vereinfachend, sie bringen die hoch differenzierten Texte Kafkas auf das schlichte Erklärungsniveau Brods herunter; ein Vorgang, der in den Kafka-Interpretationen sich seitdem oft wiederholt hat. Brods Meinung, Religion bei Kafka heiße Glauben und bei aller Verzweiflung letztlich auch Trost, ist falsch. Doch es ist kein Grund, sich über Brod zu erheben. Wer denkt denn heute über Religion differenzierter? Wenige. Gerade über Religion sind die plumpesten Vorurteile im Umlauf, zu deren Verbreitung viele Klerikale ebenso beigetragen haben wie viele Antiklerikale.

Es besteht also kein Grund, gegen Max Brod zu polemisieren, wenn er von der Religiosität Kafkas spricht. Wer sich darüber lustig macht, kennt weder die Religionen noch Kafka. Und wie kann man über etwas urteilen, wenn man es nicht kennt? Freilich ist es auch kein Grund, Max Brods Interpretation von Kafkas Religiosität zu übernehmen, wenn er schreibt: „Ich resümiere: Kafka ist als ein Erneuerer der altjüdischen Religiosität aufzufassen.“[13] Das ist er nicht. Aber recht hat Brod doch, wenn er feststellt, er habe „Kafkas Bekenntnis zum Judentum“ nicht „erfunden“: Die Beziehung Kafkas zum Judentum wird aus seinen Briefen und Tagebüchern in einer über allen Zweifel erhabenen Art deutlich. Das kann jeder nachlesen. Seit 1910, dem Beginn der Tagebucheintragungen, wird ein mit Unterbrechungen andauerndes Interesse Kafkas an jüdischen und religionsphilosophischen Problemen im Tagebuch dokumentiert.[14]

Kafkas *Brief an den Vater* von 1919, in dem er dem Vater vorwift, dass er ihm keine Kenntnis des Judentums mitgab, manchmal zitiert als Beweis von Kafkas

---

13 Brod, M., *Über Franz Kafka*. Fischer, Frankfurt a.M. 1979, S. 279.

14 Ebd. S. 278.

Unkenntnis, ist gerade ein Dokument seines Interesses: er wollte das Judentum kennenlernen.[15] Und er lernte es kennen. Die erste gründliche Information erhielt er durch den jiddischen Schauspieler Jizchak Löwy 1911. Unter dem 5. Oktober 1911 findet sich eine Aufzeichnung über den Talmud, die schon ein Bild gibt für Kafkas eigene Art der Beweisführungen, die an die des Talmuds erinnert mit ihrem wiederholten Hin- und Her-Wenden der Aussage. Die Worte der Tora sind so bedeutungsträchtig, dass keine menschliche Deutung sie gänzlich ausschöpfen könnte; wenigstens 49 Sinnstufen, 49 Deutungen werden im Talmud angenommen. Die Kette der Negationen Kafkas geht auf dieselbe endlose Deutungsmöglichkeit hinaus, sie ahmt diese Erklärungsstruktur des Talmud nach, freilich auf eine originelle Art.[16] Für diese Erklärungsstruktur gibt Kafka im Tagebuch folgendes Bild:

> *Die talmudische Melodie genauer Fragen, Beschwörungen oder Erklärungen: In eine Röhre fährt die Luft und nimmt die Röhre mit, dafür dreht sich dem Befragten aus kleinen Anfängen eine große, im ganzen stolze, in ihren Biegungen demütige Schraube entgegen.*[17]

Die Röhre, die der Wind hinwegträgt, ist wohl die Deutung, die der Interpret mitbringt, sie wird weggefegt; die große Schraube erinnert an die Spirale der Negationen, wie Kafka sie in seinen eigenen Beweisführungen liefert. Sie ist die „Erklärung des Unerklärlichen".

Im Jahre 1915 war Kafka öfter mir Georg Mordechai Langer zusammen, einem Prager Juden, der jahrelang in Ungarn das Leben eines „Chassid", eines in der Tradition der polnisch-jüdischen Mystik des „Chassidismus" lebenden Frommen zu führen versuchte. Langer hat später in deutscher, tschechischer und hebräischer Sprache über Kabbala geschrieben. Kafka besuchte mit ihm einen Wunderrabbi (14. September 1915); unter dem 6. Oktober verzeichnet Kafka drei Erzählungen Langers vom Baalschem, dem berühmtesten Zaddik (Lehrmeister) des „Chassidismus".[18]

---

[15] Franz Kafka, *Brief an den Vater*. Text und Kommentar. Mit einem Kommentar v. P. Höfle. Fischer, Frankfurt a.M. 2008, S. 40-45.

[16] Hans Mayer, *Walter Benjamin und Franz Kafka. Bericht über eine Konstellation.* In: Literatur und Kritik, Heft 140 (1979), S. 579-597, 587.

[17] Kafka, *Tagebücher*, a.a.O., S. 62 (Tagebuch, 5. Oktober 1911; Donnerstag).

[18] Ebd., S. 351.

Natürlich wurde Kafka auch durch Max Brod selbst und durch den Freund Felix Weltsch, der eine religionsphilosophische Studie über, *Gnade und Freiheit*[19] schrieb, mit der jüdischen Tradition bekannt gemacht, nicht zuletzt in den Diskussionen über den Zionismus. Schon in der Gymnasialzeit führte er mit dem Schul-Kameraden Hugo Bergmann, dem späteren Religionsphilosophen, Disputationen „in einer entweder innerlich vorgefundenen oder ihm nachgeahmten talmudischen Weise über Gott und seine Möglichkeit", wie es in einem Eintrag vom 31. Dezember 1911 im Tagebuch heißt.[20]

Ein letztes Beispiel für die anhaltende, wenn auch immer wieder von längeren Pausen unterbrochene Beschäftigung mit der jüdischen Religion aus dem Tagebuch unter dem 6. November 1915: „In der Alt-Neu-Synagoge beim Mischna-Vortrag. Mir Dr. Jeiteles nach Hause. Großes Interesse an einzelnen Streitfragen."[21] Dr. Jeiteles war — wie es in den Anmerkungen Max Brods heißt — „Talmudgelehrter aus der frommen Familie Lieben in Prag".

Kafka hat die jüdische Tradition gekannt, vielleicht nicht sehr gut, vielleicht in Bruchstücken, doch unbekannt war sie ihm nicht. Es war ihm bekannt, in welcher Tradition er stand, und es war seine Absicht, diese Tradition auf seine Weise fortzusetzen. Dabei kam es auch zu „Sympathie der Seelen", wie Scholem schreibt, also zu Übereinstimmungen, die Kafka nicht absichtlich herstellte, sondern die sich gewissermaßen von selbst ergeben hatten, wie Kafka nachträglich feststellte. So steht unter dem 16. September 1915 im Tagebuch:

> *Bibel aufgeschlagen. Von den ungerechten Richtern. Finde also meine Meinung oder wenigstens die Meinung, die ich in mir bisher vorgefunden habe. Übrigens hat es keine Bedeutung, ich werde in solchen Dingen niemals sichtbar gelenkt, vor mir flattern nicht die Blätter der Bibel.*[22]

Also „unsichtbar" gelenkt? Jedenfalls sieht er selbst die Ähnlichkeit, die nicht durch lmitation hergestellt wird, dann wäre sie oberflächliche Nachahmung, sondern die sich ergibt: durch die Ahnlichkeit des Lebensgefühls, einer Denkweise, eines Stroms

---

[19] Weltsch, F., *Gnade und Freiheit. Untersuchungen zum Problem des Schöpferischen Willens in Religion und Ethik.* Mit einem Nachwort v. H. G. Koch, Düsseldorf, Onomato 2014.

[20] Kafka, *Tagebücher*, a.a.O., S. 162.

[21] Ebd., S. 355.

[22] Ebd., 349 (Tagebuch, 16. September 1915; Donnerstag).

der Tradition, der durch Kenntnisse ins Bewusstsein gehoben wird.

Ich will die Stellung Kafkas zur religiösen Tradition des Judentums in zentralen Begriffen zusammenfassen, was nicht nur die Ordnung, sondern auch die Differenzierung erleichtern wird.

1. Kafka und die messianische Erwartung

In diesem Punkt, dem Kerngcdanken des Judentums, ist Kafka ohne Einschränkung gläubiger Jude: er sieht die Welt unerlöst und folglich in Unruhe und er sieht keinerlei Möglichkeit zur Erlösung, bis der Messias kommen wird. Und er glaubt, dass der Messias kommen wird, wenn er diesen Glauben auch auf seine individuelle Weise modifiziert. Die unerlöste Welt und das Werten auf den Messias diesen Gedanken übernimmt er unverändert aus dem rabbinischen Judentum. Seine ansonsten übliche Negation der Tradition tritt erst bei der näheren Betrachtung der Welt auf, die er in größerer Finsternis sieht, als die Rabbiner es tun – und der messianischen Erwartung: „sobald der zügelloseste lndividualismus des Glaubens möglich ist."[23]

Gerade dies richtet sich gcgen jede Art von überlieferter Glaubenslehre, gegen jede Dogmatik, auch gegen solche, wie sie von dem rabbinischen Schrifttum vertreten wird. Scholem definiert die messianische Idee im Gegensatz zur christlichen Erlösung folgendermaßen:

> *Das Judentum hat, in allen seinen Formen und Gestaltungcn, stets an einem Begriff von Erlösung festgehalten, der sie als einen Vorgang auffaßt, welcher sich in der Öffentlichkeit vollzieht, auf dem Schauplatz der Geschichte und im Medium der Gemeinschaft, kurz, der sich entscheidend in der Welt des Sichtbaren vollzieht und ohne solche Erscheinung im Sichtbaren nicht gedacht werden kann. Demgegenüber steht im Christentum eine Auffassung, welche die Erlösung als einen Vorgang im geistigen Bereich und im Unsichtbaren begreift, der sich in der Seele, in der Welt jedes einzelnen, abspielt und der eine geheime Verwandlung bewirkt, der nichts Äußeres in der Welt entsprechen muß.*[24]

[23] Kafka, *Hochzeitsvorbereitungen*, a.a.O., S. 65 (98 Franz Kafka - BdM, FfM 1994, Oktavheft G, S. 180).

[24] Scholem, G., *Judaica 1*. Suhrkamp, Frankfurt a.M. 1981, S. 7f.

Deshalb gehen so viele christliche Deuter, auch solche, die von der ursprünglichen christlichen Struktur ihres Denkens nichts mehr wissen, bei der Deutung Kafkas fehl. Sie verlegen den Schauplatz der Handlung seiner Erzählungen ins Innere, in die Innerlichkeit der Helden oder des Autors selbst und sehen darin das Problem des Individuums, das mit der Welt nicht fertig wird. Jede Psychologisierung ist von dieser Art. Kafka spricht aber von der Welt, die „nicht fertig ist", vom Schauplatz der menschlichen Geschichte, nicht von dem Versagen des Individuums vor der Welt. Wenn die Welt unerlöst ist, ist es natürlich auch dieses Individuum, das ihr angehört, muss es notwendig sein, unabhängig von dem, was es tut. Scholem in pointierter Zusammenfassung: *„Kann der Mensch seine eigene Zukunft bewätigen? Und die Antwort des Apokalyptikers lautet hier: nein."*[25] Scholem unterscheidet im rabbinischen Judentum drei Arten von Kräften: „konservative, restaurative und utopische Kräfte". Es versteht sich, dass Kafka nur diese utopischen Kräfte übernommen hat, die ja auch andere jüdische Denker über das traditionelle Judentum hinaus geführt haben, Ernst Bloch z.B. mit seinem messianischen *‚Prinzip Hoffnung'*.

Die messianische Idee, wie Kafka sie aufgenommen hat, fügt sich ohne weiteres in seine „aufbauende Zerstörung der Welt", wenn nicht sogar die „aufbauende Zerstörung" in dieser Idee ihren Ursprung hat. Es ist jene apokalyptische Seite des Messianismus: die Katastrophe, der Weltuntergang. Die Zerstörung der Welt also, die von Kafka so konsequent durchgehaltene Negation, die nicht „negativ" im üblichen Sinne ist, weil sie das unzulängliche Bestehende zerstört, damit dann ein Neues aufgebaut werden kann, von dem wir freilich nichts wissen, nichts wissen können. Diese neue Welt nach dem „Ende der Tage" steht in keinerlei Beziehung zur vorangegangenen „historischen" Welt, der Welt unserer menschlichen Geschichte. Dazu Scholem:

> *Die Paradoxie dieser Vorstellung besteht darin, dass die Erlösung, die hier geboren wird, gar nicht in irgendeinem kausalen Sinn eine Folge aus der vorangegangenen Historie ist. Es ist ja gerade die Übergangslosigkeit zwischen der Historie und der Erlösung, die bei den Propheten und Apokalyptikern stets betont wird. Die Bibel und die Apokalyptiker kennen keinen Fortschritt in der Geschichte zur Erlösung hin. Die Erlösung ist kein Ergebnis innerweltlicher Entwicklungen, wie etwa in den modernen abendländischen Umdeutungen des Messianismus seit der Aufklärung, wo noch in seiner Säkularisierung im Fortschrittsglauben der Messianismus eine ungebrochene*

[25] Ebd., 33.

> *und ungeheure Macht beweist. Sie ist vielmehr ein Einbruch der Transzendenz in die Geschichtc, ein Einbruch, in dem die Geschichte selber zugrundegeht, in diesem Untergang sich freilich wandelnd, weil von einem Licht betroffen, das von ganz woanders her in sie strahlt.*[26]

Ebensowenig wie das individuelle Verhalten in einer Beziehung zur Erlösung der Welt steht, steht der Verlauf der menschlichen Geschichte in einem Verhältnis zur Ankunft des Messias; da gibt es auch nicht den Anschein einer Entwicklung, die zu dieser Ankunft hinführt. Deshalb gehen auch soziologische Deutungen Kafkas fehl. Es kann niemand für das Ausbleiben der Erlösung verantwortlich gemacht werden, weder ein Einzelner, dessen persönliche Haltung, noch eine Gesellschaft, deren historischer Zustand. Da aber die Ankunft des Messias als Katastrophe gedacht werden muß, werden Katastrophen immer wieder als Anzeichen einer möglichen Ankunft gedeutet: je größer das Elend auf der Welt, um so näher ist der Tag der Ankunft. Das ist die Beweisführung, die zwischen dem Zustand der Welt und der Erlösung eine logische Beziehung herstellt: je verkommener die Welt, je erlösungsbedürftiger, um so näher die Erlösung. Ein Zitat, das Scholem bringt: „Israel spricht vor Gott: wann wirst Du uns erlösen? Er antwortet: wenn Ihr auf die unterste Stufe gesunken seid, in der Stunde erlöse ich Euch."[27] Ist dies Kafkas Absicht: die Welt auf der untersten Stufe zu zeigen, heilloser Unruhe, in Erniedrigung und Schmutz, um in dicser Finsternis ihre Erlösungsbedürftigkeit zu demonstrieren?

In der *Mischna*, über die Kafka 1915 einen Vortrag in der Alt-Neu-Synagoge hörte, heißt es laut Scholem:

> *An den Fußspuren des Messias (das heißt in der Periode seiner Ankunft) wird Frechheit wachsen und Achtung schwinden. Die Regierung wendet sich der Häresie zu, und es gibt keine moralische Ermahnung mehr. Das Versammlungsshaus wird zum Hurenhaus werden, Galiläa wird verwüstet, und die Bewohner der Grenzen werden von Stadt zu Stadt wandern, ohne Mitleid zu finden. Die Weisheit der Schriftgelehrten wird stinkend werden, und die Sünde scheuen, werden verachtet werden. Die Wahrheit wird keine Stätte haben . . . Das Gesicht des Zeitalters wird dem Gesicht eines Hundes gleichen (das heißt Schamlosigkeit wird herrschen). Auf wen anders sollten wir uns verlassen als auf unseren Vater im Himmel.*"[28]

---

[26] Ebd., S. 24.

[27] Ebd., S. 27.

[28] Ebd., S. 29.

Das Versammlungshaus als Hurenhaus: trifft das nicht haargenau auf diese Versammlung in der „Ersten Untersuchung" im 2. Kapitel von Kafkas Roman *Der Prozeß*[29] zu? Die versammelten Männer werden beschrieben wie alte Juden, die am Sabbath in die Synagoge gehen. Das Vcrsammlungshaus als Hurenhaus: der Vorsteher, der Untersuchungsrichter, liest pornographische Hefte und ein Mann entkleidet und umarmt „kreischend" eine Frau. „Schamlosigkeit" wie bei Hunden herrscht hier tatsächlich, doch der Vater im Himmel, einzige Gewißheit in der *Mischna*, ist hier endlos weit entfernt, wenn es ihn gibt; wir wissen nichts darüber. Hier weicht Kafka entschieden von der Tradition ab.

In einer Notiz vom 15. Februar 1917 in den Oktavheften schreibt Kafka folgendes:

> *Es ist nicht Trägheit, böser Wille, Ungeschicklichkeit — wenn auch von alledem etwas dabei ist, weil ‚das Ungeziefer aus dem Nichts geboren wird' — welche mir alles mißlingen oder nicht einmal mißlingen lassen: Familienleben, Freundschaft, Ehe, Beruf, Literatur, sondern es ist der Mangel des Bodens, der Luft, des Gebotes. Die zu schaffen ist meine Aufgabe, nicht damit ich dann das Versäumte etwa nachholen kann, sondern damit ich nichts versäumt habe, denn die Aufgabe ist so gut wie eine andere. Es ist sogar die ursprünglichste Aufgabe oder zumindest ihr Abglanz, so wie man beim Ersteigen einer luftdünnen Höhe plötzlich in den Schein der fernen Sonne treten kann. Es ist das auch keine ausnahmsweise Aufgabe, sie ist gewiß schon oft gestellt worden. Ob allerdings in solchem Ausmaß, weiß ich nicht. Ich habe von den Erfordernissen des Lebens gar nichts mitgebracht, so viel ich weiß, sondern nur die allgemeine menschliche Schwäche. Mit dieser — in dieser Hinsicht ist es eine riesenhafte Kraft — habe ich das Negative meiner Zeit, die mir ja sehr nahe ist, die ich nie zu bekämpfen, sondern gewissermaßen zu vertreten das Recht habe, kräftig aufgenommen. An der geringen Positiven sowie zn dem äußersten, zum Positiven umkippenden Negativen, hatte ich keinen ererbten Anteil. Ich bin nicht von der allerdings schon schwer sinkenden Hand des Christentums ins Leben geführt worden wie Kierkegaard und habe nicht den letzten Zipfel des davonfliegenden jüdischen Gebctsmantels noch gefangen wie die Zionisten. Ich bin Ende oder Anfang.*[30]

Aus dieser für Kafkas Selbstverständnis so wichtigen Überlegung, ähnlich wichtig wie die aus dem Tagebuch zu Beginn des Jahres 1922 über sein Verhältnis zur Kabbala, müssen drei Gesichtspunkte festgehalten werden:

---

[29] Vgl. Kafka, F., *Der Prozeß*. Fischer, Frankfurt a.M. 1979, S. 40.57.

[30] Kafka, *Hochzeitsvorbereitungen*, a.a.O., S. 89.

1. Er sieht sein Scheitern, sein Mißlingen nicht als persönliches Versagen, also keineswegs psychologisch, sondern als „Mangel des Bodens, der Luft, des Gebotes". Der Ort, an den er gestellt war, die Zeit, in die er hineinkam, waren denkbar ungünstig.

2. Er sie ht sich vor eine außerordentliche Aufgabe gestellt, nicht er allein stehe vor dieser Aufgabe, aber er auch und er ist vielleicht besonders gefordert. K. im *Prozess*, im *Schloß* geschieht etwas, was nicht allen geschieht, aber auch nicht nur ihm geschieht. Er gehört zu denen, die aus der Bahn geworfen werden, die aus dem Tritt der Zeit geraten, wie es Kafka einmal über Robert Walser sagte. Diesen ist eine besondere Aufgabe gestellt.

3. Das Negative seiner Zeit — darunter auch die Erfahrung der Unruhe — hat er nicht bekämpft, sondern aufgenommen, also keine Kritik an der Zeit. Er hatte keinen ererbten Anteile an dem geringen Positiven sowie an dem Äußersten, zum Positiven umkippenden Negativen, er hat es sich — müssen wir ergänzen — aus Eigenem erarbeitet. Das Christentum, das Judentum entschwinden in dieser Zeit der „Glaubensleere". Kafka sieht sich am Ende einer Zeit oder — und das ist wieder messianisch gedacht — am Anfang.

2. Kafka und das Gesetz

Das Gesetz, die Tora, ist in der jüdischen Tradition so allumfassend, dass es das ganze Leben regelt. Dem Gläubigen gibt das Gesetz Halt und Sicherheit, Anleitung zum richtigen Handeln. Im babylonischcn Talmud heißt es dazu: „Lerne mit deinem ganzen Herzen und mit deiner ganzen Seele, meine Wege zu kennen und an die Türen meiner Tora zu klopfen. Bcwahre meine Tora in deinem Herzen und meine Furcht vor deinen Augen. Bewahre deinen Mund vor jeder Sünde und reinige und heilige dich vor jeder Schuld und Verfehlung, und ich werde übrall mit dir sein."[31] Ganz anders bei Kafka, das Gegenteil bei Kafka: es ist dieselbe Situation in diesem Talmud-Zitat benannt wie in Kafkas Erzählung *Vor dem Gesetze*[32], nur ist bei Kafka die Antithese realisiert. Dadurch verkehrt sich die Glaubensgewißheit in ihr

[31] Zit. nach: Sternberger, G., *Das kassische Judemtum. Kultur und Geschichte der rabbinischen Zeit.* Beck, München 1979, S. 160.

[32] Kafka, *Der Prozeß*, a.a.O., S. 229ff.

Gegenteil: die Türen zum Gesetz sind verschlossen; Lebensregeln sind unbekannt; was bekannt wird, ist widersprüchlich; Schmutz und Sünde sind überall; kein Gott weit und breit. Die Menschen verharren in Finsternis und Unwissenheit. Kafkas Ablehnung der Selbstzufriedenheit des Glaubens, der institutionalisierten Heilsgewißheit führt ihn nicht zur Ablehnung der Religion, sie führt ihn zu einer anderen Betrachtung der Religion, die ihn vom orthodoxen Judentum hin zum mystischen führt. Die Mystiker, die das Gesetz, die Tora, als Schrift zwar deutlich vor Augen hatten, hatten aber noch keineswegs deren gesicherte Bedeutung. Denn das geoffenbarte Wort Gottes hielten sie für so bedeutsam, dass die menschliche Deutung es gar nicht ausschöpfen konnte; die Tora zu deuten, heißt für die Kabbalisten, sich auf einen „endloscn Weg" begeben. Stéphane Mosès schreibt dazu:

> *Die Haltung des Kabbalisten, der die Tora verstehen will, ist vergleichbar mit der des Kafkaschen Helden, der versucht, die Bedeutung der Wirklichkeit zu entziffern. In beiden Fällen handelt es sich um die endlose Suche nach einem Sinn, der sich dem menschlichen Zugriff entzieht, nicht etwa, weil es einen solchen nicht gäbe, sondern ganz im Gegenteil: weil er zu reich ist und unendliche Deutungsmoglichkeiten erlaubt.*[33]

3. Kafka und die mystische Sprachauffassung

„Es ist nicht mitteilbar, weil es nicht faßbar ist, und drängt zur Mitteilung aus demselben Grunde", schreibt Kafka in den Oktavheften.[34] Seine Konstruktionen, die Art der Handlungsführung und der Beweisführung, versuchen dieses Paradoxon zu verwirklichen: das Nicht-Mitteilbare mitzuteilen. Kafka ist kein Sprachskeptiker, sein Mißtrauen richtet sich nicht gegen die unvollkommene Spache, wie das bei Kafkas Zeitgenossen, den Sprachkritikern Fritz Mauthner und Ludwig Wittgenstein der Fall ist, deren Skepsis zu Resignation und zum Schweigen führte und ebenfalls zur Mystik.[35] Kafka sieht die Begrenztheit der Sprache, doch zugleich in ihr die einzige Möglichkeit, über die Begrenztheit hinauszugelangen, weil die Sprache reicher

---

33 Zit. nach: Mosès, *Das Kafka-Bild*, a.a.O., S. 867.

34 Kafka, *Hochzeitsvorbereitungen*, a.a.O., S. 82.

35 Sh. die Texte von Fritz Mauthner und Ludwig Wittgenstein im Sammelband: Zimmermann, H. D., *Rationalität und Mystik*. Insel, Frankfurt a.M.: 1981; vgl. dazu auch: Ders., *Die Entstehung der Moderne aus dem Geiste der Mystik und der Rationalität*. Onomato, Düsseldorf 2019.

ist, als sie uns zu sein scheint. Auch diese Sprachauffassung steht in der jüdischen Tradition, auch in der rabbinischen, besonders jedoch in der mystischen.

Der Name Gottes ist in dieser Tradition der Ursprung der Sprache, im Wort ist Gott unter seinem Volke anwesend; zugleich ist der Name Gottes aber derart geheiligt, dass er nur von dem ausgesprochen werden darf, der das Göttliche in sich verwirklicht, also die Einheit mit Gott erreicht hat. Diese Heiligung des Namens ließ den Namen nahezu unaussprechbar werden, schon vor der Zerstörung des Tempels, der Vertreibung der Junden aus Palästina, also schon vor der Trennung der alten Einheit des Volkes mit Gott, wurde der Name Gottes nur bei wenigen Gelegenheiten innerhalb des Tempels ausgesprochen.

In dem Sammelband *Vom Judentum*, herausgegeben vom *Verein jüdischer Hochschüler Bar Kochba in Prag*, der 1913 bei Kurt Wolff in Leipzig erschien und den Kafka gekannt haben wird, – Max Brod schrieb darin und im zweiten Sammelband des Vereins *Das jüdische Prag*, bei Kurt Wolff 1917 erschienen, schrieb auch Kafka –, in diesem Sammelband *Vom Judentum* steht ein Aufsatz von Hugo Bergmann über *Die Heiligung des Namens*: „Seit der Tempelzerstörung kann der Jude gewissermaßen die Einung mit Gott niemals mehr herstellen, er kann nur mehr Gottes ‚Gewand' ergreifen. Die Priester hören von da ab auf, den Namen der Einung auszusprechen, und der Talmud sagt: „Wer den Namen ausspricht, verliert seinen Anteil der zukünftigen Welt."[36], Scholem spricht von der „Unausprechbarkeit" des Namens Gottes, der „zwar angesprochen, aber nicht mehr ausgesprochen werden kann."[37]

Scholem erläutert die daraus resultierende „Sprachtheorie", wie sie dann von den jüdischen Mystikern entwickelt wurde, in Worten, die wörtlich Kafka wiederholen: Sprache sei hier „Mitteilung eines Nicht-Mitteilbaren": „Der Mystiker entdeckt an der Sprache eine Würde, eine ihr immanente Dimension oder, wie man heute sagen würde: etwas an ihrer Struktur, was nicht auf Mitteilung eines Mitteilbaren ausgerichtet ist, sondern vielmehr und in diesem Paradox gründet ja alle Symbolik – auf Mitteilung eines Nicht-Mitteilbaren, das ausdruckslos in ihr lebt und selbst wenn es Ausdruck hätte, so jedenfalls keine Bedeutung „keinen mitteilbaren ‚Sinn'." Um wieviel weiter hat sich Kafka von diesem „Sinn" der Sprache entfernt, denn Kafka steht nicht mehr in der Glaubensgewißheit der Mystiker, sondern am „Nullpunkt", wie Scholem sagt.[38]

---

[36] Zit. nach: Bergmann H., *Die Heiligung des Namens*. In: Vom Judentum. Hrsg v. Verein Bar Kochbar in Prag, Leipzig 1913, S. 39.

[37] Scholem, G., Judaica 3. Suhrkamp, Frankfurt a.M. 1981, S. 15.

[38] Ebd., S. 9.

4. Kafka und die Hierarchie der Welten

Schon bei den bisher erörterten Punkten ist Kafkas Neigung zur mystischen Tradition deutlich hervorgetreten: seine Negation der rabbinischcn Tradition führt ihn zu einer Haltung, die der der Mystik ähnelt, die jedoch keineswegs mit ihr identisch ist. Kafka fehlt jedenfalls Glaubensgewissheit des Mystikers.

Doch ist die Mystik „ein weites Feld"; schon das rabbinische Judentum ist von mystischen Gedanken beeinflusst, und innerhalb der Mystik gibt es eine große Vielfalt von Strömungen.

Die Hierarchie der Welten ist den orthodoxen Traditionen von Judentum und Christentum genauso vertraut wie deren mystischen Strömungen. Scholem macht jedoch auf einen wesentlichen Unterschied zwischen „dem biblischen Gott" und „dem Gott Plotins in der alten Kabbala" aufmerksam, der es uns ermöglicht, Kafka in diese durch die spätantike Philosophie Plotins gespeiste mystische Tradition einzuordnen. Der Gott Plotins oder richtiger „das Eine", wie er es nennt, ist nicht nur die höchste Instanz einer Hierarchie, sie ist auch „jenseits von Substanz und Denken", jenseits also all dessen, was wir Menschen kennen und denken können. Dieses „Eine" ist kein persönlicher, wollender, stafender Gott wie der Gott der Bibel, es ist in diesem Sinne gar kein Gott.[39]

Dieser erste Grund oder das Grundlose oder der „Ungrund", wie Jakob Böhme es nannte, oder „En-Sof", wie es in der Kabbala heißt, ist jenseits der Welten, abgetrennt von diesen: „deus absconditus", ein abgetrennter Gott, wenn hier das Wort Gott überhaupt noch am Platze ist, weil hier kein Wort mehr am Platze ist. Will der Mystiker nun doch diesen „Ungrund" bezeichnen, tut er dasselbe, was Kafka tut: Paradoxa und Negationen dienen ihm als Mittel. Scholem, der hier wohl nicht an Kafka dachte, schreibt:

> *Die Bilder und Bestimmungen zerbrechen dem Autor unter der Hand. Er erlaubt sich an der einen Stelle Bilder, die er an der anderen Stelle doch verbietet; alles muß ihm zum Symbol dienen und muß doch als Symbol negiert und überstiegen werden. Hier und da erscheint es geradezu, als ob ihm auch der kabbalistische Terminus ‚En-Sof' schon zu abgebraucht, trotz aller Negativität zu leicht ins Positive transformierbar vorkommt, so dass er auf alle Terminologie verzichtet und ohne jeden Versuch der Benennung von ‚jenem Höchsten, Unerkennbaren' spricht, das über dem Anfang aller Anfänge … steht. Der Wunsch, den letzten Grund des Göttlichen ins völlig Namenlose*

39 Scholem, G., *Über einige Grundbegriffe des Judentums*. Suhrkamp, Frankfurta.M. 1970, S. 9.

> *immer weiter und tieter hinauszuschieben, weil sogar die mystischcn Kunstworte allzu leicht abgegriffen werden, spielt hier mit.*[40]

Der abwesende Gott, der verborgene Gott, der nicht zu bezeichnende Gott. Gott? Das ist nur ein Wort. Die Abwesenheit Gottes ist jedoch nur die eine Seite der mystischcn Gottesvorstellung, die andere ist die Anwesenheit Gottes in seiner Schöpfung: als Offenbarung, als „Ausfließung“ des göttlichen Lichts, als „Sefiroth“, wie es die Kabbala nennt. Zehn „Sefiroth“, zehn hierarchisch geordnete Stufen solcher Ausprägungen des Göttlichcn in der Welt gibt es in der Kabbala. Bei Kafka nicht. Bei ihm ist dieses Göttliche nicht in der Welt, jedenfalls nicht zu erkennen. Die einzelnen Stufen der Hierarchie des Gerichts in seinem Roman *Der Prozeß‘* Säle in seiner Erzählung *Vor dem Gesetze*, die Höfe in *Eine kaiserliche Botschaft* bezeichnen nur die Abwesenheit Gottes, die riesige Entfernung, den endlosen Weg.[41]

5. Ein kurzes Fazit

Kafka zog es geradezu zu seinen jüdischen Wurzeln. Sein „Individualismus“, sein Zweifel, seine Unruhe führte ihn allerdings weg von jeder Form der traditionellen jüdischen Gesetzesfrömmigkeit. Es war die jüdische Mystik, die es ihm ermöglichte, die Naivität von sogenannten „Glaubensgewissheiten“ zu umgehen. Dabei wäre es aber eine Fehldeutung zu denken, Kafka flüchte sich in „mystische Überwelten“. Dafür steht sein Bezug zum „Messianismus“, der gerade „diese“ unruhige wie unheilvolle Welt erlösen will. Für Kafka und die wichtige Rolle, welche die dichterisch-mystische Sprachauffassung bei ihm einnimmt, erschiene es zu leichtfertig harmonisierend, wenn man sagte, es gäbe so etwas wie eine „Ruhe in der Unruhe“. Die Ruhe Gottes ist bei ihm anwesend in einem kaum überbrückbaren Vermissen dieser Ruhe auf einem „endlosen Weg“.

---

40 Ebd., S. 28.

41 Sh. Anm. 32.

Bibliographie

Bergmann, H., *Die Heiligung des Namens.* In: Vom Judentum. Hrsg v. Verein Bar Kochbar in Prag. Leipzig 1913.

Brod, M., *Über Franz Kafka.* Frankfurt a.M. Fischer 1979, die Texte von Brod wurden in unserem Text noch nach einzelnen Editionen zitiert. Unterdessen liegt allerdings eine von H.-G. Koch u. H. D. Zimmermann hrsg. Werkausgabe vor (Wallstein, Göttingen 2013ff.).

Diamant, K., *Dora Diamant – Kafkas letzte Liebe. Die Biographie Dora Diamants.* Mit einem Vorwort v. R. Stach. Onomato, Düsseldorf 2013.

Grube, A., *Im Paradies wie immer. Eine poetische Philosophie Franz Kafkas.* Onomato, Düsseldorf 2023 (Bibliothek Kepos / Buch mit Volltextlesung).

Kafka, F., *Gesammelte Werke. 7 Bde.* Hrsg. von Max Brod, Fischer, Frankfurt a.M. 1979; Unser Aufsatz von 1985 zitiert nach dieser Werkausgabe. In der Forschung wird heute aber v.a. die *Kritische Werkausgabe*, hrsg. von Hans-Gerd Koch (12 Bde.) genutzt (Fischer, Frankfurt a.M. 1999).

Ders., *Briefe an Felice Bauer und andere Kerrespondenz aus der Verlobungszeit.* Hrsg. v. E. Heller u. J. Born. Fischer, Frankfurt a.M. 1976.

Mayer, H., *Walter Benjamin und Franz Kafka. Bericht über eine Konstellation.* In: Literatur und Kritik, Heft 140, 1978, S. 579-597.

Mosès, S., *Das Kafka-Bild Gershom Scholems.* In: Merkur. Deutsche Zeitschrift für europäisches Denken, Heft 9; 33. Jahrgang, (1979), S. 862-867.

Scholem, G., *Judaica, 5 Bde.* Suhrkamp, Frankfurt a.M. 1970.

Ders., *Über einige Grundbegriffe des Judentums.* Suhrkamp, Frankfurt a.M. 1970.

Sternberger, G., Das klassische Judemtum. Kultur und Geschichte der rabbinischen Zeit. Bech, München 1979.

Weltsch, F., *Gnade und Freiheit. Untersuchungen zum Problem des Schöpferischen Willens in Religion und Ethik.* Mit einem Nachwort v. H.-G. Koch. Onomato, Düsseldorf 2014.

Zimmermann, H. D., *Rationalität und Mystik.* Insel, Frankfurt a.M. 1981.

Ders., *Der babylonische Dolmetscher. Zu Franz Kafka und Robert Walser. Suhrkamp,* Frankfurt a.M. 1985.

Ders., *Franz Kafka und das Judentum.* In: H. A. Strauss u. Ch. Hoffmann (Hg.), Juden und Judentum in der Literatur. Dtv, München 1985, S. 237-253.

Ders., *Die Entstehung der Moderne aus dem Geiste der Mystik und der Rationalität.* Onomato, Düsseldorf 2019 (Bibliothek Kepos / Buch mit Volltextlesung).

Anhang

Autorin und Autoren

Al-Daghistani, Raid (geb. 1983), PD Dr. phil., ist Postdoc und wissenschaftlicher Mitarbeiter am Zentrum für Islamische Theologe (ZIT) an der Universität Münster, externer wissenschaftlicher Mitarbeiter an der Theologischen Fakultät (TEOF) der Universität Ljubljana und Lehrbeauftragter für Islamische Mystik und Ethik am Institut für Islamische Theologie und Religionspädagogik (ITTR) an der Universität Innsbruck. Im Jahr 2024 wurde er mit einer Arbeit über die mystische Theologie von ʿAbd al-Ǧabbār an-Niffarī habilitiert. Zu seinen Forschungsschwerpunkten gehören u.a. die formative Phase des Sufismus, die mystische Epistemologie, die klassische arabisch-islamische Philosophie sowie islamische Ethik. Neben zahlreichen Publikationen bewegt er sich als Übersetzer sowohl in Sprachen der islamischen Geisteswelt als auch in der europäischen Kulturgeschichte

Büchner, Christine (geb. 1970), Dr. theol., studierte Katholische Theologie, Germanistik und Lateinische Philologie an der Goethe-Universität Frankfurt a.M. Sie promovierte im Fach Katholische Theologie und erlangte das Theologische Lizentiat an der Universität Tübingen, wo sie sich in den Fächern Dogmatik und Ökumenische Theologie auch habilitierte. Von 2014 bis 2020 war sie Professorin für Katholische Theologie an der Universität Hamburg, und von 2018 bis 2020 Stellvertretende Direktorin der Akademie der Weltreligionen der Universität Hamburg. Seit 2020 ist sie Inhaberin des Lehrstuhls für Dogmatik an der Katholisch-Theologischen Fakultät der Julius-Maximilians-Universität Würzburg.

Hajatpour, Reza (geb. 1958), Dr. phil., ist Philosoph, Theologe und Literat. Seit Oktober 2012 ist er Lehrstuhlinhaber für Islamisch-Religiöse Studien mit systematischem Schwerpunkt Theologie/Philosophie/Mystik an der Friedrich-Alexander-Universität, Erlangen-Nürnberg. Seine Autobiographie „Der brennende Geschmack der Freiheit" erschien 2005 im Suhrkamp Verlag. Zuletzt im Alber Verlag erschienen: „Vom Gottesentwurf zum Selbstentwurf. Die Idee der Perfektibilität in der islamischen Existenzphilosophie" (2013); „Sufismus und Theologie. Grenze und Grenzüberschreitung in der islamischen Glaubensdeutung" (2017) und beim Nomos Verlag „Islamische Ethik. Einführung" (2022).

Konersmann, Ralf (geb. 1955), Dr. phil., ist emeritierter Professor für Philosophie an der Universität zu Kiel und war Direktor des dortigen Philosophischen Seminars. Er war u.a. Wissenschaftlicher Beirat der „Allgemeinen Zeitschrift für Philosophie" sowie Mitherausgeber des „Historischen Wörterbuchs der Philosophie". Zuletzt erschienen von ihm „Die Unruhe der Welt" (2015, 5. Auflage 2015), das „Wörterbuch der Unruhe" (2017, ausgezeichnet mit dem Tractatus-Preis 2017) sowie „Welt ohne Maß" (2021). Eine Auswahl von „Die Unruhe der Welt" ist als Hörbuch 2024 im onomato-Verlag erschienen. Im April 2025 erscheint sein Essay „Außenseiter" (bei S. Fischer).

Manstetten, Reiner (geb. 1953), Dr. phil., lehrt am Philosophischen Seminar der Universität Heidelberg. Thema seiner Dissertation war das Werk Meister Eckharts, 1998 habilitierte er sich in den Wirtschaftswissenschaften. Nachdem er durch den Zenlehrer Pater Willigis Jäger, OSB, zur Lehre des Zens und der christlichen Kontemplation beauftragt wurde, leitet er seit 1998 Kontemplationskurse in verschiedenen Klöstern und Bildungshäusern. Seine Veröffentlichungen beschäftigen sich mit Themen der philosophischen Mystik und der ökologischen Ökonomie. 2018 erschien die Monographie: Die dunkle Seite der Wirtschaft (Alber Verlag).

Sorace, Marco A. (geb. 1970), Dr. theol., studierte Theologie und Kunst-wissenschaft in Bonn und Bochum. Neben seiner beruflichen Tätigkeit an verschiedenen Universitäten, in der Erwachsenenbildung und aktuell als Verlagslektor war er von 2001 bis 2022 Vorstandsmitglied der „Gesellschaft der Freunde christlicher Mystik e.V.". In diesem Kontext weitete sich sein Forschungsinteresse auf Traditionen der Mystik aus. Dazu gibt es von ihm zahlreiche Publikationen. Zur Zeit bereitet er eine „Einführung in die Philosophische Mystik" vor.

Völker, Fabian (geb. 1983), Dr. phil., ist Postdoc und Universitätsassistent am Institut für Interkulturelle Religionsphilosophie der Katholisch-Theologischen Fakultät der Universität Wien. Er promovierte mit einer Arbeit zum Thema „Philosophie der Nondualität. Religionshistorische Einordnung und philosophische Kritik der Buddhismusinterpretation David R. Loys", die 2020 bei Alber erschienen ist. Zu seinen Forschungsschwerpunkten zählen neben dem Hinduismus und Buddhismus die Interkulturelle Philosophie und Transzendentalphilosophie.

Zimmermann, Hans Dieter (geb. 1940), Dr. phil., war von 1975 bis 1987 Professor für Deutsche Literatur an der Goethe-Universität Frankfurt a.M., von 1987 bis 2008 an der Technischen Universität Berlin. Seine Werke zu Franz Kafka und seinem Prager Umfeld wurden in zahlreiche Sprachen übersetzt. Er war einer der wenigen Literaturwissenschaftler, die früh über das Judentum Kafkas sprachen. Zudem. hat er (auch über Kafka hinaus) über Mystik in der Gegenwartsliteratur gearbeitet. Zu nennen ist diesbezüglich ein Werk „Rationalität und Mystik." von 1981 (Insel Verlag).

Bildnachweise

Coverbild: © Yuliya Chitakh/Pixabay, Bearbeitung: Martina Kaluza (ZIT, Universität Münster)

S. 86, Abb 1: Hieronymus Bosch. *Der Garten der Lüste* (um 1500), Triptychon, 220 × 390 cm (Öl auf Eichenholz), Mitteltafel, Museo del Prado Madrid, gemeinfrei, Wikimedia Commons.

S. 86, Abb 2:, Rogier van der Weyden, *Das Gericht des Trajan und des Herkinbald* (um 1450), Detail (Tapisserie), Historisches Museum Bern, gemeinfrei, Wikimedia Commons